Andreas Pröve
Meine orientalische Reise

Zu diesem Buch

»Sie können hier nicht fahren, das ist eine Autobahn.« Es ist der dritte Checkpoint auf dem South Expressway im Iran, und es bedarf vieler Lobpreisungen an den großen Imam Ayatollah Khomeini, bis Andreas Pröve in seinem Rollstuhl durchgelassen wird. Über Monate durchquert er zwischen Kaspischem und Rotem Meer die Landschaften des Vorderen Orients. Mal geht es durch Orangenplantagen und Olivenhaine, dann wieder schnurgerade durch die Wüste. Und weil Pröve immer wieder auf Hilfe angewiesen ist, zeugen seine Erlebnisse und Begegnungen von besonderer Intensität. Er wohnt bei Bauern, Beduinen und Nomaden, sieht den Tuchmachern, Seifenkochern und Schmieden in den alten Karawansereien bei der Arbeit zu und erklärt mindestens einmal am Tag, warum er nicht mit dem Bus reist: weil er nur so die faszinierende Gastfreundschaft und Lebensweise der Menschen auf der Arabischen Halbinsel erfährt.

Andreas Pröve, geboren 1957, bekannter Fotoreporter, verunglückte als 23jähriger mit seiner Yamaha und ist seitdem querschnittsgelähmt. Schon drei Jahre nach dem Unfall brach er zu seiner ersten Indienreise auf und tourte später monatelang durch Asien, wo er unter anderem für »terre des hommes« über Kinderarbeit berichtete. Mit seiner Frau und seinen beiden Kindern lebt er in der Lüneburger Heide. Weiteres zum Autor: www.proeve.com

Andreas Pröve
Meine orientalische Reise

Auf den Spuren der Beduinen durch Syrien,
Jordanien und Persien

Mit 40 Farbfotos

Ein **MALIK** Buch
Piper München Zürich

Alle Fotos aus dem Archiv Andreas Pröve. Die Bilder 1, 4, 5 und 10 wurden von Fritz Pröve aufgenommen, die Bilder 15, 17, 19, 20, 21, 26, 28, 29, 31, 32 und 40 von Nagender Chhikara. Die Karten erstellte Eckehard Radehose. Einige Personennamen wurden vom Autor geändert.

Von Andreas Pröve liegen in der Serie Piper vor:
- Mein Traum von Indien (4814)
Meine orientalische Reise (4837)

Dieses Taschenbuch wurde auf FSC-zertifiziertem Papier gedruckt.
FSC (Forest Stewardship Council) ist eine nichtstaatliche, gemeinnützige Organisation, die sich für eine ökologische und sozialverantwortliche Nutzung der Wälder unserer Erde einsetzt (vgl. Logo auf der Umschlagrückseite).

Ungekürzte Taschenbuchausgabe
November 2006
© 2005 Piper Verlag GmbH, München,
erschienen im Verlagsprogramm Malik
Umschlagkonzept: Büro Hamburg
Umschlaggestaltung: Birgit Kohlhaas
Foto Umschlagvorderseite: Nagender Chhikara
Foto Umschlagrückseite: Andreas Pröve
Satz: seitenweise, Tübingen
Papier: Munken Print von Arctic Paper Munkedals AB, Schweden
Druck und Bindung: Clausen & Bosse, Leck
Printed in Germany
ISBN-13: 978-3-492-24837-2
ISBN-10: 3-492-24837-3

www.piper.de

Inhalt

TEIL EINS *Syrien*	7
Auf nach Damaskus	9
Radlos	16
Endlich eintauchen in die älteste Stadt der Welt	21
Eine Welt aus *Tausendundeinenacht*	29
Fritz erobert die Passbehörde	31
Mit den Fahrrädern Richtung Palmyra	36
Rückblende	39
Durch die Wüste des Vorderen Orients	61
Im Baghdad Café	64
Palmyra	67
Dramatische Nacht auf dem Weg nach Homs	69
Von den Kreuzrittern nach Hama	83
Hama und Aleppo	86
Vom Assad-See den Euphrat hinunter	91
Zu Gast im Haus des Postmeisters	96
Vom Sandsturm überrascht	102
Zalabiyah und Deir ez Zor	105
Zurück in Damaskus	108
Mit Soueila und Hussein nach Quneitra	111
Zug fahren in Syrien: Härteprobe Hedjas-Bahn	117
TEIL ZWEI *Jordanien*	125
Wiedersehen mit Nagender	127
Auf der Suche nach einem Fahrrad für Nagender	132
Nagender lernt Rad fahren	138
Zu Gast bei den Beduinen	141
Über Azraq ins Shaumari Wildlife Reservat	148
Ungebetener Besuch	152
Abenteuerliche und harte Fahrt nach Jerash	155

Durch das Jordantal zum Toten Meer	162
Ana Hind, Ana Almâni	166
Petra	171
Durch das Wadi Rum	175
Zu Gast bei Salmans Familie	181
Begegnung mit Ariga	185
TEIL DREI *Iran*	189
Auf dem Weg nach Teheran	191
Ein erster Eindruck von Teheran	195
Zu Gast bei Vali Askarian	199
Ali	202
Das Mausoleum des Imam Ayatollah Khomeini	206
Abschied von Ali	209
Nagender ist wieder da	212
Richtung Süden	215
Ahmad Hatami	219
In den Fängen des Geheimdienstes	226
Yazd	234
Eine vergessene Religion	236
Unter Muskelmännern	240
Easy Rider	244
Bam, Stadt in Trauer	252
Mit Hussein nach Süden	257
Von Kindern und Bonbons	262
Der Persische Golf	265
Zur Insel Kisch	270
Persepolis	276
Shiraz	280
Unterwegs mit Minah und Mohsen	282
Auf der Hochebene zwischen Shiraz und Isfahan	288
Schreck in Isfahan	294
Die Perle des Orients	297
Auf der Amtsstube bei Mister Mozzafer	300
Zu Gast bei den Kashkai	304
Karten	316
Danksagung	320

TEIL EINS

Syrien

Auf nach Damaskus

Mit jedem Meter, den ich mich dem Schalter nähere, wird das mulmige Gefühl in der Magengegend stärker. Wenn ich jetzt etwas Falsches sage, ist die Reise für mich hier schon zu Ende. Die Frage kommt wie das Amen in der Kirche. Sie wird jedem Rollstuhlfahrer gestellt, der allein fliegt. Jetzt bin ich dran.

»Guten Tag, Ihr Ticket bitte. Sie fliegen nach Damaskus?«

»Ja.«

Die Hostess blickt auf die beiden Fahrradpacktaschen und fragt weiter: »Ist das Ihr Gepäck?«

»Ja«, antworte ich knapp, um meine Aufregung zu überspielen. Locker bleiben, sage ich zu mir selbst.

»Haben Sie eine Begleitung?«

»Nein.«

»Können Sie laufen?«

»Ja, kein Problem, zwar nur ein paar Schritte, aber zur Toilette reicht es, ich brauche nur jemanden, der mir ins Flugzeug hilft.«

Mist, denke ich, das kam viel zu schwallartig. Ich kann nicht lügen, sie hat es bestimmt gemerkt. Dabei habe ich auf der ganzen Hinfahrt geübt.

Die Hostess schaut mich an, als hätte sie die fehlende Logik meiner Erklärung durchschaut, denn warum benötige ich beim Einsteigen Hilfe, wenn ich angeblich allein zur Toilette gehen kann? Dann greift sie zu ihrem Walkie-Talkie und ich sehe schon alle meine Felle davonschwimmen. Wie damals auf meinem Weg nach Indien, als ich so dumm gewesen war, auf die Frage, ob ich laufen kann, die Wahrheit zu sagen.

Man hatte mir daraufhin den Transport verweigert, da ich nicht allein zur Toilette könnte.

Während die Hostess noch das Sprechfunkgerät am Ohr hat und auf die Verbindung zu ihrem Gesprächspartner wartet, sagt sie mir in beruhigendem Ton: »Das Rote Kreuz wird Ihnen behilflich sein.«

Sie hat es geschluckt, mir fällt ein Stein vom Herzen.

Nun zu Problem Nummer zwei, meinem Handbike, das zerlegt und zusammengeklappt aussieht wie ein undefinierbarer Haufen aus Rad, Rohren, Ketten und Kurbeln. Mit dem Rollstuhl verschraubt, wird es jedoch zum wendigen, geländetauglichen und schnellen Reisemobil. Über eine Fahrradkurbel mit zwei ergonomischen Handgriffen, einer Nabenschaltung und einem komplizierten Planetengetriebe kann ich das Vorderrad antreiben.

Das Handbike liegt zu meinen Füßen und wird nicht aufs Band passen. »Hier ist noch dieses Fahrra- äh«, ich verbessere mich, »dieser Rollstuhlzusatz.« Sie beugt sich weit vor, um besser sehen zu können. Mit dem Funkgerät ruft sie zwei Männer von der Turkish Airline, zuständig für Sperrgut, herbei. Der eine ist groß, wichtig, kugelrund und trägt eine schicke Uniform, der zweite ist offensichtlich eher für die Schmutzarbeit zuständig.

»Dieses Fahrrad kostet 110 Euro extra«, schnauzt mich der Große an. Er hat sich direkt neben mir aufgebaut. Mein Versuch, Abstand zu gewinnen, um nicht wie ein Frosch zu ihm aufsehen zu müssen, scheitert an den nachfolgenden Passagieren und ihrem Gepäck, das hinter mir steht. Eine ungünstige Position für dieses Wortgefecht.

Jetzt nur nicht einschüchtern lassen, sage ich mir, blicke zu dem Riesen hoch und erwidere in belehrendem Ton: »Das ist kein Fahrrad, das gehört zum Rollstuhl und ist ein medizinisches Hilfsmittel und wird nach internationalem Gesetz kostenlos transportiert.«

Plötzlich erscheint er mir viel kleiner. Er brummt etwas in

seinen Schnauzbart, hebt das Bike an, um das Gewicht abzuschätzen, wobei er sich seine Uniform an der frisch geölten Kette einschwärzt, und gibt seinem Schatten Anweisung, es mitzunehmen. »Nächstes Mal melden Sie das bitte vorher an«, sagt er streng.

An der Passkontrolle erwartet mich die nächste Herausforderung. Wie bringt man nach dem elften September 2001 das Sicherheitspersonal dazu, eine Kiste mit 150 Diafilmen ohne Röntgenkontrolle passieren zu lassen? Es sind endlose Diskussionen, bis sie entnervt den Ionenstaubsauger holen, womit sich feinste Sprengstoffpartikel aufspüren lassen. Aber es macht extra Arbeit und niemand hat Lust dazu.

Ich bin ein Mensch, der unangenehme Dinge, wie etwa den Zustand seiner Zähne, gern aus seinem Gedächtnis verbannt. Solange nichts schmerzt, ist für mich auch alles in Ordnung. Daher bin ich im ersten Moment selbst ganz überrascht über die gebogene Nadel, die der Sicherheitsbeamte aus meiner Tasche unter dem Rollstuhl fischt. Mein Zahnarzt hatte mir eines seiner furchtbaren Werkzeuge bei meiner letzten Behandlung mit dem Ratschlag überreicht, die provisorische Krone einfach herauszuhebeln, falls der Unterdruck im Flugzeug zu groß und die Schmerzen unerträglich werden sollten. Dabei zeigte er mir im Spiegel, wo der Haken anzusetzen ist.

»Das müssen Sie als Gepäckstück aufgeben«, sagt der Kontrolleur im Befehlston und reicht mir eine Tüte, die für solche Fälle schon bereit liegt. Meine Erklärungsversuche beeindrucken ihn nicht im Mindesten. In seinen Augen könnte ich damit das Flugzeug entführen.

Mit knurrendem Magen und trocknem Mund stehe ich an der Bordtür. Den ganzen Tag über habe ich nichts zu mir genommen, weil die Toilette im Flugzeug für mich unerreichbar sein wird.

Der Rollstuhl, mit dem ich durchs Flugzeug geschoben werden soll, sieht aus wie eine zu schmal geratene Sackkarre. Ich mag diese Dinger nicht, weil man darauf festgebunden wird wie Hannibal Lector für ein Gespräch. Die Sanitäter kennen keine Gnade, so oft ich auch versichere, dass ich bestimmt nicht herunterfallen werde. Sie fesseln mich, wie es die Vorschrift verlangt.

Die Ankunftshalle hat sich geleert. Inzwischen ist es drei Uhr morgens und die meisten Passagiere, mit denen ich zusammen eingetroffen bin, sind von ihren Freunden und Verwandten abgeholt worden. Nur ein paar leer ausgegangene Taxifahrer geistern noch umher. Einer von ihnen steht vor mir und beobachtet mich aufmerksam. Er trägt ein weites, knielanges Gewand, dazu ein rot kariertes Beduinentuch, das er sich locker über den Kopf gelegt hat.

»You go Dimash!« Sein Angebot, mich in die Stadt zu bringen, gleicht eher einem Befehl, gestützt von der Hoffnung auf ein erstes Geschäft, während er mit einer Hand in eine unbestimmte Richtung weist.

Mit dem Stöpsel der Luftmatratze im Mund kann ich nicht antworten und bedeute ihm mit einer Geste abzuwarten. Endlich ist genug Luft drin, ich kann wieder sprechen und erkläre dem Mann, dass ich erst morgen nach Dimash, wie die Damaszener ihre Stadt nennen, fahren werde. Ich füge noch ein »Sorry« hintendran, denn seine Enttäuschung ist offensichtlich.

In einer ruhigen Ecke des Flughafens versuche ich es mir bis zum Morgengrauen so gemütlich wie möglich zu machen. Denn erst nach dem Versprechen, niemals nachts zu fahren, hat meine Frau Angelika mir ihr Einverständnis zu dieser Reise gegeben. So wurde die Fahrradlampe zu sinnlosem Ballast, den ich getrost zu Hause lassen konnte.

Mit dem aufgeklappten Schlafsack auf der Luftmatratze sieht mein Bett sogar richtig einladend aus. Nur die Umgebung verspricht nichts Gutes. Das nächste Flugzeug erreicht Damaskus in zwei Stunden und dann wird es hier wieder laut. Der rot betuchte Taxifahrer steht immer noch da. Vermutlich gibt es hier nichts Interessanteres, als mir zuzuschauen, wie ich vom Rollstuhl auf die Luftmatratze und in den Schlafsack krieche. Als ich mich hinlege, sage ich zu ihm: »*sabâh al-chair*«, guten Morgen (was gute Nacht heißt, fällt mir gerade nicht ein), und drehe mich um.

Doch an Schlaf ist kaum zu denken. Aufgeregt wie ein Kind am Heiligen Abend kann ich das Morgengrauen gar nicht erwarten. Meine Vorfreude wird allerdings getrübt durch dunkle Gedanken, wenn ich die Augen aufschlage und überlege, wie einfach es für Verbrecher wäre, mich hier, in der verlassenen Ecke der Flughafenhalle, auszurauben. Plötzlich kehren all die Unkenrufe in mein Gedächtnis zurück, die ich immer als unbegründet beiseite gewischt hatte: Wie hieß es noch, als wir bei Bekannten zu Besuch waren? »Du bist doch völlig wehrlos, wenn dir einer an den Kragen will!« – »Die fanatischen Moslems sind unberechenbar!«

Meine Gegenargumente, an das Gute im Menschen zu glauben, erscheinen mir mit einem Mal blauäugig. Sollte ich die Gefahren falsch eingeschätzt haben? Auch Angelika hatte aus verständlichen Gründen ein ungutes Gefühl. Dennoch ließ sie mich ziehen und bewies damit ihre Toleranz und die Bereitschaft, Mehrbelastungen, die etwa durch die Betreuung unserer Kinder entstehen, in Kauf zu nehmen. Ein neuer Diavortrag über Syrien, Jordanien und den Iran stellt nach der Reise auch eine neue Einkommensquelle für uns dar. Doch bis dahin bleiben die Ungewissheit und ihre Angst um mich.

Ach was, sage ich schließlich zu mir selbst, statistisch betrachtet sind die Moslems keine größeren Verbrecher als die Christen. Und für den Fall, beraubt zu werden, nehme ich mir vor, kooperativ zu sein.

Eine Stunde später, um sechs Uhr bei Sonnenaufgang, verlasse ich mein Nachtlager und rolle Richtung Damaskus. Die Autobahn ist so leer, dass ich ohne weiteres auf der Überholspur fahren könnte. Aber ich will nicht leichtsinnig sein und bleibe auf dem Standstreifen.

Das hohe Gewicht bewirkt, dass es eine Weile dauert, bis ich auf meine Reisegeschwindigkeit komme, doch es garantiert mir auch eine komfortable Straßenlage, selbst bei abrupten Lenkbewegungen. Die beiden Fahrradpacktaschen, der Fotokoffer und das Stativ auf dem Gepäckträger, dazu das Bike, der Rolli und mein Eigengewicht ergeben zusammen knappe 120 Kilo. Abwechselnd fällt mein Blick auf den Tacho, der mir gerade anzeigt, dass ich 16 Kilometer pro Stunde mache, und dann wieder auf den Straßenbelag, der beängstigend mit Glasscherben übersät ist. Es knirscht nur so unter meinen Rädern. Aber ich muss mir ja keine Sorgen machen, sage ich mir, die Reifen werden geschützt von einer pannensicheren Kevlar-Einlage, durch die kein Nagel geht, und sie sind neu und hart aufgepumpt.

Links und rechts der Autobahn wachsen graue Olivenbäume, der Staub der Straße hat sie mit einer Patina überzogen. Hin und wieder steht ein Esel im Schatten der Bäume, regungslos wie eine Statue. Olivenbäume und Esel gehören einfach zusammen.

Zwischen dem Flughafen von Damaskus und der Stadt erwarte ich keine atemberaubenden Landschaften. Deshalb wandert mein Blick wieder auf die Straße, den Tacho und die Glasscherben. Gerade wundere ich mich, wo die nur alle herkommen, da werde ich auch schon langsamer und das Kurbeln wird gleichzeitig immer schwerer. Misstrauisch schaue ich auf die Reifen herunter und sehe das Elend. Ich bin noch keine 24 Stunden unterwegs und schon geht mir die Luft aus. Ohne lange über den Grund nachzudenken, trenne ich das Handbike vom Rollstuhl, ziehe das Sitzkissen unterm Hintern heraus, werfe es auf den Asphalt und setze mich darauf. Niemals darf ich mich ohne ein Polster auf harten Boden setzen. Wegen des fehlenden Sitzfleisches am Gesäß, würde zwischen Steißknochen und Straße nur die Hose und empfindliche, millimeterdünne Haut liegen, auf der ich aber noch den Rest meines Lebens sitzen können muss. Gesunde Haut am Gesäß ist für mich so wichtig wie die Haut unter den Füßen eines Wanderers. Noch problematischer wird es, weil ich im gelähmten Körperbereich keinen Schmerz spüre und nicht merke, wann ich zu hart oder zu lange gesessen habe. Lediglich mein Verstand sagt mir, wann es wehtun müsste, woraufhin ich entsprechende Konsequenzen ziehen muss.

Reifen flicken ist mir längst zur Routine geworden und dennoch bin ich jedes Mal höllisch genervt. Egal wo es passiert, ich muss den Reifen auf der Stelle flicken, wenn nicht auch noch die Felge kaputtgehen soll. Fluchend sitze ich auf dem Standstreifen und frage mich, wieso ein neuer Reifen, der auch noch durch eine Spezialeinlage im Mantel geschützt ist, plötzlich ein Loch hat. Dabei ärgere ich mich über mich selbst, weil ich auf den Wagenheber verzichtet habe, eine einfache Stütze, die den Rolli minimal anhebt und die es mir möglich macht, beim Flicken im Stuhl sitzen zu bleiben. Eine Leitplanke, gegen die ich den Rollstuhl hätte kippen können, gibt es hier auch nicht. Völlig verdreckt krabbele ich in den Rolli zurück. Die wenigen Autofahrer, die vorüberrauschen, beachten mich kaum. Auf Autobahnen geht es überall auf der Welt anonym zu.

Es macht mich ganz verrückt, dass ich nicht auf den Grund für die Reifenpanne komme. Weder ein Dorn, noch eine Glasscherbe und auch kein Nagel war die Ursache. Der Schlauch hatte einfach nur ein Loch. Mit bösen Vorahnungen mache ich mich wieder auf den Weg, erwarte jeden Moment das nächste Malheur und schaue ständig auf den Reifen. Fünfhundert Meter weiter ist es wieder soweit, nach zwei Kilometern ein drittes Mal und erneut nach fünf Kilometern.

An normalen Tagen glaube ich an keine höhere Macht und bin frei von jedem Aberglauben. Nun aber, nach der sechsten Reifenpanne, und nachdem ich mein ganzes Flickzeug verklebt habe, kommt mir doch der Gedanke, ob mir jemand damit etwas sagen will.

Zum Glück bleibt mir keine Zeit gründlicher darüber nachzugrübeln. Ich versuche, per Anhalter in die Stadt zu fahren und rede mir ein, dass ich auf diese Weise wenigstens ein bisschen Kontakt zur Bevölkerung bekomme.

Radlos

»Ich kann Ihnen eine tolle Wohnung vermitteln, ganz zentral!« Der Taxifahrer von heute Nacht ist also doch noch zu seiner Tour gekommen. In vorderster Sitzposition, sodass er auch mit den Zähnen lenken könnte, starrt er auf die Autobahn vor sich, obwohl fast kein Verkehr herrscht. Ohne mich anzusehen, redet er ständig von einer Wohnung, in die ich einziehen soll, und hört keine Sekunde auf das, was ich sage. »Ich brauche als Erstes einen Reifenflicker und dann will ich ein billiges Hotel«, versuche ich hartnäckig, ihm klarzumachen.

Das Sitzen in dieser Karre ist eine Qual: Ich hocke fast mit den Knien am Kinn und spüre wegen meiner gekrümmten Sitzhaltung schon den ersten stechenden Schmerz im Rücken. Das Auto ist uralt, Kopfstützen und Gurte sind nicht einmal vorgesehen. Mein Arabisch ist so schlecht wie sein Englisch, weshalb es eine Weile dauert, bis ich kapiere, dass heute Freitag ist, alle Fahrradladenbesitzer, die eventuell Reifen in Sondergrößen führen könnten, ihre Läden geschlossen haben und in der Moschee beim Beten sind. Das Leben auf den Straßen von Damaskus gleicht dem einer deutschen Kleinstadt an einem Sonntagnachmittag um vier: Es ist nichts los. Noch immer redet der Fahrer von einer tollen Wohnung, die er mir unbedingt zeigen müsse, wenn ich sie nicht mieten will, würde er mich auch woanders absetzen. »In Gottes Namen, ja«, willige ich entnervt ein, »bring mich dort hin.« Mir fällt im Moment nichts Besseres ein, auch wenn eine innere Stimme mir längst sagt, dass dieser Mann ein Provisionsjäger ist.

Dreißig Minuten später schiebt mich mein Taxifahrer durch

den dunklen Hausflur eines zwölfstöckigen Wohnhauses, das eher einem Rohbau ähnelt. Auf der Felge, mit heraushängendem Schlauch und verdrehtem Mantel muss ich herumliegende Mauersteine überqueren, Sandhaufen, Schaufeln und Schubkarren stehen im Wege. Ich dürfte mit diesem Rad keinen Meter mehr fahren, wollte ich nicht den Schlauch, den Mantel und die Felge zerstören, doch wie soll ich mich fortbewegen? Und wo bin ich nur gelandet? Wieso gehe ich überhaupt auf diesen Mann ein, wo ich doch genau weiß, dass insbesondere Taxifahrer mit Vorsicht zu genießen sind?

Ich beschließe, mir die Wohnung wenigstens anzuschauen. Die ganze Szenerie ist mir allerdings nicht geheuer. Eine Frau wohnt in der Wohnung, angeblich die Schwester des Fahrers. Sie wird für mich kochen und die Wäsche waschen, verspricht er mir. Spätestens jetzt läuten bei mir die Alarmglocken: In einem streng muslimischen Land mit einer Frau, mit der ich nicht verheiratet bin, eine Wohnung zu teilen, ist mindestens heikel. Ich ahne, was dahintersteckt, und lehne definitiv ab.

Die Heiterkeit und das freundliche, zuvorkommende Naturell meines Taxifahrers lösen sich augenblicklich in Luft auf und seine Gesichtszüge verhärten sich. Ich mache sozusagen auf dem Absatz kehrt, so weit das auf der Felge möglich ist, verlasse die Wohnung und werde das Gefühl nicht los, keine Sekunde zu spät reagiert zu haben. Ich sollte mich viel früher auf mein Gefühl verlassen, dann wäre ich gar nicht erst auf diesen Mann hereingefallen.

Unten, am Auto, nenne ich ihm die Adresse des Hotels Al Rajah, das ein Freund mir mit der Einschränkung, es hätte sechs Stufen vor dem Eingang, empfohlen hatte. Dort wollte ich unverzüglich und ohne Umwege hingebracht werden. Mit ernster Miene sagt mein Fahrer: »Das tut mir Leid, das Al Rajah hat vor einem halben Jahr geschlossen, der Besitzer ist verstorben.«

Ich schaue den Mann verblüfft an und für einen Moment fühle ich mich nach Indien versetzt. Diese Sprüche von Taxi-

und Rikschafahrern kenne ich nur zu gut. Da ich die Situation durchschaue, entgegne ich selbstsicher: »Das Al Rajah zahlt dir keine Provision, das ist der Grund, warum du mich dort nicht hinfahren willst. Der Besitzer ist kerngesund, stimmt's?«

Auf Arabisch schimpfend und zeternd startet der Fahrer den Motor und fährt los. Dieser Mann belügt mich, er will mich in einer zweifelhaften Wohnung unterbringen und wahrscheinlich haut er mich mit dem Taxipreis gleich noch schwer übers Ohr. Aber ich kann ihm nicht böse sein, ja er ist mir sogar sympathisch, weil er mich behandelt wie jeden anderen Touristen, den er in seine Karre lockt. Er nimmt keine übertriebene Rücksicht und geht davon aus, dass ich mich entweder wehre oder bezahle.

Während er mit mir durch die fast menschenleeren Straßen von Damaskus kurvt, blicke ich entsetzt auf meinen zerrissenen Reifen auf dem Rücksitz. Die wenigen Meter durch den Rohbau haben genügt, den Schlauch zu zerfetzen. Ich weiß nicht, was ich tun soll, wenn ich diese Schlauchgröße hier nicht auftreiben kann. Mein Bruder Fritz könnte mir Ersatzteile mitbringen, wenn er nachkommt, um mit mir mit den Rädern durch Syrien zu fahren, doch er trifft erst nächste Woche hier ein.

Der Ventilator an der Decke steht still, seine drei Flügelflanken sind schwarz von den erschlagenen Mücken und Fliegen und dem Staub, der über die heißen Sommermonate, in denen sie unermüdlich ihre Runden drehten, daran hängen geblieben sind. Ich liege auf einem großen Bett in einem viel zu großen Zimmer, das schon bessere Zeiten gesehen hat, starre nach oben und denke, wenn mein Rollstuhl krank ist, bin ich auch krank. Einladend steht er neben dem Bett und ich platze fast vor Tatendrang, doch ich muss liegen bleiben, weil sich ein 24er-Schlauch am Freitag in Damaskus nicht auftreiben lässt. Es ist verrückt, am ersten Tag meiner Reise durch den Orient, liege ich, ausgeschlafen und neugierig auf diese Stadt, um neun Uhr morgens im Bett und warte, dass die Zeit vergeht. Mehr als den Weg zur Flurtoilette kann ich der Felge auf dem gefliesten Boden nicht zumuten.

Das Hotel Al Rajah, eine Art Reihenhaus mit einer Rezeption im Flur, ist genau das, was ich im Moment brauche. Der Chef sitzt den ganzen Tag hinter dem Tresen, erhitzt nebenbei das Wasser, in dem die Gäste ihren Teebeutel für das Frühstück baden können, und bringt mir alles, was ich brauche, ans Bett.

»Have you read the Bible today?« Schon zum zweiten Mal steht er in der Tür und fragt mich, ob ich heute schon in der Bibel gelesen hätte. »Nein«, antworte ich etwas überrascht. Dieses Mal trägt er ein Tablett vor sich her, mit einem Topf Tee und einer englischen Ausgabe der Bibel darauf. Er stellt es auf dem Nachttisch ab und geht wortlos wieder hinaus. Ich bin also in einem christlichen Haus gelandet. Ich erzähle ihm lieber nicht, dass ich im Konfirmandenunterricht vor über 30 Jahren zum letzten Mal in der Bibel gelesen habe.

Beim Teeschlürfen blättere ich etwas lustlos in dem dicken Buch. Ich halte immerhin den besten historischen Reiseführer für Syrien und Damaskus in Händen, schließlich hat sich hier, im Vorderen Orient, zu Anfang unserer Zeitrechnung Großes ereignet. Palmyra, unser erstes Etappenziel, war der größte Handelsplatz an der Ostgrenze des Römischen Reiches. Die Kreuzritter zogen durch die Levante und hinterließen westlich von Homs, was wir danach ansteuern möchten, riesige Burgen. Hama liegt auf unserer Route und Aleppo, die zweitgrößte Stadt Syriens, und geplant haben wir auch die Fahrt entlang des Euphrat bis Deir ez Zor.

Schließlich schweifen meine Gedanken wieder ab, kreisen um mein Rad: Warum diese häufigen Reifenpannen? Der Schlauch schien an immer unterschiedlichen Stellen regelrecht aufgeplatzt zu sein. Vermutlich ist das Material zu dünn, ein Produktionsfehler, anders kann ich es mir nicht vorstellen.

Ich untersuche noch einmal die Felge und erst da fällt mir auf, dass das Felgenband viel zu locker sitzt und die Bohrungen für die Speichen an einigen Stellen freiliegen. Womöglich presst sich der Schlauch beim Aufpumpen in diese Bohrungen und platzt dann wie ein aufgeblasenes Kaugummi? Die Kevlar-Einlage hat ihren Dienst also zuverlässig getan; der Angriff kam sozusagen von innen.

Mit einer Rolle festem Klebeband, das ich neben anderen Befestigungsmaterialien wie Kabelbindern, einer Schnur, Sicherheitsnadeln und einer Rolle Draht immer dabei habe, klebe ich die Speichenbohrungen zu. Meine momentane Situation kann ich damit jedoch nicht verbessern, ich muss 24 Stunden warten, bis die Geschäfte wieder öffnen.

Am nächsten Tag kurven der Taxifahrer und ich zwei Stunden durch Damaskus auf der Suche nach einem Fahrradladen, der diese speziellen Schläuche führt. Der Taxifahrer hat viel Geduld und kennt sich gut aus. Es gibt zwar 24er-Schläuche, aber nur mit größerem Querschnitt. Ungeduldig bringe ich einen Monteur dazu, den viel zu großen Schlauch einzuziehen. Gegen seinen Willen bringe ich ihn dazu, den Reifen mit acht Bar aufzupumpen. Wenn er jetzt nicht platzt, platzt er nie wieder. Es funktioniert. Erleichtert, endlich wieder auf meinen eigenen Rädern rollen zu können, zahle ich den Taxifahrer aus, nachdem er mir noch geholfen hat, das Bike aus dem Kofferraum zu heben.

Aufgrund meiner Erfahrungen der letzten Reisen durch Indien, wo mir mein Handbike gebrochen ist, habe ich dieses Mal ein robusteres besorgt, es ist allerdings auch schwerer, weil es an den neuralgischen Punkten mit verstärkten Rohren ausgestattet ist.

Mit den Schraubklemmen befestige ich das Bike am Rollstuhl, stelle die Kurbel auf Stadtverkehr ein, um enge Kurven fahren zu können und bin endlich wieder frei. Ich fühle mich wie ein Rennfahrer, der in den Boxen wieder gründlich aufbereitet wurde.

Endlich eintauchen in die älteste Stadt der Welt

Vom Taxi aus hatte ich Damaskus inzwischen so gut kennen gelernt, dass ich kaum noch einen Stadtplan zur Orientierung benötige. Von der belebten Straße biege ich rechts ab in den überdachten Basar, der mich augenblicklich in seinen Bann zieht. Hier besonders erfordern grobes Kopfsteinpflaster, tiefe Regenrinnen und das geschäftige Treiben um mich her unentwegtes Slalomfahren. Alles, was die Arabische Halbinsel zu bieten hat, wird hier, sorgsam drapiert, feilgeboten: Datteln und Pistazien aus Persien, Kaffee aus dem Jemen, Weihrauch aus Oman. Auch Erdbeeren, Bananen und Kokosnüsse sind zu haben.

Langsam wechselt das Angebot der Händler zu Seiden- und Baumwollstoffen im Tuchmarkt, der den Teppichhändlern angeschlossen ist. Die Auslagen der Gold- und Silberschmuckhändler werden vor allem von Frauen aller Altersklassen, eingehüllt in große Kopftücher, bewundert. Es herrscht ein geschäftiges Treiben. Zwischen den Kunden bieten fliegende Händler Feuerzeuge und Zigaretten aus ihren Bauchläden an. Gleichzeitig werden neue Waren auf hoch beladenen Handkarren angeliefert, gezogen von Greisen in gebückter Haltung, die sich mit lautem Geschrei einen Weg durch die Menge bahnen. Hin und wieder begegnet mir ein Wasserträger. Das hohe klingende Tsching-tsching, verursacht durch das Zusammenschlagen zweier Metalluntertassen, kündigt sich schon von weitem an. Es braucht nicht lange, bis auch ich, durch dieses Geräusch konditioniert, Durst verspüre. Aus einem ihn bei weitem überragenden Behälter auf dem Rücken, füllt er seinen Kunden Tee in kleinen Gläsern ab, die er in einem Futteral, das einem Patronengürtel ähnelt, um den Bauch trägt. Nur eine Spülmaschine fehlt ihm noch.

Auf dem Fleischmarkt dauert es manchmal eine ganze Weile, bis ich errate, zu welcher Gattung das enthäutete Tier am Haken gehört. Außer Schwein, was den Moslems ein Gräuel ist, weil es als unrein gilt, findet sich alles wieder, was auch Europäer gerne essen. Zum Auskochen werden die Extremitäten von Hammel und Kamel sowie deren Köpfe angeboten.

Ich befinde mich hier, im Zentrum von Damaskus, auf historischem Boden: Die seit über 6000 Jahren besiedelte Stadt gilt als älteste durchgehend bewohnte der Welt. Im Herzen des Basars erhebt sich unvermittelt eine graue, 15 Meter hohe Steinmauer, hinter der sich die Omayyaden-Moschee verbirgt. Ihren Namen verdankt sie einer Herrscherdynastie, die sich im sechsten Jahrhundert von Spanien bis an den Indus ausgedehnt hatte.

Ich mache mich auf die Suche nach einem Eingang mit weniger Stufen als am Hauptportal. Links um das Gebäude führt eine schmale Gasse, von der der Zugang zum Nebeneingang mit nur einer Stufe abzweigt. Freundlich werde ich von einer Aufsichtsperson in den Innenhof gebeten, er hilft mir beim Überwinden der Stufe und gestattet es mir, mit dem Bike umherzufahren.

Diese Moschee entspricht ganz und gar nicht dem Klischee eines islamischen Gotteshauses, wie es mir vorschwebt. An drei Seiten des rechteckigen Hofes befinden sich zweistöckige Arkadengänge, die an ihren Enden über breite Portale in den Gebetsraum führen. Die gewaltige Fassade der Moschee ist in der Mitte mit goldenen Ornamenten verziert, die sich beim genaueren Betrachten als florale Motive entpuppen, Motive, die dem Paradies nachempfunden sind. Für die religiösen Waschungen der Gläubigen steht zentral ein sechseckiger Pavillon, auf dessen Stufen Besucher im Schatten sitzen. Wer hierher kommt, hat Zeit, sucht die Ruhe inmitten des geschäftigen Basartreibens.

Ich rolle unter den Arkaden entlang, vorbei an Familien, die es sich auf dem kühlen Marmorboden mit Erfrischungen gemütlich machen und grüße mit *As-salâm alaikum*. Dabei achte ich genau auf die Antwort, das *Salâm* oder *Sabâh al-chair,* um die richtige Aussprache zu lernen.

Am Ende des Arkadenganges stehe ich am Eingangstor zu der riesigen Gebetshalle, groß wie ein Fußballfeld, die, wie ich schon von hier sehen kann, vollständig mit Teppichen ausgelegt ist. Jeder muss seine Schuhe ausziehen. Das ist unschwer zu erkennen an den vielen Latschen, die kreuz und quer im Eingangsbereich liegen.

Links, an der riesigen Holztür, stelle ich das Bike ab, ziehe meine Schuhe aus und suche Blickkontakt zu dem netten Wärter drüben auf der anderen Seite des Hofes. Vielleicht habe ich Glück, denke ich. Es passiert selten, aber hin und wieder wird mir das Betreten von Moscheen erlaubt. Der Wärter hat mich genau beobachtet und macht mir ein eindeutiges Handzeichen, einfach in die Moschee hineinzufahren. Das lasse ich mir nicht zweimal sagen, grüße dankend und rolle hinein.

Die riesige Dachkonstruktion wird von unzähligen Säulen getragen, an denen Besucher sitzen und im Koran lesen. Andere haben sich wahllos in der Halle zum Schlafen gelegt, als seien sie plötzlich umgefallen. Es sind sicher mehr als 200 Besucher hier und dennoch wirkt der Gebetsraum fast menschenleer. Ungefähr in der Mitte steht eine Art Gitterkäfig, vielleicht acht mal vier Meter groß und fünf Meter hoch, versilbert und mit grünem Tuch geschmückt. Ich beobachte Menschen, wie sie mit beiden Händen das Gitter greifen und die Stirn daran senken, wie sie das Gitter küssen und es in offensichtlicher Trauer umwandern. Tatsächlich befindet sich dahinter ein Sarg. Und es ist nicht irgendwer, für den Tränen vergossen werden. Sein Tod liegt schon fast 2000 Jahre zurück. Der Prophet, um den die Sunniten hier trauern, ist Zakariya Yahya Ibn, den Christen besser als Johannes der Täufer bekannt.

Während ich mir das Treiben ansehe, fallen mir vier ältere Männer auf, die die Halle zielstrebig durchqueren und hinter einer Tür verschwinden. Ich folge ihnen, öffne vorsichtig die Tür und schaue in einen kleinen Raum, in den sie gerade hineinpassen. In der Mitte steht ein Mikrofonständer und rechts an der Wand hängt ein schrankhoher Schaltkasten mit vielen altertümlichen Knöpfen und Reglern, dessen Sinn mir verborgen bleibt. Verblüfft schauen die vier sich nach mir um.

»*Salâm*«, grüße ich freundlich, »was tun Sie hier?«

Einer von ihnen hat meine englischen Worte verstanden und übersetzt den anderen meine Frage, woraufhin alle in herzliches Gelächter ausbrechen.

»Wir sind die Muezzine und rufen zum Gebet auf. Treten Sie ein und trinken einen Tee mit uns.«

»Gerne, herzlichen Dank«, entgegne ich beim Eintreten. Was für eine nüchterne Angelegenheit, denke ich, obwohl mir längst klar war, dass Muezzine heutzutage nicht mehr das Minarett hinaufsteigen und so laut rufen wie sie können. Die Männer erklären mir voller Stolz, dass der Beruf des Muezzins nicht einfach zu erlernen ist und die Gesänge von Kindheit an geübt werden müssen. Als ich ihn nach dem Wortlaut des Gesanges frage, antwortet er mir lächelnd: »An normalen Tagen singen wir fünfmal das Gleiche. Nur morgens um vier wird der Ruf mit einem Zusatz versehen: Es ist besser zu beten als zu schlafen.«

Plötzlich sieht einer von ihnen auf die Uhr und weist die anderen darauf hin, dass es jetzt Zeit sei. Sie gruppieren sich um das Mikro und pünktlich auf die Sekunde beginnt der Aufruf zum Gebet mit dem obligatorischen *Allah u Akbar*, Gott ist groß.

Die Männer singen voller Inbrunst und mit all ihrem Können. Mein Mikrofon steht vor ihnen. Dieser Gesang, mit dem mehr als eine Milliarde Moslems auf der ganzen Welt abends schlafen gehen und morgens den Tag beginnen, wird auch mich in den kommenden Monaten begleiten.

Trotz aller Hingabe, mit der sie ihre Arbeit an diesem Tag verrichten, die Wirkung ist mager. In einer Ecke der Moschee leisten gerade einmal 30 Gläubige ihren Gottesdienst gen Mekka.

Inzwischen hat sich im Innenhof der Moschee eine Gruppe von etwa 20 tiefschwarz verschleierten Frauen eingefunden, die im Begriff sind, einer ebenso großen Gruppe von Männern, vermutlich ihren Ehemännern, folgend den Hof zu überqueren. Voran schreitet ein Mullah, ein schiitischer Vorbeter. Sie alle sammeln sich vor einem Seitenflügel des Hofes, entledigen sich dort ihrer Schuhe und verschwinden in diesem Nebengebäude.

Hier passieren interessante Dinge, denke ich, und rolle auf den Mann am Eingangsportal zu, um von ihm eine Erklärung zum Geschehen zu erhalten. Es sind schiitische Pilger aus Teheran, ist alles, was ich von ihm erfahre. Neugierig rolle ich zum Nebengebäude, dort, wo sich jetzt ein Berg abgetretener Sandalen und Schuhe häuft. Aus dem Innern dringt ein merkwürdiges Heulen, Schluchzen und Wimmern, das sich mischt mit einer theatralisch vorgetragenen Predigt in einer Sprache, die ich nicht kenne. Arabisch ist es nicht, es muss Persisch oder Farsi sein. Vermutlich eine Beerdigung, schließe ich und wende mich desinteressiert ab.

Aber warum sollte eine Gruppe von Pilgern so weit zu einer Beerdigung anreisen? Ich mache noch einmal kehrt. Vorsichtig öffne ich die angelehnte Tür. Das Heulen und Jammern wird sehr laut, aber niemand ist zu sehen. Ich lasse meine Sandalen zurück, rolle hinein und folge den Lauten, bis ich zu einem weiteren Raum gelange.

Frauen wie Männer haben sich versammelt und vergießen lauthals Tränen. Sie fassen sich an den Kopf, schlagen sich auf die Brust oder wimmern nur, auf dem Boden sitzend, in ihren Schleier. Was geht hier vor, frage ich mich, warum weinen die Menschen so sehr, was ist Schreckliches passiert? Keiner von ihnen ist ansprechbar, alle sind wie hypnotisiert, beachten mich nicht einen Moment.

Der Mullah steht mit erhobenen Armen vor ihnen. Dabei redet er pausenlos in einem Ton, als würde die Welt zusammenbrechen. Ich nähere mich und finde eine Möglichkeit in den Raum zu gelangen. Erst jetzt sehe ich an der einen Wand, die für mich bisher verdeckt war, einen vergoldeten Schrein, ähnlich dem in der großen Gebetshalle. Mir geht ein Licht auf: Vermutlich wird auch hier einer bedeutenden Persönlichkeit gedacht.

Ich stehe keinen Meter vom Mullah und den Trauernden entfernt. Vorsichtig nehme ich meine Kamera heraus und erwarte jeden Moment eine ablehnende Reaktion. Doch genau das Gegenteil geschieht: Der Mullah wendet sich mir zu und erhöht die Dramatik seiner Rede. Auch einige Mitglieder der Trauergemeinde weinen besonders laut und herzzerreißend, sobald ich meine Kamera für ein Foto hebe. Nach ein paar Minuten findet das Schauspiel einen dramatischen Höhepunkt. Die Stimme des Mullahs wird fast hysterisch, ebenso laut jammern alle Zuhörer, bevor der Vorbeter, in Tränen aufgelöst, kein Wort mehr herausbringt. Es wird ruhiger im Raum, die Atmosphäre lockerer. Der Mullah verlässt die Bühne und zieht sich in eine Ecke des Raumes zurück, wo sich sein Kollege, der mir bisher gar nicht aufgefallen war, bereits erhebt, um die Gläubigen erneut zum Weinen zu bringen.

Diese Prozedur wiederholt sich immer wieder, bis ich den Raum verlasse und draußen im Hof auf das Ende warte. Ich muss unbedingt erfahren, was hinter diesem Ritual steckt. Als die Gruppe nach zwei Stunden völlig erschöpft wieder erscheint, muss ich feststellen, dass niemand Englisch spricht.

Im Moscheehof sehe ich eine Gruppe junger Männer, die man für Studenten halten könnte: »Entschuldigung, sprechen Sie Englisch?«

»Ja, ein bisschen.«

»Können Sie mir erklären, warum die Leute dort drüben vor dem Schrein so geweint haben?« Dabei weise ich mit der Hand zur anderen Seite des Hofes.

»Die Pilger sind aus dem Iran und trauern um Imam Hussein«, erklärt einer von ihnen mit einer beiläufigen Selbstverständlichkeit.

Auf die Gefahr hin, dass ich mich blamiere, frage ich nach: »Wer war Imam Hussein?«

Sie schauen sich etwas verlegen und lächelnd an, als würde ich sie fragen, wer der Weihnachtsmann ist. »Imam Hussein ist der schiitische Märtyrer«, erhalte ich als Antwort.

Als das Wort Märtyrer fällt, erinnere ich mich. Natürlich hatte ich davon gelesen. Hussein, der Enkel Mohammeds, nach Ansicht der Schiiten sein rechtmäßiger Nachfolger, ist im Jahre 680 mit nur 80 Getreuen ausgezogen, den Omayyaden-Herrscher Yesid aus Damaskus zu vertreiben. Schon bei Kerbela, im heutigen Irak, hat es eine vernichtende Schlacht gegeben. Hier, wo seine Anhänger bis heute um ihn trauern, wurde sein abgeschlagener Kopf als Trophäe der Öffentlichkeit präsentiert.

Inzwischen ist die Dämmerung hereingebrochen, die unter Fotografen beliebte »blaue Stunde« hat begonnen. Scheinwerfer beleuchten das Jesus-Minarett, die Ornamente an den Fassaden und das herrliche Schatzhaus, in dem im neunten Jahrhundert der Staatsschatz aufbewahrt wurde, während der Himmel noch vom Abendrot weich eingefärbt ist. Die Luft ist lau und lädt zum Verweilen ein, doch das Gebäude wird in Kürze geschlossen. Touristengruppen schlendern Richtung Ausgang, ihrem Guide hinterher, wo westlich gekleidete Frauen ihre langen, braunen Kapuzenmäntel, ohne die sie die Moschee nicht betreten dürfen, wieder abgeben.

Gemächlich rolle ich durch den Basar, die Straße der Märtyrer entlang, über den Yousef-al-Azmeh-Platz, hoch zur Bagdad Street, wo mein Hotel liegt. Wie ich es in allen Städten mache, die für mich neu sind, halte ich auch jetzt Ausschau nach hohen Gebäuden mit Aufzug, von denen ein Blick über die Stadt möglich ist. Es sind vorwiegend die oberen Stockwerke erstklassiger Hotels, in denen während der Vormittagsstunden Reinigungstrupps unterwegs sind, die sich nicht darum scheren, wenn ich in ein soeben geräumtes Zimmer rolle, um ein Foto zu machen. Sie gehen davon aus, dass ich

Hotelgast bin, der in seinem Zimmer etwas vergessen hat und ignorieren mich in aller Regel.

Hier in Damaskus liegen die hohen Hotels allerdings außerhalb und sind für mich uninteressant. Lediglich ein 23 Stockwerke hohes, achteckiges Bürogebäude schießt wie ein Pilz aus dem grauen Betonhäusermeer. In der 22. Etage ist ein Büro nicht bezogen. Deutlich sehe ich von unten die großen Maueröffnungen, in denen noch keine Fenster eingebaut sind. Ich habe eine Idee.

Von der Straße sehe ich im Foyer einen Pförtner hinter seinem Tresen, an dem ich sicher nicht unbemerkt vorbeikomme. Ich versuche es zwar zunächst auf die freche Art, rolle zum Haupteingang hinein, ohne den Pförtner zu beachten, direkt zu den Aufzügen. Wie erwartet funktioniert es so nicht, der Mann ruft mich zu sich und will wissen, zu wem ich möchte.

Die Messingtafel hinter ihm, die die hier ansässigen Firmen aufzählen, hilft mir bei der Entscheidung. Ich suche mir eine trading company im 22. Stock heraus und erhalte im Nu grünes Licht. Meine Hoffnungen erfüllen sich: In dem Büro, das sich noch im Rohbau befindet, fehlt die Zugangstür, ich kann ungehindert hineinrollen.

Keine Menschenseele ist hier, nur der Wind pfeift ums Gebäude. Der Blick auf Damaskus ist atemberaubend. Zum Kassion, dem Hausberg der Stadt, an dem die Nobelviertel kleben, blicke ich auf ein Meer von Satellitenschüsseln, jede so groß wie ein LKW-Reifen. Sie scheinen die unabhängigen Informationen aus dem All geradezu aufsaugen zu wollen, denn das staatliche Fernsehprogramm ist einer strengen Zensur unterworfen. In der Altstadt und den östlichen Vierteln überwiegen die Minarette der Moscheen, die, wie Pfeiler in den Boden gerammt, auf die ganze Stadt verteilt sind.

Eine Welt aus Tausendundeinenacht

Mein Hotelmanager ist unermüdlich. Nach wie vor fragt er mich jeden Morgen, als müsse er prüfen, ob ich mir das Frühstück auch verdient habe: »Have you read the Bible today?«

»Äh, nein«, muss ich stets zugeben.

Streng, aber nachsichtig schaut er mich an und serviert mir heißes Wasser mit einem darin schwebenden Teebeutel.

Die Verkehrswege von Damaskus sind nicht für Rollstuhlfahrer gemacht. Fahrradwege gibt es ohnehin nicht und die Bürgersteige entpuppen sich an Einmündungen ohne Rampe regelmäßig als Sackgasse. Wie ich es aus Indien gewohnt bin, lasse ich auch hier die Bürgersteige rechts (in Indien links) liegen und reihe mich in den Straßenverkehr ein. Autofahrer sind in Syrien auf allerlei Art Verkehrsteilnehmer eingestellt und achten weniger auf Verkehrsregeln als viel mehr auf den Fahrer nebenan.

Wer eine Ampel bei Grün überquert, ist misstrauisch genug, sich noch einmal selbst davon zu überzeugen, ob die Kreuzung tatsächlich frei ist. Die Geschwindigkeit, die ich mit meinem Bike erziele, entspricht weitgehend dem Stadtverkehr, mein Aktionsradius ist groß genug, Damaskus ohne öffentliche Verkehrsmittel zu entdecken. Allerdings bin ich nicht überall willkommen. Die Aufseher an der vergoldeten Zainab-Moschee im Osten der Stadt weisen mich wegen meines Rollstuhls brüsk zurück. Obwohl ich diese Regelungen nicht nachvollziehen kann, muss ich sie akzeptieren und wende mich enttäuscht ab.

Die Gassen der Altstadt, das Labyrinth im jüdischen und christlichen Viertel jenseits des Basars mit überdachten Bogengängen aus Lehm, ziehen mich immer wieder magisch an. Hier verirre ich mich genüsslich und entdecke dabei eine Welt aus *Tausendundeinenacht*. Tuchmacher haben sich in alten

Karawansereien niedergelassen, unterirdische Werkstätten, die nur über schmale Treppengänge erreichbar sind, beherbergen Seifenkocher, den Gold-, Silber- und Kupferschmieden kann ich bei der Arbeit auf die Finger schauen, und bisweilen werfe ich kurz einen Blick in ein Hammam, ein Badehaus, in dem weißbetuchte dickbäuchige Männer umherstolzieren.

An der Ostmauer der Omayyaden-Moschee, einem touristischen Anziehungspunkt, liegt das Café Naufara. Einst trafen sich hier am Abend die alten Männer der Stadt, um bei Wasserpfeife und Tee den Geschichtenerzählern zu lauschen, die aus dicken, abgegriffenen Büchern uralte Märchen von Königen, ihren Machtkämpfen, von intriganten Wesiren und schönen Prinzessinnen vorlasen.

Es gibt ihn noch, den Geschichtenerzähler Abu Shadi. Jeden Abend steigt er auf seinen Hochstuhl und liest, in der rechten Hand den Rohrstock bedrohlich schwingend, in der linken immer dasselbe aufgeklappte Buch, aus Scheherazades Erzählungen vor. Doch die alten Männer kommen längst nicht mehr. Es ist ihnen zu voll, zu laut, zu fremd in ihrem Café geworden, seitdem die Veranstalter von Studienreisen Abu Shadis Vortrag als abendlichen Ausklang des Sightseeings ins Programm genommen haben.

Die deutsche Reisegruppe, die das Café füllt, findet sichtlich Spaß an Abu Shadi. Auch ich finde es schön, ihm zuzuhören, wenn er mit Dramatik in der Stimme Passagen hervorhebt, um dann, fast flüsternd, Spannung zu erzeugen. Aber etwas stört mich ungemein: Ich verstehe kein Wort, wie auch die meisten anderen Touristen hier, denen das Arabische fremd ist. Es könnten auch die Börsennachrichten sein, die Abu Shadi heute vorliest, es würde kaum jemand bemerken.

Fritz erobert die Passbehörde

Ich stehe auf der Straße vor dem Al Rajah-Hotel, blicke die Bagdad Street hinunter, dann wieder auf die Uhr: Es ist fünf Uhr früh. Fritz müsste jeden Moment hier eintreffen. Gerade meine ich an der Kreuzung drüben einen hellen Schopf wahrzunehmen. Dann ist er durch sein strohblondes Haar und seine hohe Sitzposition auf dem Fahrrad deutlich sichtbar.

Es war an einem Sonntag gewesen, Fritz besuchte uns mit seiner Frau und den zwei Kindern, ich brütete gerade über Landkarten, Klimatabellen und möglichen Reiserouten, als er sich unheilbar an meinem Reisefieber ansteckte. Allein die Namen: Damaskus, Aleppo, Vorderer Orient übten einen großen Reiz auf ihn aus. Dazu kam die Vorstellung, das Land mit dem Fahrrad zu erkunden. Die gab den letzten Anstoß.

Fritz ist ein bewegungsfreudiger, naturverbundener Mensch, der jede Gelegenheit nutzt, mit seinem Kanu die europäischen Flüsse zu befahren, häufig Radtouren unternimmt und in den Sommermonaten mit seinem Schlafsack lieber im Garten übernachtet. Er ist vier Jahre jünger als ich, doch dieser Altersunterschied hat für uns nie eine große Rolle gespielt.

»Hallo, Fritz, da bist du ja!« Wir fallen uns in die Arme, als hätten wir uns seit Monaten nicht gesehen. »Wie war der Weg vom Flughafen, hast du alles gut gefunden?«

»Überhaupt kein Problem, so früh ist auf den Straßen nichts los. Und du?«, will er von mir wissen, »bist du auch gut angekommen?«

»Klar, kein Problem«, lüge ich, »abgesehen von ein paar Reifenpannen, aber das kann ich dir später erzählen.«

Bei Teebeuteltee breiten wir noch einmal die Landkarten aus. Obwohl das keine neuen Erkenntnisse bringt, denn es gibt nur eine Straße nach Palmyra, unserem ersten Ziel.

»Laut Aussage des deutschen Wetteramtes müssten wir bis

dahin Rückenwind haben.« Ich wandere mit dem Finger auf der Karte Richtung Nordosten.

»Andi, egal woher der Wind weht, morgen früh fahren wir los, am liebsten würde ich jetzt schon starten«, sagt Fritz voller Tatendrang.

»Aber wir müssen noch Lebensmittel besorgen, etwas, das nicht schwer, aber dennoch nahrhaft ist«, wende ich ein.

Fritz zieht aus seiner Packtasche eine Rolle Multivitamintabletten: »Hier, die habe ich mitgebracht«, berichtet er stolz. »Davon bekommt jeder eine halbe am Tag.«

»Dann sind wir ja mit den wichtigsten Nährstoffen eingedeckt«, lache ich.

Der Hotelmanager serviert zwei gekochte Eier, Fladenbrot, abgepackte Butter und frischen Schafskäse. Schnell schieben wir das Kartenmaterial zur Seite.

»Pass auf, gleich fragt er dich, ob du heute schon in der Bibel gelesen hast«, warne ich Fritz schon einmal vor. Aber merkwürdigerweise bleibt seine missionarische Frage dieses Mal aus.

»Er ist wohl streng christlich«, bemerkt Fritz, als er an den Wänden die Marienbilder und Bibelsprüche entdeckt.

»Wir sind in einem muslimischen Land«, bemerke ich, »vielleicht wird man so, wenn rundum Moslems leben.«

»Hast du dir schon einmal das Visum in deinem Pass angeschaut?«

»Ja, schön bunt und so viele eingeklebte Briefmarken.«

»Nein, ich meine diesen seltsamen Stempel.«

Fritz versucht den schlecht lesbaren Abdruck zu entziffern: »To contact the public security department within fifteen from arrival – hm, was ist damit gemeint, fünfzehn Minuten, Stunden oder Tage?«

»Wahrscheinlich fünfzehn Tage. Bevor wir starten, sollten wir das geklärt haben«, sage ich nachdenklich und wende mich an Joseph, den Nachtportier. Er ist der einzige im Haus, der ein paar Brocken Englisch spricht. »Weißt du, wo wir uns melden müssen?« Ich zeige ihm den Stempel im Pass und er versteht gleich, was gemeint ist: »Das ist rechts vom Hedjas-Bahnhof, hinter der Universität, Filistin-Straße.« Dabei wedelt er mit der Hand in allen vier Himmelsrichtungen herum.

Mit Stadtplan gehen wir auf die Suche nach der Passbehörde. »Das ist die Palästina-Straße«, rufe ich Fritz zu, als ich ein lesbares Straßenschild entdecke. »Da vorne, wo so viele Männer herumstehen, das könnte es sein.«

Wir halten vor einem dreistöckigen, funktionalen Betonklotz, an dem nichts Schönes ist. Joseph hatte auf einem Zettel das arabische Wort für »Passbehörde« notiert, mit dem wir uns bestätigen lassen, dass wir richtig sind.

»Andi, warte du mal hier, ich gehe hoch und gucke erst mal.« Aber Fritz ist gleich wieder da. »Das kann länger dauern«, klagt er, »da drin wimmelt es nur so von Menschen.«

Wir schließen unsere Fahrräder an und Fritz zieht mich die Stufen zur Eingangstür hoch. Es sind extrem hohe Stufen, die einen hohen Kraftaufwand erfordern. In der Halle herrscht ein aufgeregtes Gewusel. Geschäftige Männer tragen Kugelschreiber und Pässe umher, in denen Zettel stecken. Manche rennen über eine breite Treppe in den zweiten Stock und nehmen dabei drei Stufen auf einmal. Auf fünf bringen es die, die ihnen entgegenkommen.

An einer Wand ist ein breites Regalbrett befestigt, auf dem Unmengen von Zetteln herumfliegen. Dazwischen steht ein Marmeladenglas mit Leim. Das Glas, der Pinsel, das Brett, die Wand und der Boden sind vollgekleckert damit. Breiten Raum nimmt der große Tresen ein, hinter dem genervte Uniformierte Pässe entgegennehmen und zurückschieben.

Es handelt sich um eine Behörde ohne PC und Bildschirm. Datenverarbeitung bedeutet hier noch altbewährte Handarbeit. Hinter den Staatsdienern ragt ein riesiger Schrank auf, in dem eine ungeheure Menge an Karteikarten steckt. Sind hier die Daten aller Touristen und Geschäftsleute erfasst?

»Hier müssen wir uns anstellen, Fritz«, ich zeige auf die stark frequentierte Theke. Erst nach zehn Minuten merken wir, dass unser deutscher Ordnungssinn hier völlig fehl am Platze ist. In Syrien wird sich vorgedrängelt. Es herrscht ein rücksichtsloses Geschiebe. Von allen Seiten werde ich weggedrückt. Fritz kämpft sich derweil von der anderen Seite aus vor.

Okay, denke ich, dann muss ich wohl härtere Saiten aufziehen. Mit meinem Rollstuhl als Rammbock arbeite ich mich durch die Menge. Freundlich entschuldige ich mich für jeden unsanften Stoß und komme gut voran. Am Tresen reiche ich meinen aufgeschlagenen Pass herüber und bekomme ihn postwendend zurück. Dabei zeigt der Beamte auf die Decke.

»Wir müssen nach oben«, rufen Fritz und ich uns fast gleichzeitig zu.

»Am besten nimmst du meinen Pass mit, dann muss ich nicht die Stufen herauf.«

»Okay, gib her.« Fritz hat die hiesigen Sitten schnell übernommen: Er nimmt gleich vier Stufen auf einmal und stellt oben fest, dass Vordrängeln, Schubsen und Drängeln erheblich zeitsparender ist als Schlangestehen. Dabei kommt ihm seine Körpergröße zugute, die seinen Auftritt umso effektiver macht.

Doch seine Konkurrenten haben einen großen Standortvorteil: Sie sprechen die Sprache. So wird Fritz von einem Uniformträger brüsk des Tresens verwiesen mit dem Hinweis auf den Zettel, den jeder besitzt, nur wir nicht.

Voller Elan kommt er heruntergestürzt, bringt es auch auf fünf Stufen pro Satz und meint: »Wir müssen den Zettel ausfüllen.« Dabei zeigt er auf das verschmierte Regalbrett.

Ich sehe mir das Formular an. »Fritze, ich glaube, jetzt weiß ich, wozu der Kleber da ist.« »Ich ahne es auch«, entgegnet er voller dunkler Vorahnung, »wir brauchen noch ein Passfoto. Das wird da oben in die Ecke geklebt.«

Weil alle die gleichen Probleme haben, bieten eine Straße

weiter zehn Polaroidfotografen ihre Dienste an. »So, jetzt aber«, sagt Fritz stolz, steckt die ausgefüllten Formulare in die Pässe und rennt wieder hoch. Derweil beobachte ich das gockelartige Gehabe vom Boss des Hauses. Dekoriert wie ein Weihnachtsbaum, ziehen die Orden Falten in seine Uniform. Seine Mütze trägt er wie Gaddhafi, seinen Schnauzbart wie Saddam Hussein. Gönnerhaft gibt er allen, die es wagen, ihn anzusprechen, eine Auskunft, erteilt seinen Untergebenen an den Tresen lautstark Anweisungen und fuchtelt dabei mit seinem Bambusstock herum.

In der ersten Etage meidet Fritz den unfreundlichen Beamten und boxt sich zu seinem Kollegen durch. Es war ein schlechter Tausch. Er wird behandelt wie Luft, so sehr er dem Staatsdiener auch unsere Pässe unter die Nase schiebt. Mit einem eisernen Lächeln auf den Lippen bleibt Fritz unbeeindruckt, getreu der Regel, wer sich aufregt, hat verloren. Es funktioniert. Doch der Beamte schaut Fritz an, als sei er Präsident Bush persönlich. Könnten Blicke töten, Fritz hätte augenblicklich durchlöchert wie ein Sieb neben dem Tresen gelegen.

Wortlos knallt der Mann in Fritz' Pass den Vermerk; meinen hingegen schiebt er unbearbeitet zurück. Fritz begreift schnell, was los ist. Man muss persönlich erscheinen. Er versucht das Unmögliche: Ohne Arabischkenntnisse einem syrischen Beamten, der kein Englisch versteht und es auch nicht verstehen will, zu erklären, dass sein Bruder im Rollstuhl sitzt und nicht hochkommen kann. Fritz' pantomimische Verrenkungen sind filmreif, seine Zeichnungen auf der Rückseite eines Formulars, begleitet von arabischen Wortfetzen, sprechen Bände, aber der Beamte guckt nicht einmal richtig hin.

Entnervt kommt Fritz herunter, Stufe für Stufe. »Die mögen uns hier nicht«, meint er zerknirscht.

»Gib mal her, ich habe eine Idee«, sage ich aufmunternd. Ich setze eine selbstbewusste Miene auf und tippe dem Chef auf die Schulter. Wortlos balle ich die Faust, schlage auf das syrische Visum, stecke den Zettel hinein und drücke ihm meinen Pass in die Hand. Der Mann begreift, bellt einen Befehl durch die Halle, der alle Köpfe herumschnellen lässt, und schickt einen herbeieilenden Untergebenen mit meinen Papieren die Treppe hinauf. Zwei Minuten später sind alle Formalitäten erledigt. Und ein halber Tag ist vergangen.

Mit den Fahrrädern Richtung Palmyra

»Weißt du, was hier heute los ist?«, fragt Fritz mich beim Anblick der Girlanden und Fähnchen, die über Nacht in allen Straßen der Stadt aufgehängt wurden. »Keine Ahnung«, erwidere ich und blicke staunend zu dem haushohen Wandbild, einem Porträt des verstorbenen Präsidenten Assad, dessen Sohn das Amt übernommen hat.

»Bestimmt ein staatlich verordneter Feiertag oder sein Geburtstag«, vermute ich und weise auf das Plakat.

Je näher wir der Innenstadt kommen, umso aufwändiger sind die Straßen hergerichtet. Wo an normalen Tagen dichter Autoverkehr herrscht, der unsere ganze Aufmerksamkeit fordert, fahren wir jetzt ganz allein und haben die vier Spuren zur Auswahl. Die Bürgersteige füllen sich dagegen zunehmend mit Menschen, die sich setzen und auf irgendein Ereignis warten.

Beim Einbiegen in die Jamal-Straße, die aus der Stadt führt, wird es immer voller. Dicht gedrängt stehen die Massen und bilden ein Spalier. Plötzlich beginnen ein paar Jugendliche uns zuzujubeln und Fähnchen mit dem Bild des Präsidenten zu schwingen. Andere stimmen ein, bis von allen Seiten Applaus und lautes Triumphgeheul ertönt. Ich hole auf, fahre neben Fritz und stelle überrascht fest: »Ich glaube, wir sind gemeint, hinter uns ist niemand.«

»Ja«, bestätigt Fritz, »die gucken alle uns an.«

Wir beschließen, das Spiel mitzuspielen. Wie zwei Sportler, die in das Olympiastadion einlaufen, grüßen wir das Volk mit wohlwollenden Handbewegungen. Eine Straßenecke weiter findet unser Triumphzug an der ersten Polizeistreife ein jähes Ende. Wir werden angehalten und auf die Eskorte hingewiesen, die inzwischen in die Straße eingebogen ist.

Schwere, abgedunkelte Mercedes-Limousinen mit Wimpeln an den Kotflügeln fahren unter dem Applaus der Menschen zügig vorbei. Als sich der Auflauf aufgelöst hat, stellt Fritz stolz und voller Respektlosigkeit gegenüber dem Staatsoberhaupt fest: »Bei uns haben sie lauter geklatscht!«

Es hat weit in den Vormittag gedauert, bis wir endlich den letzten Vorort von Damaskus durchquert hatten. Auch die bewässerten Felder mit Hülsenfrüchten werden seltener. Gruppen von bunt gekleideten Frauen arbeiten tief gebückt in den Gemüsereihen. Männer dagegen sehen wir nur wenige und wenn, dann stehen sie, gestützt auf eine Hacke, am Rand und beobachten die Frauen. Welche Tätigkeit sie auch ausüben, sie wird unterbrochen, sobald wir mit einem »*Salâm*« grüßen. Eine Antwort bekommen wir allerdings, wenn überhaupt, nur von den Männern. Sind die Frauen unter sich, schauen sie verschämt weg, kichern oder ziehen das Kopftuch ins Gesicht. Die letzte Begegnung dieser Art haben wir vor einem Hügel, hinter dem sich die Landschaft ändert.

Auf der Anhöhe blicken wir in eine scheinbare Unendlichkeit. Unsere Straße, die bisher kurvenreich verlief und auf der es immer wieder etwas Neues zu sehen gab, liegt, wie mit dem Lineal gezogen, vor uns, hat sich zu einer nicht enden wollenden Schnur gewandelt.

Sprachlos stehen wir für einen Moment einfach nur da und blicken wie gebannt auf den Horizont, auf die Stelle, wo in weiter Ferne die Straße mit der ockerfarbenen Wüste und dem Dunst am Himmel verschmilzt. Der freie Blick, der wie auf dem Meer durch nichts versperrt wird, entfaltet in uns ein tiefes Gefühl von Ruhe, Ergriffenheit und größtem Respekt.

Ich beginne gleichzeitig zu ahnen, dass unsere Reise kein reines Zuckerschlecken werden wird und bekomme ein wenig Angst vor meiner eigenen Courage. Ich schaue meinen Bruder schräg von der Seite an, Schweißtropfen rinnen mir ins Auge: »Sag mal, Fritze, hat schon einmal jemand errechnet, wie weit es zum Horizont ist?«

Er grinst mich an und meint: »Ich glaube, er ist näher, als es scheint.«

Ich atme noch einmal tief durch, löse die Bremse und stelle fest: »Wie auch immer, das aufregendste Ereignis dieses Tages wird wohl die nächste Kurve werden.«

»Oder eine Kreuzung«, ergänzt Fritz, während wir uns bereits den Berg herunterrollen lassen.

»Es gibt keine Kreuzung bis Palmyra«, erinnere ich Fritz, »jedenfalls ist auf den Karten keine eingezeichnet.«

»Oh Mann«, stößt Fritz nur aus. Es ist das Letzte, was ich für die kommenden Stunden von ihm höre.

Schnell finden wir unseren Rhythmus. Weil der Wind entgegen allen Voraussagen von vorne bläst, bietet Fritz mir einen zwar kläglich schmalen, aber doch hilfreichen Windschatten. Meine Beschäftigung besteht aus nur zwei Dingen: kurbeln und bloß nicht aus dem Windschatten geraten. Fritz schult derweil sein Gehör. Anhand meiner Fahrgeräusche kann er, ohne sich umzuschauen, ermitteln, wann ich langsamer werde, weil mir der Windschatten abhanden gekommen ist. So rollen wir, schweigend, Hinterrad an Vorderrad, mit einem Abstand von zwei bis drei Zentimetern, durch die Wüste.

Es ist ein Nichts, durch das wir fahren, nichts außer Steinen, großen und kleinen. Allenfalls hin und wieder ein unbedeutendes Dornengestrüpp, paniert vom Staub, ungenießbar für jede Kreatur. Irgendwo am Ende des Blickfeldes erhebt sich ein grauer Schatten, vielleicht eine Bergkette oder auch nur aufgewirbelter Staub. Es ist egal. Ich hefte meinen Blick auf das Hinterrad meines Bruders, auf seinen Rücken, auf seine gleichmäßigen Bewegungen. Die Sonne lässt es unter unseren

Mützen kochen. Doch ohne einen Schutz würde die Kopfhaut gnadenlos verbrennen, zumal uns beiden nicht mehr viele Haare vergönnt sind, eine Erbschaft unseres Vaters.

Ich lasse meinen Gedanken freien Lauf und blicke 20 Jahre zurück. Hätte ich Fritz damals nicht gehabt und meine Eltern, es wäre sicher alles ganz anders gekommen.

Rückblende

Manchmal habe ich heute noch diesen schrecklichen Traum. Im Halbschlaf des frühen Morgens vermischen sich die Erinnerungen an die Einzelheiten des Unfalls. Alles sieht so verwirrend echt aus, die Straße, die Leitplanke, die auf mich zukommt, dann der blaue Himmel über mir, das Gras rund umher, das Pfeifen der vorüberrauschenden Autos und am Ende dieses verdammte Gefühl, auf dem Boden festgenagelt zu sein.

Widerstrebend wachte ich damals auf, in Angst vor der Erkenntnis, dass dieser Traum durchlebte Wirklichkeit war. Ich wollte es nicht wahrhaben, glaubte immer noch daran, in meinem eigenen Bett aufzuwachen wie jeden Morgen und alles wäre nicht mehr als eine Illusion.

Ich habe diesen Traum bis heute, manchmal variiert er, dann höre ich Stimmen: »Sie dürfen sich auf keinen Fall bewegen« – »Gleich kommt der Hubschrauber.« Und jedes Mal sehe ich meine Lederjacke zerschnitten neben mir liegen. Ich habe sie immer getragen, sie gehörte zu mir. Warum musste das sein?

Ich träume auch meine Gedanken. Wie klar sie waren, nachdem ich mit den Händen nach meinen Beinen getastet hatte und sie zwar unter meinen Fingern fühlte, aber kein Gespür mehr in ihnen hatte.

Ich habe damals in den blauen Frühlingshimmel geblickt

und geahnt, dass diese Verletzung keine von der Sorte ist, die sich schienen und gipsen lässt, bis sie vergessen ist, diese Verletzung ist etwas Bleibendes.

»Autobahnpolizei Limburg an der Lahn, spreche ich mit Herrn Fritz Pröve?«

»J...ja, das bin ich.« Meine Antwort kam sehr zögerlich, denn solch ein Anruf an diesem Karfreitag 1981 konnte nichts Gutes bedeuten. Welcher Anlass mochte so wichtig sein, dass mich die Polizei anruft? Mir fiel ein, dass Andi für dieses Osterwochenende mit einigen Freunden eine Motorradtour geplant hatte – wohin, wusste ich nicht genau – irgendwo nach Süddeutschland. Vielleicht zum Nürburgring?

»Ja, warum? Was ist passiert?« Ich war allein in der Wohnung und hatte Schwierigkeiten, den weiteren Ausführungen des Polizeibeamten zu folgen, nachdem er mir erklärt hatte, was geschehen war: »...Autobahnauffahrt – vermutlich Verletzungen an der Wirbelsäule – Rettungshubschrauber – Evangelisches Stift in Koblenz – Telefonnummer...«

»Moment, bitte nicht ganz so schnell. Was bedeutet das denn?«, fragte ich mit zitternder Stimme.

»Nun ja, ich bin kein Mediziner, aber die Symptome deuten auf eine Querschnittslähmung hin. Ihr Bruder konnte nach dem Unfall seine Beine nicht mehr bewegen. Der Notarzt am Unfallort vermutete auch so etwas. Aber bitte rufen Sie am besten direkt in der Klinik an. Dort wird man Ihnen sicher Genaueres sagen können.«

Ich war zu jener Zeit 19 Jahre alt und führte ein unbeschwertes Leben, ohne Erfahrungen mit solchen Situationen. Meine Alltagsproblemchen traten schlagartig in den Hintergrund. Welche Konsequenzen dieser Unfall für Andi haben würde, war mir zwar damals im Detail noch nicht klar, jedoch hatte das Wort »Querschnittslähmung« eine solch erschreckende Wirkung auf mich, dass ich nach Beendigung dieses Telefonats Mühe hatte, auch nur einen einzigen klaren Gedanken zu fassen. Was war jetzt zu tun? Freunde und Verwandte informieren. In der Klinik anrufen. Den Besuch organisieren. Mit wem war er unterwegs? Ich erinnerte mich: Alfred Lehne und Andreas Bock waren mitgefahren.

Ich konnte meine Mutter nicht erreichen, sie hielt sich im Dorf auf. Nach kurzer Zeit war ich wieder erstaunlich kontrolliert, doch bereits während des ersten Telefonats mit meinem Vater kamen mir die Tränen, und ihm erging es nicht anders. Wortlos hörte er sich an, was ich ihm zu erzählen hatte. Er rang offensichtlich schwer um seine Fassung, übernahm es dann aber, unsere älteren Brüder Johann in Wuppertal und Ulli in Berlin anzurufen, wofür ich ihm sehr dankbar war.

Bereits am nächsten Morgen starteten wir morgens um fünf Uhr zusammen mit unserem Bruder Sebastian in Richtung Koblenz. Je näher wir der Klinik kamen, desto bedrückter wurde die Stimmung – was würde uns erwarten? Alfred und Andreas , die ebenfalls gerade zu Andi wollten, trafen wir mit ernsten Gesichtern auf dem Flur.

»Habt ihr eine Ahnung, wie das passieren konnte?«, fragte ich Alfred.

»Nein, Fritz, ich weiß es nicht. Andi ist vorausgefahren und dann war er plötzlich weg. Als wir hinterherkamen, lag er hinter der Leitplanke, die Karre auch.«

Das Bild, das sich uns auf der Intensivstation bot, war erschreckend: Überall um Andi herum Maschinen, Kontrollinstrumente, die piepten und blinkten, Kabel und Schläuche.

»Hallo Andi«, flüsterte ich mit einem hörbaren Kloß im Hals. Den Zusatz »Wie geht es dir?« verschluckte ich. Diese Frage wäre mehr als unpassend gewesen. Wie ein Maikäfer in Rückenlage, so hilflos hatte ich ihn noch nie gesehen.

»Schön, dass ihr so schnell hierher gekommen seid. Ich glaube, ich hab Mist gebaut und werde wahrscheinlich noch einige Zeit hier bleiben müssen.«

Mein Versuch, Optimismus zu verbreiten, scheiterte kläglich – zu groß war meine Bestürzung über Andis Verfassung.

Wir hatten leider versäumt, die Ärzte vor dem Besuch zu fragen, ob man Andi schon über das Ausmaß seiner Verletzungen und die zu erwartenden Folgen aufgeklärt hatte. Daher konnten wir über das Thema kaum offen reden.

Der erste Besuch verursachte ein ambivalentes Gefühl in mir. Die Freude darüber, meine Geschwister und Eltern zu sehen, wurde getrübt durch die Scham, meiner Familie so viele Sorgen zu bereiten.

Ich konnte die Tränen meines Vaters, meiner Brüder Sebastian und Fritz fast nicht ertragen und hätte alles getan, sie zu stoppen, hätte sie am liebsten getröstet oder behauptet, alles sei gar nicht so schlimm, doch ich musste selbst weinen. Was soll nur aus mir werden? Mein Kummer brauchte ein Ventil.

»Frühstück!«, das Klappern im Flur kündigt das Ende meiner Grübeleien an. Aber so richtig freuen kann ich mich nicht darauf. Den lauwarmen Kaffee aus einer Schnabeltasse trinken und die geschmierten Brötchen in strammer Rückenlage zu verzehren, gelingt mir auch nach fünf Tagen noch nicht fehlerfrei.

Dieses Bett, das eher einer Folterbank gleicht, fördert das Zusammenwachsen der Wirbel und verhindert das Wundliegen. Viermal am Tag werde ich in einem komplizierten Prozess darin gedreht, ohne dass die Wirbel belastet werden. Denn schlechte Durchblutung und fehlende Sensibilität führen schnell dazu, dass die Haut Nekrosen bildet.

Noch zwei Monate, so prophezeite mir der Arzt, muss ich das durchhalten, dann darf ich zum ersten Mal in den Rollstuhl. Ich weiß noch, wie ich mich über dieses Wort »darf« gewundert habe und ich mir sicher war, der Letzte auf der Welt zu sein, der sich auf einen Rollstuhl freut.

Das Routineprogramm auf der Station begrenzte die Zeit, die mir zum Trübsalblasen blieb. In den Nachmittagsstunden, während der Übergabe und in den langen schlaflosen Nächten dachte ich an die Intensivstation zurück, als ein kleines

Fünkchen Hoffnung alles dominiert hatte. Ich erinnerte mich aber auch daran, wie dieser Funke schließlich langsam erlosch, nachdem der Chefarzt auch am dritten Tag keine Sensibilität in meinen Beinen feststellen konnte und von mir keinerlei Rückmeldung kam, so sehr er mich auch mit seiner Nadel stach.

Die Intensivstation war mich schnell los. Keine weiteren gravierenden Verletzungen, außer einer Paraplegie ab TH7/8. An das Wort »Querschnittslähmung« oder »Behinderung« mochte ich nicht einmal denken.

Häppchenweise wurde ich über das, was mich erwartet, aufgeklärt und ich begann, meine Chancen in die Waagschale zu werfen. Abgesehen vom vegetativen Nervensystem sind alle bewusst gesteuerten Funktionen sowie die Sensibilität unterhalb der Brustwarzen außer Kraft gesetzt. Die Blase und der Mastdarm sind ebenfalls betroffen. Ich werde auf einen Rollstuhl angewiesen sein, aber mit einer Handbedienung Auto fahren können. Das Tischlerhandwerk muss ich an den Nagel hängen und eine neue berufliche Laufbahn einschlagen. Ich würde neue Freunde finden, eine Familie gründen können und eine durchschnittliche Lebenserwartung haben.

Es war wie beim Mensch-ärgere-dich-nicht-Spiel. Ich war rausgeschmissen worden, bekam aber gleichzeitig die Chance für einen Neuanfang unter veränderten Bedingungen.

Andi ist vier Jahre älter als ich und war daher immer der »große Bruder«, der aber doch noch nicht so vernünftig war wie unsere beiden ältesten Brüder und der immer verrückte Ideen hatte. Seine erste Indienreise im Jahr 1980 hatte mich sehr beeindruckt, und weil ich auch sehr gerne reise, konnte ich sein Fernweh immer besonders gut nachvollziehen. Unsere Freundeskreise überschnitten sich zwar nur geringfügig, doch hatten wir trotzdem so viele Berührungspunkte, dass wir, nachdem Andi in seine Wohnung in Celle gezogen war, immer in Kontakt zueinander standen. Wie stolz war ich, wenn er mich mit seinem Moped von Feten bei der Jugendgruppe M71 in Wienhausen abholte. Er bot mir an, wann immer es mir passte, in seiner Wohnung zu übernachten, was mir den Schulweg extrem verkürzte – allerdings zum Ärger seines Vermieters.

All diese Gedanken gingen mir an seinem Krankenbett durch den Kopf. Andi konnte nur mühsam lächeln, Rippen- und Schlüsselbeinbrüche verursachten ihm sichtlich Schmerzen, und wir konnten ihm die Angst vor der Zukunft im Gesicht ablesen. Doch ich wusste genau, dass er sich sehr freute, uns zu sehen.

Traurig und doch mit aufkeimendem Tatendrang machten wir uns spät abends mit der Unfallmaschine im Laderaum wieder auf den Weg zurück nach Hause, nach Wathlingen. Wie hasste ich dieses Biest mit 350 ccm und eindeutig zu viel PS für ihr geringes Gewicht. Alfred und Andreas fuhren als Eskorte hinterher.

Nun hatten wir einen Auftrag und die Chance, etwas für Andi zu tun: Wohnung kündigen, Arbeitgeber informieren, Versicherungen, Krankenkasse, Stromversorgung, Post, Telefon usw. Andis Wohnung lag im ersten Stock, er würde dort also nicht mehr wohnen können. Die Ärzte in Koblenz hatten uns nur wenig Hoffnung gemacht und drei Tage nach dem Unfall bestand tatsächlich Gewissheit, dass Andi sein restliches Leben im Rollstuhl verbringen würde.

Schon auf der Rückfahrt äußerte mein Vater zum ersten Mal seine Gedanken zum Bau eines Hauses: »Was hältst du davon, wenn ich für Andreas einen Teil meines großen Grundstückes abtrennen lasse und wir darauf ein Wohnhaus für ihn errichten? Ich kümmere mich um die Formalitäten und du musst Freunde organisieren, die bereit sind, zumindest vorübergehend einen großen Teil ihrer Freizeit zu opfern. Kriegen wir das hin?«

Ich war sofort begeistert von dieser Idee: »Na klar, das machen wir – was wäre auch sonst die Alternative? Ein Heim etwa? Ich häng mich gleich morgen früh ans Telefon.«

»Moment, nicht so schnell! Wir brauchen zuallererst einen Architekten, und ich glaube nicht, dass wir noch vor August eine Baugenehmigung bekommen.«

Einmal am Tag kam Renate, eine Physiotherapeutin, forschen Schrittes ins Zimmer. »Na, wie isset?«, fragte sie dann fröhlich, hob die Bettdecke hoch und machte sich an meinen Beinen zu schaffen. Sie bewegte sie rauf und runter, nach links und rechts, doch ich spürte nichts, keine Berührung, keine Bewegung, gar nichts, als sei es nicht mein Bein. Noch immer wurde das, was meine Augen sahen, von meinem Verstand nicht akzeptiert.

»Was machen Sie da eigentlich mit meinen Beinen?«

»Ich bewege sie, damit die Knie nicht versteifen, denn dann sitzt es sich im Rollstuhl nicht gut.«

Eines Tages drückte sich ein Polizist vor meinem Zimmer herum, bis er vom Pflegepersonal zu mir vorgelassen wurde. Er tat mir ein wenig Leid, und ich hatte das Gefühl, er wollte diese schwierige Mission so schnell wie möglich hinter sich bringen: »Guten Tag, wie geht es Ihnen? Es ist nur eine Formalität, geht ganz schnell. Ich müsste noch einmal den Unfallhergang notieren. Also Sie sind in der Kurve weggerutscht.«

»Ja«, antwortete ich, »da lag Sand in der Kurve.«

»Okay, okay«, gab er zufrieden zurück, »das reicht schon.« Er kritzelte etwas auf den Bogen, ich kritzelte eine Unterschrift darunter und schon machte er kehrt.

»Ach, fast hätte ich das hier vergessen.« Er griff in seine Tasche und zückte einen Briefumschlag. »Also, die Leitplanke«, und jetzt wurde es ihm sichtlich peinlich, »musste erneuert werden, die Autobahnmeisterei wusste nicht wohin mit der Rechnung.«

»Legen Sie sie da hin«, sagte ich beiläufig, um ihm seine Mission zu erleichtern, »wird bezahlt.«

Froh, seinen Gang erledigt zu haben, spazierte er zur Tür. »Also dann, auf Wiedersehen und gute Besserung.«

Stefan, mein Bettnachbar, lachte sich über diesen Auftritt

halb tot. Er hatte selbst einen Unfall gehabt, war aber ein fröhlicher Kerl, der mich in vielen Situationen aufgemuntert hat. Leider stand er kurz vor seiner Entlassung, sonst hätte ich mir noch viel mehr von ihm abgucken können. So fit, wie er war, wollte ich auch eines Tages werden. Ich beobachtete ihn genau, wenn er mit Schwung aus dem Bett in seinen Rolli hüpfte und wie behände er die Tür öffnete, ganz so, als ginge das von selbst. Aber ich sah auch das merkwürdige Zappeln seiner Beine, wenn er sich ins Bett legte. Dabei stöhnte er, wie nach einem langen Arbeitstag.

»Kannst du deine Beine noch bewegen?«, fragte ich, unsicher über den Grund dieses eigenartigen Zitterns.

»Ha, schön wär's«, lachte er, »das ist der Spasmus in den Beinen.«

»Machen deine Beine das von selbst?«, fragte ich etwas ungeschickt nach.

»Ja, immer wenn ich mich ins Bett lege, strecken sie sich, und morgens bekomme ich den Beugespasmus.«

Gerade dachte ich, armer Kerl, zu allem Unglück hat er auch noch Spasmus. Da fügte er in beruhigendem Ton an: »Das kriegst du auch. Spasmus gibt's zur Querschnittslähmung dazu, gratis sozusagen.« Dabei lachte er wieder mit seiner Unbekümmertheit, die mir so oft meine Sorgen wegwischte. Kaum war er aus dem Zimmer, machten sich bei mir wieder die dunklen Gedanken breit: Was soll das jetzt, Spasmus, ich bin doch kein Spastiker!

»Wissen Sie, woher der Spasmus kommt?«

Renate, die mal wieder meine Beine gelenkig hielt und nur darauf wartete, Fragen zu beantworten, erklärte mir: »Man vermutet, dass von den verletzten Nervenenden Impulse ausgehen, die den Spasmus auslösen.«

»Meinen Sie, ich bekomme das auch?«, fragte ich, ohne meine Angst vor der Antwort zu zeigen.

»Ja, wahrscheinlich, es ist nur fraglich, wie stark der Spasmus ausfällt.«

Ein paar Wochen später, ich lag zugedeckt auf dem Rücken und las, schnellte unvermittelt mein Knie hoch und schlug mir das Buch aus der Hand, sodass es in hohem Bogen durch die Luft flog. Einen Moment dachte ich, da wäre irgendwer, der mit meinen Beinen Späße treibt.

»Willkommen im Klub«, war Stefans nüchterne Reaktion. Mir blieb das Lachen allerdings im Halse stecken.

Renate konnte nichts dafür, aber die meisten schlechten Nachrichten erhielt ich von ihr. Sie eröffnete mir, dass ich den Rest meines Lebens Kompressionsstrümpfe würde tragen müssen und dass mir nach meiner Entlassung einmal täglich Krankengymnastik verordnet würde. Aufgrund des Widerstands, den meine Beine ihren Bewegungsbemühungen entgegensetzten, prognostizierte sie mir einen ausgeprägten Streck-Beuge-Spasmus. Sie wies mich auch darauf hin, ich müsse immer auf Hautrötungen achten, die ersten Anzeichen von Druckstellen, vor allem am Gesäß.

Ich würde für den Rest meines Lebens auf empfindlicher Haut sitzen, die die zwei dahinter liegenden Steißknochen eher schlecht als recht abdeckt, die kein Fleisch oder Fett polstert und keine Schmerzmeldung abgibt, wenn sie Entlastung braucht. Wenn sie abstirbt, entsteht ein so genannter Dekubitus, der mir die Mobilität raubt und mich ins Bett zwingt.

Mein Gleichgewicht wird stark eingeschränkt sein und selbst mit viel Übung wird freies Sitzen ohne Lehne oder Stütze zum Balanceakt. Auf die Gefahr hin, dass sie mich für verrückt erklärt, sagte ich: »Wissen Sie, ich war kurz vor dem Unfall in Indien. Dieses Land hat mich so beeindruckt, ich will da unbedingt wieder hin. Ist das im Rollstuhl möglich?«

»Hm«, brummt sie mit heruntergezogenen Mundwinkeln, »das kann ich mir nicht vorstellen. Schon die sanitären Anlagen sind ein Problem, und wo wollen Sie übernachten, da gibt es doch keine behindertengerechten Unterkünfte.« Aufmunternd fügte sie hinzu: «Aber es gibt in Deutschland ganz schöne Urlaubsmöglichkeiten in betreuten und rollstuhlgerechten Ferienanlagen.«

Renate kennt mich noch nicht, dachte ich mit einem bitteren Lächeln bei der Vorstellung, in einer behüteten Ferienanlage Urlaub zu machen.

»Hallo Peter, hier ist Fritz. Ich hab eine schlechte Nachricht. Andi hatte einen Motorradunfall...« – So einfach wie ich mir das vorgestellt hatte, war es dann doch nicht, die Freunde zu informieren. Ich musste so vielen Leuten erklären, was passiert war. Doch nach einiger Zeit erlangte ich eine gewisse Routine darin, und die Neuigkeit verbreitete sich wie ein Lauffeuer.

Die Wochenenden nach dem Unfall wurden nahezu generalstabsmäßig in Besuchsdienste aufgeteilt, sodass es nicht zu einem Besucherstau kam und trotzdem so oft wie möglich jemand bei Andi war. »Was machst du eigentlich Pfingsten?«, fragte Alfred mich einige Wochen später.

»Ich fahre nach Koblenz. Und du?«

»Wollen wir nicht die ganze Horde zusammentrommeln und dort irgendwo zelten? So eine Art Pfingstlager?«

»Na, klar. Da komm ich natürlich mit«, entgegnete ich.

»Andis Wohnung in Celle ist geräumt, die Möbel untergestellt und die Baugenehmigung lässt noch auf sich warten. Im Moment können wir nichts Besseres für ihn tun, und die Strecke nach Koblenz fahr ich mittlerweile eh mit verbundenen Augen.« Dieses Pfingstlager sollte etwas Besonderes werden. Mit ungefähr 30 Freunden fuhren wir nach Koblenz und zelteten von Freitag bis Montag auf einer Schafweide am Waldrand hoch über dem »Deutschen Eck«. Und ich glaube, nicht nur das Personal in der Klinik registrierte am vierten Tag den strengen Geruch, der sich in unserer Nähe ausbreitete.

»Meinst du nicht, dass wir mit so vielen Leuten den Schwestern auf die Nerven gehen?«, fragte ich Andi.

»Ach, was. Ich glaube, die sind noch ganz andere Zustände

gewohnt. Und außerdem freu ich mich immer, euch zu sehen, und das ist ja wohl wichtiger.«

An den Wochenenden probte Stefan das Leben in den eigenen vier Wänden und überließ mir das Krankenhauszimmer. Er hätte wohl auch kaum noch Platz gefunden, denn ich bekam Besuch, und zwar jede Menge. Alle kamen mit Motorrädern, Mopeds und Autos und entsprechend änderte sich rasch das Klima in meinem Zimmer. Am Sonntagabend roch es nach Benzin und Öl, nach Lederkleidung, Zigaretten und Bier und ein klein wenig nach Schafdung.

»Was war denn hier los?«, stieß Stefan überrascht aus, als er sein zerwühltes Bett sah und die fremden Gerüche in der Luft wahrnahm.

»Äh, also, wir haben hier eine kleine Feier gehabt«, versuchte ich entschuldigend zu erklären, »zwei meiner Freunde hatten zu viel getrunken und da habe ich ihnen dein Bett angeboten. Ist das schlimm?«

Mit einer abwinkenden Handbewegung gab er mir freundlich zu verstehen, dass das kein Problem sei.

Einer dieser Besuchstage brachte eine Neuigkeit, die in mir ungeahnte Kräfte freisetzte. Ich glaubte zunächst an einen Scherz, doch es war nicht die Zeit für Witzeleien. Fritz eröffnete mir, dass Vater konkrete Pläne für ein Haus hat, das in den kommenden Monaten in Eigenarbeit gebaut und zu meiner Entlassung bezugsfertig sein soll.

»Was meinst du mit Eigenarbeit?«, fragte ich Fritz allerdings zweifelnd. »Wer soll das denn bauen?«

»Die Bockelskämper und wer sonst Lust hat zu helfen«, entgegnete er mit einer Selbstverständlichkeit, als gäbe es daran keinen Zweifel.

Die Bockelskämper, das ist der Name einer Clique, der ich mich zugehörig fühlte. Wir waren in einem Alter, wir liebten das Motorradfahren und die meisten kamen aus dem Nachbardorf Bockelskamp.

»Also«, sagte Fritz in Aufbruchsstimmung, »wir bauen dir jetzt ein Haus, und wenn du hier herauskommst, kannst du gleich einziehen. Besuch wird es aber nicht mehr so viel geben, schließlich sind wir auf deinem Bau beschäftigt.«

Es hat eine Weile gedauert, bis ich begriffen hatte, was mein Bruder da gesagt hatte. Ich war vollkommen sprachlos, als er aus seiner Tasche die ersten Baupläne zog, um mit mir über Einzelheiten zu sprechen. Stundenlang saßen wir über den Zeichnungen und zum ersten Mal überwogen für mich positive Gedanken.

Die Utopie von einer zweiten Chance nahm Gestalt an.

Unser Vater machte allen Geschäftsinhabern im Dorf die Hölle heiß, ihren Laden zu Andis Entlassung mit einer Rampe auszustatten. Der Drogist und die Sparkasse reagierten prompt. Auch das zuständige Bauamt belagerte er so lange, bis die Genehmigung in Rekordzeit ausgestellt wurde, und keine drei Monate nach dem Unfall trafen wir uns zum ersten Spatenstich.

Zuverlässig und schnell besorgte unser Vater all die Dinge und Materialien, die benötigt wurden, einschließlich der Getränke, und spät abends setzten sich alle an den gedeckten Tisch, den seine Frau Gisela vorbereitet hatte. Es machte einfach Spaß.

Jeden Abend in der Woche und natürlich an allen Wochenenden kamen unzählige Freunde, Verwandte und Bekannte, sogar einige Unbekannte zur Baustelle, um unter fachkundiger Anleitung eines Maurermeisters zu helfen. Manchmal waren es so viele Helfer, dass es nicht immer genug Arbeit für alle gab.

»Macht nix, dann schauen wir einfach nur zu, trinken ein paar Bier, reden dummes Zeug oder bauen aus dem Abfallholz einen Abenteuerspielplatz für die Kinder«, meinte unser Freund Peter und machte sich gleich mit Volker ans Werk.

Etliche Dinge, die für einen Rollstuhlfahrer unabdingbar

sind, mussten beim Bau berücksichtigt werden. Die Türen mussten sehr breit, die Arbeitsplatten in der Küche unterfahrbar sein, es bedurfte niedrig angebrachter Fenstergriffe, einiger Verstärkungen in der Holzbalkendecke über der Badewanne zur Befestigung einer Strickleiter oder eines Lifters, einer ebenerdigen Dusche, eines Garagentors mit Motor und Fernbedienung und es durfte natürlich keine Stufen geben. Es gab eine Menge zu bedenken.

Die Selbstverständlichkeit, mit der die Helfer in Wathlingen nach Arbeit, Schule oder Studium auftauchten, motivierte alle gegenseitig ungemein. Statt in Bockelskamp auf der Brücke oder bei der Jugendgruppe M71 traf man sich nun eben auf der Baustelle. Jeder wusste das. Und ich hatte nicht das Gefühl, dass dies irgendjemand als Belastung empfand, sondern eher als sinnvolle Freizeitbeschäftigung. Und so ging es mir auch, obwohl wir zeitweise von früh morgens bis zum Sonnenuntergang Fundamentgräben aushoben, Beton mischten, mauerten, Leitungen verlegten und Decken vertäfelten. Viele der Helfer hatten einen technischen Beruf oder zumindest eine gewisse Begabung und Erfahrung, aber auch Ungeübte lernten hier die Grundzüge des Bauhandwerkes, ohne größeren Schaden genommen oder gar angerichtet zu haben. Es gab keine gravierenden Verletzungen, Zwischen- oder Unfälle. Die Bauabnahme erfolgte ohne nennenswerte Beanstandungen.

Das Wissen, so viele Freunde zu haben, spornte meinen Ehrgeiz an. Fritz hatte mir eine Fotocollage meiner Indien-Reise mitgebracht und an die Wand neben das Bett gehängt. Wie bei einem Blick ins Fenster meines früheren Lebens konnte ich erneut verreisen, am Strand von Goa unter Palmen liegen und in den Eisenbahnen die Weite des Landes spüren. Fritz schreckte auch nicht davor zurück, Bilder, auf denen meine Beine sichtbar sind, beizufügen. Jetzt ähnelten sie denen hungernder indischer Bettler. Die Muskulatur hatte sich abgebaut, die Kniegelenke standen unproportional groß hervor. Fast unmerklich begann ich, mein Leben in die Zeit davor und danach einzuteilen.

Die regelmäßigen Visiten brachten zwar Abwechslung, aber keine bewegenden Neuigkeiten. Nur eines interessierte mich: Wann konnte ich endlich dieses Bett verlassen? Das passive Herumliegen konnte ich kaum länger ertragen. Ein Wandel ging in mir vor sich. Immer häufiger erwischte ich mich dabei, wie ich Stefans Rollstuhl musterte, mir vorzustellen versuchte, wie es wohl sein mag, darin zu sitzen.

»Bärbel, ich will jetzt hier raus!«, klagte ich einer Schwester, von der ich wusste, sie würde sich für mich einsetzen.

»Ich will mal sehen, was ich für dich tun kann«, beruhigte sie mich. Am nächsten Morgen ging die Tür auf und Karl, der Pfleger, schob einen leeren Rollstuhl ins Zimmer. Er war nicht so schnittig wie Stefans Stuhl, ja, ich fand ihn geradezu unansehnlich mit seiner blauen, abwaschbaren Plastikbespannung und dem verchromten Rundrohrrahmen, ein allenfalls rein funktionales Gerät. Dieser Rollstuhl, mein zukünftiger Begleiter fürs Leben, hatte nichts Schönes an sich. Weit abstehende Fußstützen und hohe Armlehnen gaben ihm ein klobiges Aussehen. Aber ich war dennoch scharf darauf, denn er konnte mir etwas geben, das ich seit zwei Monaten schmerzlich vermisste: Mobilität.

Karl meinte: »Vorläufig nimmst du erst mal dieses Modell. Wir nehmen deine Maße und dann bekommst du deinen eigenen Rollstuhl angepasst.«

Wie ein Boxer, der voller Selbstüberschätzung in den Ring steigt, bekam ich schon auf der Bettkante meinen ersten Tiefschlag: Ohne jegliches Gleichgewichtsgefühl kippte ich einfach um. Das lange Liegen und die schwere Beeinträchtigung waren die Ursache für die fehlende Balance. Kurt, der zweite Pfleger, der neben mir stand, um mich zu halten, meinte: »Na, mein Junge, das lernst du noch.« Seine väterlichen Worte konnten mich jedoch kaum trösten. Mir wurde schwindelig und schwarz vor Augen.

»So, jetzt legst du dich wieder hin und heute Nachmittag versuchen wir es erneut.« Anscheinend hatte er mit meinem Misserfolg gerechnet, doch ich war enttäuscht. Ungeduldig musste ich hinnehmen, wie klein die Fortschritte sind und dass selbst geringste Erfolge große Anstrengungen erfordern. Rollstuhlfahren, lernte ich, ist eine höchst komplexe Angelegenheit. Mit jedem Zug der Hände an den Rädern musste ich meine fehlende Balance ausgleichen, um nicht mit dem Oberkörper umzukippen. Kurven fährt man wie ein Panzer (rechts bremsen, links Gas geben), und zum Öffnen von Türen können die Arme gar nicht lang genug sein. Ohne Bauch- und Rückenmuskulatur etwas vom Boden aufzuheben ist nur mit einer Hand möglich, mit der anderen musste ich mich am Stuhl festhalten, um nicht selbst herunterzufallen.

Ich bekam eine Art Stundenplan, der den Tag mit Gymnastik, Schwimmen, Rollstuhltraining und Muskeltraining, dem Erlernen diverser Sportarten wie Basketball, Bogenschießen, Tischtennis und Leichtathletik füllte. Für den Fall, dass mir noch Zeit blieb, bot man mir zusätzlich in der Beschäftigungstherapie Körbeflechten an. Darauf verzichtete ich, doch den Rest des Programms nahm ich ernst wie den täglichen Weg zur Arbeit.

Andi machte nach einigen Monaten riesige Fortschritte in der Rehabilitation und er führte uns jedes Mal, wenn wir kamen, neue Kunststücke im Rollstuhl vor.

In dem irrigen Glauben, Rollstuhl fahren könne nicht schwer sein, borgte ich mir Andis Gefährt, während er im Bett lag, und holte mir dabei böse Blessuren. Meine Finger quetschte ich mir gleich am Nachttisch, und als ich den Rollstuhl auf zwei Räder kippen wollte, wie Andi es uns so oft vormachte, hätte ich fast die Balance verloren und mir meinen Hinterkopf am Fensterbrett aufgeschlagen. Andi bat mich, ihm eine Tasse Kaffee aus der Stationsküche zu holen, doch es gelang mir nicht einmal, ohne Zuhilfenahme meiner Füße die Tür zu öffnen. Ich war mir immer selbst im Wege.

Und dann fiel mir etwas auf, worüber ich mir vorher nie Gedanken gemacht hatte: Es geht immer nur eines: rollen oder etwas in der Hand halten. Ich musste aussteigen und schob ihm den Kaffee auf dem Rollstuhlsitz ans Bett. Erneut wurde mir klar, wie wichtig bei unserem Hausbau die Barrierefreiheit war.

Arno war in der Sporthalle für körperliche Fitness und die Vorbereitung auf das Leben außerhalb der Klinik zuständig. Er stand neben mir, hielt sich an dem Schiebegriff meines Rollstuhls fest und erklärte: »Stell dir vor, du überquerst eine Straße, plötzlich kommt ein Auto, und du musst den Bürgersteig hier hoch.« Dabei zeigte er auf einen Podest, den er zur Simulation errichtet hatte.

Als sei das ein schlechter Scherz, schimpfte ich: »Das geht nicht, wie soll ich da hochkommen. Vermutlich würde mich das Auto jetzt überfahren.«

Lächelnd sagte Arno: »Pass auf, ich mache es dir vor.« Er holte sich einen der Ersatzrollstühle, setzte sich hinein und fuhr in vollem Tempo auf den Podest zu. Ich erwartete schon einen Knall, doch als sei er mit dem Rollstuhl gehüpft, stand er plötzlich oben.

»Den Trick musst du mir zeigen«, rief ich begeistert. Arno demonstrierte mir den Vorgang erneut in Zeitlupe. »Du fährst mit etwas Schwung auf die Kante zu. Kurz davor kippst du den Rolli vorne leicht an, wie wir das gestern geübt haben. So, dass die Vorderräder nicht gegen den Bordstein stoßen, siehst du?« Dabei wies er auf die kleinen Rollstuhlräder. »Den Rest erledigt der Schwung. Du kannst dich auch etwas nach vorn beugen und nachgreifen.« Ich nahm Anlauf, lupfte den Rolli aber eine Idee zu früh und knallte mit voller Wucht gegen das Hindernis. Wie ein Sack Mehl, der aus einer Schubkarre gekippt wird, landete ich auf dem Podest.

Als wollte ich sagen, siehst du, es geht nicht, schaute ich Arno unzufrieden an. Doch er meinte nur: »Das war schon nicht schlecht, beim nächsten Mal machst du es einfach mit Rollstuhl.« Hahaha.

Mir wurden die elementarsten Fertigkeiten beigebracht. Bei den Exkursionen in die rollstuhlfeindliche Außenwelt der Klinik haben wir das Erlernte dann geprobt. Darunter auch akrobatischere Übungen, wenn man sich etwa von einer Rolltreppe erfassen lässt oder sie rückwärts herunterfährt. Im Notfall sollte ein Rollstuhlfahrer außerdem in der Lage sein, ein Treppenhaus hinabzusteigen oder auf zwei Rädern Rampen und Bordsteine zu überqueren.

Die Realität hielt Schwierigkeiten für mich bereit, die sich in der Klinik nicht simulieren ließen. Bordsteinkanten sind nie gleich hoch oder gleich beschaffen. Es ist ein Unterschied, ob ich auf Kopfsteinpflaster, Blaubasalt oder Asphalt Anlauf nehmen kann, und manchmal ist kein Platz zum Schwungholen da.

»Kannst du mir einmal sagen, was ich tun soll, wenn ich auf der Straße aus dem Rollstuhl falle?« Ich konnte meinen vorwurfsvollen Ton nie ganz unterdrücken, als sei Arno Schuld daran, dass ich im Rollstuhl saß. Doch er war mir nicht böse deswegen. »Das lernst du später, einstweilen werde ich dir helfen«, beruhigte er mich.

Um vom Boden ohne fremde Hilfe zurück in den Rollstuhl zu gelangen, was eine enorm wichtige Voraussetzung für das tägliche Leben ist, bedarf es einer kräftigen Armmuskulatur und einer speziellen Technik. Mit Hantelübungen auf der Matte und einem Konditionstraining im Rollstuhlsimulator wurde ich fit gemacht für das Leben draußen. Doch so sehr ich mich auch bemühte, die Grenzen waren offensichtlich. Zum Überwinden von Treppen und steilem oder unebenem Gelände benötigte ich fremde Hilfe.

Es war an einem Sonntagabend, als ich das hautnah zu spüren bekam. Zu einem kurzen Spaziergang rollte ich genüsslich auf zwei Rädern das starke Gefälle zum Moselufer herunter, ohne mir über den Rückweg Gedanken zu machen. Ein folgenschwerer Fehler. Denn die Steigung war für mich auf dem Rückweg nicht zu bewältigen. Ich stand in der Dunkelheit an der Böschung und hatte nur zwei Möglichkeiten: Jemanden um Hilfe bitten. Oder einfach sitzen bleiben.

Eine halbe Stunde habe ich mit mir gerungen, bis ich alle Hemmungen abgeschüttelt hatte. Ich war überrascht, wie leicht es mir fiel, auf den jungen Mann zuzugehen und mit welcher Selbstverständlichkeit er meiner Bitte entsprach.

Meine ersten eigenhändigen Exkursionen in die Welt der Fußgänger glichen einem Lehrstück menschlichen Sozialverhaltens. Schon an der Bordsteinkante vor der Klinik, wo ich darauf gewartet hatte, dass die Straße frei wird, sah ich in den Augen einiger Passanten, wie das Gewissen sie zwickte. »Hätte ich ihm jetzt helfen sollen?«, las ich da. Und ich lernte diejenigen zu identifizieren, bei denen es meinerseits nur eines zögerlichen Verhaltens, eines fragenden Gesichtsausdrucks mit direktem Augenkontakt bedurfte, um Hilfestellung einzufordern. Im Umkehrschluss bedeutete das, dass selbstsicheres Auftreten, das Vermeiden von Blickkontakt und zielstrebige Bewegungen signalisieren: Ich brauche keine Hilfe. Ich lernte, dass gleichgültige Menschen, und die, die mit Rollstuhlfahrern nichts zu tun haben wollten, meine Kontaktsuche ignorierten. Und dann gab es diejenigen mit Helfersyndrom, die mir die Tür aus der Hand nahmen, um sie mir aufzuhalten, mir dadurch den Weg versperrten und sich auch noch entschuldigten, wenn ich ihnen über die Füße fuhr.

Die Bauarbeiten in Wathlingen waren inzwischen in vollem Gange und es kam die Zeit für ein Wochenende unter lebensechten Bedingungen. Um meine Fortschritte unter Beweis zu stellen, entschloss ich mich zu einem kleinen Abenteuer, ich wollte mit der Bahn anreisen. Die fehlende Kenntnis über Türbreiten, Erreichbarkeit von Toiletten und Einstiegsmöglichkeiten machte daraus ein Unterfangen mit ungewissem Ausgang, erhöhte aber die Spannung enorm.

Die Reisetasche mit dem Nötigsten hing an den Griffen des Rollstuhls, ich stand auf dem Bahnsteig des Koblenzer Hauptbahnhofes, die Hinweistafel für das gegenüberliegende Gleis sprang auf »Basel« um und plötzlich überkam mich eine Stimmung, ein Verlangen, das in mir seit Monaten, seit der Indienreise, ein Dornröschendasein gelebt hatte. Es war Fernweh, die Lust, einfach den Bahnsteig zu wechseln, das Ungewisse zu suchen. Der Gedanke verursachte ein Kribbeln im Bauch, ja sogar in den Beinen, obwohl doch die Verbindung zu ihnen unterbrochen war. Aber es entstand im Kopf. Von dort kam auch schnell die Ernüchterung, schließlich wusste ich nicht einmal, ob ich in den Zug nach Hannover passen würde. Die zwei Bahnbeamten waren sich sicher, dass ich zu breit sei, und wollten mir sanft den Gepäckwagen schmackhaft machen, wofür ich mich allerdings nicht begeistern konnte. Es endete in einem Streit, und wenn die Tür auch nur ein paar Zentimeter schmaler gewesen wäre, hätten sie mich als Sperrgut in den letzten Waggon verfrachtet.

Doch das Glück, als normaler Passagier im Personenzug fahren zu können, beschränkte sich auf drei Meter Bewegungsfreiheit zwischen der Toilette, der Kupplung und der Ausstiegstür. An jedem Halt musste ich mich in eine Ecke quetschen, um den einsteigenden Fahrgästen mit ihrem Gepäck Platz zu machen. Die Toilette war für die Passagiere nur zugänglich, wenn ich mich in die andere Ecke verzog, und wer von einem Wagen zum nächsten wollte, musste über meine Beine steigen. Von der Kupplung kam ohrenbetäubender Lärm, aus der Toilette atemberaubender Geruch und das schmale Türfenster bot kaum Ausblick.

Keiner der Passagiere hätte diese Bedingungen klaglos hingenommen, doch ich war glücklich auf bescheidenem Niveau, denn mir kam eine Idee, die mein Herz höher schlagen ließ: Warum sollte das, was hier möglich war, nicht auch in Indien gehen? Der Reisekomfort in den indischen Eisenbahnen zwischen Kupplung und Latrine glich dem der Bundesbahn jedenfalls frappierend.

Im Sommer konnte Andi schon zu Besuch kommen und voller Stolz präsentierten wir unser Werk. Wir erhielten unseren nötigen Motivationsschub, wenn Andi sich über die große Hilfsbereitschaft freute. Weihnachten sollte er im eigenen Haus feiern können.

»Andi, komm doch mal eben hoch hier. Den letzten Nagel schlägt der Bauherr ein!«, rief »Nuckel« Deneke vom Dachstuhl herunter. Beim Richtfest Anfang August wurde bereits über Andis Behinderung gescherzt.

Andi konnte und kann noch immer sehr gut damit umgehen: »Ja, los, dann tragt mich doch mal da hoch, wenn ihr könnt!« Wenn er seine Aufforderung nicht sofort zurückgezogen hätte, wäre er zehn Minuten später samt Rollstuhl oben gewesen. Stellvertretend für ihn schlug unser Vater den Nagel ein und zerschlug das obligatorische Schnapsglas auf dem Betonboden.

Im August nahm ich mir drei Wochen »Urlaub« und trampte mit Alfred nach Zypern. Wir kamen erholt, aber mit der Befürchtung zurück, dass sich mittlerweile am Zustand des Hauses nicht viel geändert hatte. Doch wir irrten: Der Bau war zwischenzeitlich enorm fortgeschritten. Und obwohl der Strom der Helfer zum Spätherbst hin langsam abebbte, blieb doch ein treuer Kern, der den letzten Schliff brachte.

Da ich ohnehin gerade keine eigene Bleibe hatte, die Abi-Prüfungen drohend am Horizont auftauchten und ich danach auf einen Studienplatz beziehungsweise auf meine Anerkennung als Kriegsdienstverweigerer würde warten müssen, zog ich kurzerhand im Januar 1982 mit ins neue Haus ein. Platz war genug da. Es gab noch immer viel zu tun, doch es war eine schöne Zeit, und wir schmiedeten schon wieder Pläne:

»Wollen wir nicht im Herbst mit dem Auto in die Türkei fahren?«, fragte Andi. »Ich will wissen, wo meine Grenzen beim Reisen liegen und was im Rolli überhaupt alles möglich ist.«

Ich musste nicht lange darüber nachdenken. »Klar, da wollte ich immer schon mal hin«, entgegnete ich. »Und außerdem ist das für dich alleine doch sowieso viel zu gefährlich«, fügte ich scherzend hinzu.

Als wir schließlich an einem warmen Oktobertag 1982 im Südosten der Türkei am Ufer des Euphrats standen und über die Grenze nach Syrien hinüberblickten, kam die Idee, dem Lauf des Flusses weiter zu folgen: »Da drüben ist es sicher auch sehr interessant. Da müssen wir mal hinfahren.«

»Heute noch?«, fragte ich daraufhin lachend und merkte sofort, dass ich diese Frage im Grunde ernst gemeint hatte, ohne zu ahnen, dass wir 20 Jahre später tatsächlich gemeinsam auf der anderen Seite der Grenze mit unseren Fahrrädern stehen würden.

Auf dieser Reise und allen anderen Reisen, die später folgen sollten, hat Andi seine Grenzen nicht finden können, und ich glaube, er ist bis heute auf der Suche danach.

Mir kamen vor Rührung fast die Tränen und einen Moment dachte ich, warum tun die das für mich? Der Hof war voller Fahrzeuge, auf der Baustelle wimmelte es von Arbeitern, die mauerten, Steine reichten, Schubkarren schoben oder es sich für ein paar Minuten bei einem Bier gemütlich machten. Über allem tönte die Deutsche Welle aus einem alten, von Mörtelspritzern übersäten Kassettenrekorder.

Ich wusste, dass keiner von den Helfern Maurer war, und doch hatte jeder ein bisschen Ahnung von allem, und was sie schufen, machte durchweg einen soliden Eindruck.

Ich wurde begrüßt, als sei ich in einem Kurzurlaub gewesen. Die natürliche Art und Weise meiner alten Freunde, mit mir umzugehen, nahm mir rasch alle Ängste und Vorbehalte, die mich auf der Fahrt hierher beschäftigt hatten. Es war eine

Mischung aus Scham, Unsicherheit und der Angst vor dem Mitleid der anderen, die sich in Luft auflöste, sobald wir bei belegten Broten und Bier zwischen Kalksandsteinen und Maurerkübeln beisammensaßen.

Allen voran fiel mir Alfred auf, der nicht die Spur Angst hatte, bei mir in ein Fettnäpfchen zu treten, und vielmehr meinte, ich solle ihm mal meinen AOK-Chopper leihen, er wolle die Straßenlage testen.

Ich setzte mich tatsächlich auf eines der Sperrmüllsofas für ausgepowerte Bauarbeiter und überließ ihm meine Karre. Tapfer drehte er seine Runde auf dem unebenen Gelände und brachte mir den Rolli mit der Bemerkung zurück, das Fahrwerk könnte noch optimiert werden. Alle, die immer auf der Suche nach besseren Fahrwerken für ihre Motorräder suchten, grölten vor Spaß. Ich entschuldigte mich dafür und versprach, ihm beim nächsten Besuch einen vernünftigen Rollstuhl zu präsentieren.

Zurück in Koblenz, hatte ich nichts anderes mehr im Sinn, als mich für die Entlassung fit zu machen.

Drei Jahre später stand ich wieder in der Sporthalle. Dort, wo mir das Rollstuhlfahren beigebracht worden war, wo ich gelernt hatte, auf zwei Rädern zu balancieren, und mein tägliches Konditionstraining absolviert hatte, saß ich vor Patienten, die erst seit kurzem mit der Diagnose Querschnittslähmung konfrontiert waren, und berichtete mit einem Diaprojektor von meiner Reise durch Indien.

Als einer von ihnen, mit den gleichen Problemen, wurde ich mit Fragen bombardiert, konnte Tipps weitergeben und ihnen Mut machen, ihr Leben in die eigenen Hände zu nehmen. So durchlief ich sämtliche Querschnittszentren im Bundesgebiet und verdiente das Geld für meine nächste Reise.

Durch die Wüste des Vorderen Orients

Ich will es nicht wahrhaben, doch spüre ich es ganz genau: Es kurbelt sich schwerer, der Wind hat an Stärke zugenommen. Was hatte der Mann vom Wetteramt gesagt? »Der syrische Wind weht im Frühjahr mit etwa fünf Knoten aus westlichen Richtungen.« Sogar eine Gebühr von zehn Euro ist mir dieses Wissen wert gewesen. Auf der Grundlage dieser Aussage planten wir unsere Tour und nun entpuppt sich alles als Fehlinformation. Ich frage mich nur, woher der Mann vom Wetteramt so unverfroren seine Gewissheit nahm.

»Pause bitte!«, stöhne ich.

»Gerne«, seufzt Fritz erleichtert.

Während er die heutige Ration Multivitamintabletten einteilt, frage ich ihn mit Grabesstimme: »Hat der Wind zugenommen?« Insgeheim hoffe ich, dass Fritz anderer Meinung ist, es von mir aus als Einbildung abtut oder eine leichte Steigung als Grund für den größeren Kraftaufwand während der letzten halben Stunde verantwortlich macht. Doch er sagt: »Ja, der Wind wird immer stärker.«

Reichlich desillusioniert essen wir Bananen, drehen Fladenbrot mit Schmelzkäse zu einer eigenen Falafel-Variation und trinken von der Sonne aufgeheizte Multivitaminbrühe. Eine Weile sitzen wir einfach da und starren auf das öde Dornengestrüpp, der einzige Blickfang weit und breit. Da bemerken wir das Sandschwänzchen, das der Wind auf der Leeseite hinter dem Gestrüpp angehäuft hat. Fritz prüft skeptisch, woher der Wind kommt, dann wandert sein Blick wieder nachdenklich auf dieses Sandhäufchen. Auch alle anderen Dornengewächse und größeren Steine haben eine Miniatursanddüne in ihrem Windschatten.

»Siehst du, was ich sehe?«, fragt Fritz geheimnisvoll.

»Ja«, sage ich begeistert, als mir die Bedeutung der Sandhäufchen klar wird, »der Wind kommt in der Regel aus westlichen Richtungen, wie es mir angekündigt wurde.«

»Wir können noch hoffen«, ergänzt er. »Bestimmt dreht der Wind bald wieder in seine gewohnte Richtung.«

Unsere Pausen sind selten länger als für das Verzehren der Rationen erforderlich. Noch immer geht es stetig geradeaus, die Landschaft, wenn man denn diese ungeheure Anhäufung von Steinen so nennen kann, ändert sich nicht. Die Anhöhe, von der wir am späten Vormittag auf diese weite Ebene blickten, ist hinter uns verschwunden.

Hin und wieder überholen uns hoch beladene LKW mit lautem Hupen oder Busse großer Reiseveranstalter, die ihre Kunden airconditioned im Eiltempo nach Palmyra und am gleichen Tag wieder zurückbringen. Sonst ist es ruhig hier, einmal abgesehen vom leisen Surren unserer Ketten und dem Pfeifen des Radprofils auf dem Asphalt.

Ich hatte mir das alles ganz anders vorgestellt. Durch die Wüste des Vorderen Orients zu fahren, das müsste abenteuerlich werden, hatte ich angenommen. Überall leben Beduinen, zu denen wir rasch Kontakt finden, oder wir passieren Dörfer, in denen wir Halt machen und die Menschen kennen lernen. Doch es gibt keine Beduinen und keine Dörfer, und die Wüste hatte ich mir auch ganz anders ausgemalt. Eine faszinierende Dünenlandschaft mit Oasen, Palmen und Kamelen. Nichts davon sehe ich hier, nicht einmal der Wind verhält sich wie geplant. Was soll ich bloß meinem Publikum erzählen, schießt es mir durch den Kopf, wenn in dieser Öde nichts passiert? Schließlich will ich davon einen spannenden Diavortrag erstellen!

Bis ich gelernt habe, die Dinge so zu nehmen, wie sie sind, das Schöne an der Landschaft in ihrer Weite und Unermesslichkeit zu entdecken, braucht es ein paar Stunden. Ich krame ein paar gute alte Charaktereigenschaften hervor, die im Alltag in Deutschland etwas in den Hintergrund gerückt sind, sich aber bisher auf jeder Reise als sehr wichtig erwiesen haben: Genügsamkeit, keine Erwartungen hegen, schon gar keine zu großen, und Offenheit für alles Neue. Plötzlich fällt mir das Kurbeln viel leichter, meine Laune steigt auf Höchstniveau und verdrängt alle negativen Gedanken.

Am Nachmittag, ich war gerade nach reiflicher Überlegung zu dem Schluss gekommen, dass es nur mit so etwas wie einem motorisierten Panzer-Rollstuhl möglich wäre, diese Wüste querfeldein zu durchstreifen, und dass ich diese Idee irgendwo in meinem Hirn für zukünftige Projekte abspeichern sollte, an diesem Nachmittag geschieht etwas Aufregendes. Fritz, der beim Radeln kaum etwas sagt, weil Reden unnötig Kraft kostet, ruft plötzlich: »Andi, guck mal da vorne«, dabei weist er mit der Hand in Fahrtrichtung. Ich löse meinen Blick von Fritz' Hinterrad und halte den Kopf schräg, um an ihm vorbei zu sehen, wobei ich in der Ferne ein großes Hinweisschild erkennen kann.

Als wir näher kommen, erkennen wir, dass wir eine Kreuzung erreicht haben. Ratlos stehen wir vor dem Schild mit der Landkarte in der Hand und können uns nicht erklären, wo wir sind. Denn laut Karte darf es hier gar keine Kreuzung geben.

Die Hinweise, die wir nur partiell entziffern können, verwirren uns vollends. Geradeaus geht es nach Bagdad, okay, das bestätigt, wir sind in die richtige Richtung gefahren. Doch nach Palmyra weist ein Doppelpfeil geradeaus *und* nach links.

»Eines ist klar«, sage ich spöttisch zu Fritz: »Nach Palmyra gibt es einen langen und einen kurzen Weg.«

»Ja, jetzt müssen wir uns nur noch einigen, welcher der kürzere ist«, entgegnet er.

»Wir können ja warten, bis der erste Touristenbus nach Damaskus zurückfährt, und darauf achten, woher er kommt«, lautet mein erster Vorschlag.

»Das ist keine Garantie«, verwirft Fritz meine Idee. »Die längere Strecke kann für den Bus die schnellere sein, aber nicht für uns.«

»Schau dir mal den Pfeil auf dem Schild an«, ich weise mit dem Finger auf den Schriftzug »Palmyra« und die Pfeile. »Der linke Pfeil ist eindeutig kürzer. Vielleicht ist das auch die kürzere Strecke.«

Als hätte ich einen Scherz gemacht, blickt Fritz mich von der Seite an. »Also gut, kurzer Pfeil, kurze Straße, lassen wir es darauf ankommen«, ruft er mir ungeduldig zu und schwingt sich wieder auf sein Fahrrad.

Es war ein Umweg und dennoch die richtige Entscheidung. Denn eine Stunde später erscheinen links der Straße diverse Einzelgebäude mit einem aus Styroporbuchstaben zurechtgeschnittenen Schild »Baghdad Café«. Mir kommt es vor wie eine Fata Morgana: Nachmittags, zur besten Kaffee- und Kuchenzeit, taucht ein Café auf.

Mit überschwänglicher Herzlichkeit werden wir von den Bewohnern der Häuser empfangen, gerade so, als hätten wir den Erdball soeben einmal umrundet, um nirgendwo anders als im Baghdad Café anzukommen. Es erübrigt sich, nach einer Unterkunft zu fragen, der Herr des Hauses lässt ohnehin durchblicken, dass er uns heute nicht mehr ziehen lassen wird, zu interessant sind die seltenen Gäste.

Im Baghdad Café

Bis Palmyra, so erfahren wir, sind es nur noch 80 Kilometer, eine einfache Tagesetappe, wenn der Wind mitspielt. Kaum habe ich mir den Schweiß von der Stirn gewischt und die Mütze abgenommen, drückt man mir ein Glas Tee in die eine sowie ein Glas Wasser in die andere Hand. Auch auf die Gefahr hin, es könnte ein Affront sein, muss ich das Wasser ablehnen. Eine Darminfektion kann ich mir auf keinen Fall leisten. Zwar bin ich für alle Eventualitäten gewappnet. Dafür habe ich extra eine ovale Öffnung in den Sitzbezug des Rollis geschnitten, mit dem ich flexibel auf alle sanitären Anlagen reagieren kann, sogar wenn sie gänzlich fehlen. In dem Falle grabe ich mir ein Loch im Wüstensand. Doch falls ich Durchfall bekomme, würde ich nicht schnell genug ein ruhiges Plätzchen finden. Mit einer Handbewegung zum Magen weise ich das Wasser dankend ab. Unsere Gastgeber verstehen und akzeptieren das zum Glück.

Wir werden hineingebeten und gelangen in eine Art Wohnzimmer, in dem allerdings jegliches Mobiliar fehlt. Stattdessen ist der Boden mit Teppichen ausgelegt und, wie bei unseren Matratzenfeten vor 20 Jahren, kann man es sich auf dem Boden mit dicken Kissen gemütlich machen.

In einer Ecke lagern gestapelt Rollmatratzen und dicke Steppdecken, die nachts Verwendung finden. Vermutlich befinden wir uns im Schlafraum der Familie. Auch die Wände, mit einer Luftaufnahme der Kaaba in Mekka zur Zeit der Hadsch, der Wallfahrt, sowie einer arabischen Kalligrafie geschmückt, bieten kaum einen Blickfang.

Bevor ich den Raum betrete, ziehe ich die Schuhe aus und merke sofort, dass auch der Rollstuhl besser draußen bleiben sollte. Also hocke ich mich an der Tür auf den Boden und robbe auf das nächste Kissen.

Wir sitzen mit vier Männern, die, so ähnlich wie sie sich sehen, miteinander verwandt sein müssen, im Kreis. Zwei von ihnen tragen die rot karierten Tücher der Beduinen, die Kufijas, die anderen, etwas älteren und offensichtlich ranghöheren, nur ein schlichtes weißes Tuch über dem Kopf. Die Frauen, unter denen ebenfalls eine gewisse Rangordnung zu herrschen scheint, stehen neugierig in der Tür, während sich weitere Frauen in der Küche zu schaffen machen.

Das Familienleben ist einer strengen Ordnung unterworfen, die lediglich die kleinen Jungen missachten dürfen. Sie hopsen herum, springen jedem auf den Schoß und werden von allen getätschelt. Die Mädchen im gleichen Alter stehen vor der

Tür oder in der Küche. Von dort wehen bereits erste köstliche Düfte herüber, und nach einer halben Stunde wird serviert, was die unvorbereitete Küche hergibt. Eine der Frauen breitet ein Tischtuch aus, auf das eines der Mädchen Schalen mit Schafskäse, Fladenbrot, allerlei rohem Gemüse, gekochten Eiern und einer heißen Fleischsoße, in die alles getunkt werden kann, stellt.

Auch wenn die verbale Kommunikation häufig in Sackgassen endet, ist die Unterhaltung mit Händen und bei Fritz auch mit Füßen bisweilen sehr witzig. Vor allem macht man sich über unsere Kehllaute und Betonungen, die wir aus dem Sprachführer ablesen, lustig. Die Antwort auf die Frage nach unserer Herkunft löst bei den Gastgebern ein stakkatoartiges Wiedergeben von deutschen Namen aus, die, wahllos vermengt, in den Raum geworfen werden: Michael Schumacher, Klinsmann, Hitler, Helmut Kohl (der aktuelle Bundeskanzler ist ihnen nicht bekannt). Politische Diskussionen verkneifen wir uns zunächst, erst wollen wir herausfinden, mit wem wir es zu tun haben. So lenken wir das Gespräch auf ihre Verwandtschaftsverhältnisse und erfahren, dass hier drei Brüder mit ihren Frauen und Kindern sowie ihren Eltern unter einem Dach leben.

»Andi«, ruft Fritz mir zu, »stell dir das mal bei uns vor« – wir sind zu siebt aufgewachsen –, »mit der Schwiegermutter und sechs Schwägerinnen in einem Haus wohnen!«

Ich grinse. »Das wäre allerdings ein spezieller Spaß.«

Sofort will jeder wissen, worüber wir gesprochen haben. Also holen wir unsere Familienfotos hervor, die begierig von allen betrachtet werden. Vor allem die Frauen sind von unseren strohblonden Kindern hellauf begeistert. Problematisch ist es nur, den Männern zu erklären, warum wir nicht mit einem Bus fahren. Da wir ja aus Deutschland kämen, müsste uns das nötige Geld dafür doch zur Verfügung stehen. An solchen Punkten drohen alle Erklärungsversuche zu scheitern. Dass wir nicht nur nach Syrien gekommen sind, um die Altertümer zu bewundern, sondern es uns genau um Situationen wie diese in einer Familie geht, in der wir das einfache Volk kennen lernen können. Dass wir das Land spüren wollen, auch wenn es manchmal wehtut und der Gegenwind uns quält. Und dass das Fahrrad für diese Art Entdeckungsreise das einzig geeignete Mittel ist. Mit unserem geringen Vokabular lässt sich all das nur sehr schwer vermitteln.

Als alle Schalen wieder abgeräumt sind und das fünfte Tablett mit den kleinen Teetassen geleert ist, steht einer der Männer auf und bittet uns, ihm zu folgen. In einem Nebenraum werden gerade zwei alte Bettgestelle, die aus einem Schuppen unter allerlei Gerümpel herausgezogen wurden, abgestaubt, mit Matratzen ausgestattet und als Schlafstatt hergerichtet. Wie es die hiesigen Gepflogenheiten verlangen, lehnen wir auch diese Offerte freundlich aber entschieden ab, im Stillen freilich hoffend, das Angebot werde dreimal wiederholt. Unsere Hoffnungen gehen in Erfüllung, und so liegen wir nach dem ersten anstrengenden Tag wider Erwarten in einem echten Bett.

Überwältigt von der Herzlichkeit, der großen Gastfreundschaft, der Selbstverständlichkeit, mit der diese Menschen uns aufgenommen haben, ohne selbst etwas zu erwarten, liegen wir noch lange wach und hängen erfüllt unseren Gedanken nach.

Palmyra

»Diese alten Steine haben wir uns redlich erarbeitet«, rufe ich Fritz begeistert zu. Der sitzt stolz, die Ellenbogen auf die Knie gestützt, auf dem Sockel einer römischen Säule, als wäre das seine Trophäe. Ein breites Grinsen zieht sich über sein ganzes Gesicht, neben seinen Augen blitzen die markanten Lachfalten. »Allerdings, Königin Zenobia hätte sich gefreut und uns bestimmt zu einem zünftigen Gelage eingeladen«, stellt er sich vor. Dann holt er das Röhrchen aus der Tasche. »Na ja, Vitamintabletten tun es auch.«

»Lass mal«, wehre ich ab, »bewahr die lieber auf für schlechte Zeiten, wer weiß, was uns noch erwartet.«

Wir wandern durch die Ruinen von Palmyra, dem ehemaligen östlichen Außenposten des Römischen Reiches. Durch die günstige Lage an der Weihrauchstraße brachten es seine Bewohner zu unermesslichem Reichtum, sie leisteten sich enorme Tempel, opulente Wohnhäuser und großzügige Versammlungsplätze. Steinrohre, die noch heute hier liegen, als wären sie soeben erst verlegt worden, zeugen von einem ausgeklügelten Wasserleitungssystem. Die Fassaden waren mit Marmor verkleidet, breite, überdachte Bürgersteige luden zum antiken Stadtbummel ein. Man ging ins Theater oder in den monumentalen Baal-Tempel, um dem Sonnengott zu huldigen.

Die Menschen, die sich diesen luxuriösen Zerstreuungen hingeben konnten, lebten vom Handel, von Zöllen und Schutzgeldern – ein Einkommen, für das sie nicht viel arbeiten mussten. Selbst das Ende ihres Lebens gestalteten sie monumental und für die Nachwelt bis heute sichtbar. Außerhalb der Stadt ließen sich die reichen Familien in riesigen Grabtürmen beisetzen. Königin Zenobia, die, von Rom geduldet, die Macht über die Stadt an sich gerissen hatte, wollte aber mehr. Als sie begann, im Orient zu expandieren, wurde sie den Römern zu mächtig und von Kaiser Aurelian gefangen genommen.

Für mein Publikum im Diavortrag will ich diese Stadt wieder lebendig machen. Dabei knüpfe ich an eine Frage an, die sich jeder Besucher in einem römischen Theater schon einmal gestellt hat: Wie sah es hier vor 2000 Jahren aus?

Bei den Vorbereitungen war ich in der Heidelberger Universitätsbibliothek auf ein Buch aus dem vorletzten Jahrhundert mit Rekonstruktionszeichnungen aus Palmyra gestoßen. Die markantesten Zeichnungen hatte ich abfotografiert. Ich stecke mir eines dieser Dias vor die Mattscheibe der Kamera und gehe auf die Suche nach dem Standort des Zeichners.

»Fritz«, rufe ich nach einer Weile, »ich muss dir etwas zeigen, hier guck mal durch den Sucher, da siehst du eine schöne Überblendung für den Diavortrag.«

Fritz beugt sich zum Stativ herunter und ist von dem, was er sieht, ganz hingerissen.

»Toll!«, stößt er immer wieder hervor und lässt die Kamera gar nicht mehr los. Vor seinen Augen hat sich eine Szene von vor 2000 Jahren aufgetan, mit Menschen und intakten Gebäuden, wie sie sich genau an diesem Platz hätte abspielen können. Gleichzeitig kann er durch das Bild hindurch in die heutige Zeit sehen, denn die Ruinen fügen sich perfekt ein.

Ich drücke ab, und die deckungsgleiche Überblendung damals–heute ist im Kasten.

Dramatische Nacht auf dem Weg nach Homs

Egal, in welche Richtung man sich von Palmyra aus auf den Weg macht, zur nächsten Siedlung sind es mindestens 150 Kilometer. Weil wir nicht mehr als 80 Kilometer am Tag schaffen, werden wir die kommende Nacht in der Wüste verbringen müssen.

Der Wind bläst immer noch aus Osten, aber unsere Fahrtrichtung hat sich etwas geändert, endlich haben wir leichten Rückenwind. In zwei Tagen wollen wir in Homs eintreffen. Bis dahin gibt es, außer einer kleinen Ansiedlung mit dem Namen Furqlus, die wir voraussichtlich morgen Nachmittag erreichen werden, keine Ortschaft.

Mit gefüllten Wasserbehältern und einem Vorrat an Lebensmitteln bewegen wir uns guten Mutes auf einer Straße, die noch eintöniger, noch weniger befahren und noch einsamer ist als alle Strecken zuvor. Die einzigen Begleiter sind die Masten der Oberleitung, in denen der Wind sein ewiges Lied pfeift.

Es geht zügig voran und wir erleben zum ersten Mal, wie die Landschaft sich verändert. Es wird leicht hügelig, Gestrüpp steht am Wegesrand, niedere Gewächse und Dornenbüsche wachsen vermehrt im Gelände um uns her. Das als Grün zu bezeichnen, wäre übertrieben, obgleich es als Nahrung für genügsame Schafe offensichtlich ausreicht.

In einiger Entfernung entdecken wir eine Herde in unmittelbarer Nähe eines Zeltes, das sich im Einheitsgrau der Steinwüste nur erahnen lässt. Alle Hoffnungen, Kontakt zu den Beduinen in der Syrischen Wüste zu finden, sinken rapide. Für mich unerreichbar leben sie zurückgezogen, weitab der Straße.

»Hier Fritz, guck mal, die Senke dort drüben wäre ein guter Platz zum Übernachten.«

»Ja, genau so etwas brauchen wir. Aber nicht jetzt, zwei Stunden können wir noch fahren, bevor die Sonne untergeht.«

Schon seit dem frühen Nachmittag versuchen wir unseren Blick für geeignete Schlafplätze zu schulen. Die Mulde, die uns Windschutz bieten soll, darf von der Straße aus nicht einsehbar sein. Gleichzeitig muss ich sie erreichen können, denn große Steine oder Sandflächen kann ich nicht überqueren. Zu Hause haben wir lange über das Für und Wider eines Zeltes diskutiert, waren allerdings zu dem Schluss gekommen, dass es in der Wüste gewiss gar nicht regnen würde und zwei Kilo Gewichtsersparnis ein Vorteil wäre, den wir uns nicht entgehen lassen wollten.

Wir glaubten, uns mit Unterlagen und Schlafsäcken einfach irgendwo hinlegen zu können. Dem Gerücht, Skorpione würden sich von menschlichen Schweißfüßen magisch angezogen fühlen, setzten wir entgegen, unsere Schuhe weitab des Schlafplatzes deponieren zu wollen. Die Frage, was bei einem Schlangenbiss, dem Stich eines Skorpions oder nächtlichen Sandstürmen zu tun sei, stellten wir uns gar nicht erst. Im

Grunde wussten wir beide kaum etwas über die Wüste und das, was uns dort erwartete. Nun sind wir mit der Realität konfrontiert, die ganz und gar nicht unseren theoretischen Vorstellungen entspricht.

Eine halbe Stunde vor Sonnenuntergang warne ich Fritz: »Wir müssen jetzt bald etwas finden, sonst wird es dunkel und dann haben wir keine Chance mehr.«

»Halt mal an«, ruft er im gleichen Moment. »Da hinten ist eine Aufschüttung.«

Tatsächlich sehe ich etwa 300 Meter rechts der Straße einen vielleicht zwei Meter hohen Hügel, der mir wie ein Aushub erscheint. Wer sollte hier graben?

»Ich halte dein Fahrrad, geh besser zu Fuß dahin, das geht schneller«, schlage ich ihm vor. Ich schaue ihm noch einen Moment hinterher und mache, einem Impuls folgend, ein Foto von Fritz, der sich in dem weiten Nichts geradezu skurril ausnimmt. Es sollte ein folgenschwerer Fehler sein.

Mein Blick wandert über die Umgebung auf der Suche nach ähnlichen Hügeln. In größeren Entfernungen entdecke ich, dass tatsächlich die ganze Gegend solche undefinierbaren Hügel aufweist. Doch die Distanzen sind allesamt zu groß.

Als ich wieder zu Fritz hinüberschaue, glaube ich im ersten Moment an eine Halluzination. Am Horizont sehe ich drei Gestalten auf uns zulaufen. Sie fuchteln mit den Armen, als wollten sie uns vor einer Gefahr warnen.

Als sie näher kommen, erkenne ich, dass sie Gewehre in den Händen tragen. Sie rufen etwas, das ich aber nicht verstehen kann. Fritz hat inzwischen den Hügel erreicht und ist ebenfalls auf die drei aufmerksam geworden. Nun blickt er im Wechsel zu mir und den Gestalten herüber, als sei er unschlüssig, was zu tun sei. Ich mache eindeutige Handzeichen und rufe ihn zurück.

»Wir sind nur Touristen und haben hier nicht fotografiert, okay?«, spreche ich mich mit Fritz ab. Wir tun so, als hätten wir sie nicht gesehen, gehen wieder auf die Straße, sind im Begriff, einfach wegzufahren. Aber uns wird klar, so einfach geht das nicht.

Die drei Männer erreichen uns laut schimpfend und eindeutig feindlich gesinnt. Einer greift sich Fritz' Lenker, der andere hält die Kurbel meines Bikes fest. Ihre Gewehre und die bösen Gesichter, aber vor allem das aufgeregte Brüllen der drei, die uneinheitliche Armeekleidung tragen, jagen mir mächtig Furcht ein. Fritz dagegen bleibt von all dem unbeeindruckt. Ja, mehr noch, er schimpft empört zurück, greift zu der Hand am Lenker und will sie wegschieben: »Nimm die Hand von meinem Fahrrad!«

»Fritz«, sage ich eindringlich, als müsse ich ihn davor warnen, sehenden Auges in den Abgrund zu stürzen, »wir sind hier die Gefangenen, die halten uns fest, weil sie keine Handschellen dabeihaben!«

Einer der Männer versucht, die Situation zu klären, mahnt die anderen, ruhig zu sein. Mit einer herausfordernden Handbewegung fährt er mich an: »Foto, Foto!«

»Wollen die unsere Kameras? Sind das Straßenräuber oder Soldaten?«, frage ich Fritz.

»Hoffentlich sind es nur Soldaten, dann wollen sie nur wissen, ob wir fotografiert haben. Wenn es Straßenräuber sind, müssen wir die Kameras herausgeben«, stellt er fest.

Ich nehme all meinen Mut zusammen und blicke der bedrohlichen Person fest in die Augen: »No foto, no foto.« Dabei mache ich eine Handbewegung, als hätte ich noch nie eine Kamera gesehen. Ohne uns einen Moment aus den Augen zu lassen, diskutieren die drei aufgeregt miteinander.

Ich versuche es auf die versöhnliche Art, indem ich ahnungslos sage: »Wir sind deutsche Touristen.«

Wider Erwarten bekomme ich eine Antwort, in der das erste Mal das Wort »military« fällt. Mit ausgebreiteter Hand und einer langen Armbewegung markiert er die ganze Umgebung. Jetzt ist uns alles klar, wir haben unsere Schlafstatt auf militärischem Gelände gesucht.

»Die können ja mal ein Schild aufstellen«, tadelt Fritz die Soldaten. »Oder hast du eines gesehen?«

»Nein«, entgegne ich.

Leider sind die drei nach dem kurzen Wortwechsel keineswegs freundlicher. Im Gegenteil: Als wären wir Verbrecher, brüllen sie: »*Rakod, rakod*« und zeigen mit ausgestrecktem Arm genau in die Richtung, aus der sie vor ein paar Minuten angerannt kamen.

»Was wollen die Typen, weißt du, was *rakod* heißt?« Ich blicke Fritz fragend an.

»Keine Ahnung.«

»Hast du das Arabisch-Wörterbuch?«

Ich beginne, in der Tasche unter meinem Rollstuhl danach zu suchen. Blitzartig reißen sich die Soldaten mit panischer Miene ihre Gewehre von den Schultern und weichen einen Schritt zurück. Gebannt warten sie ab, was ich unter meinem Rollstuhl hervorziehe. Aber das Buch ist nicht bei mir. Während Fritz, der die Szene angespannt beobachtet hat, noch in seinen Taschen wühlt, sage ich immer noch staunend: »Ich glaube, die halten uns für gefährlich.«

»Allerdings«, bestätigt Fritz. »Ich hab das eben gesehen.« Er findet den Sprachführer und sucht nach dem Wort *rakod*. »Das heißt so viel wie ›losgehen‹, ›aufbrechen‹, wohl eine Art Aufforderung«, findet er heraus.

»He, die wollen uns wohl mit in ihr Lager nehmen?«

»Scheint so.«

»Ich komme da nie mit dem Rollstuhl durch«, stelle ich fest. »Ich glaube, ich muss denen überhaupt erst einmal erklären, dass das hier ein Rollstuhl ist«, informiere ich Fritz und wende mich dem Soldaten zu, der hier scheinbar das Sagen hat: »*Rakod mafi*, laufen geht nicht, *arada lî hâdith*, ich hatte einen Unfall«, sage ich so deutlich ich es nur kann, zeige auf die Wüste und füge an: »*Gahir mumkin*. Das ist nicht möglich.«

Einen Moment starrt der Mann mich einfach nur bass erstaunt an, dann geht ihm endlich ein Licht auf. Er fängt sich wieder, geht auf die Straße und gibt uns Anweisung, ihm zu folgen, wobei er streng sagt: »Acht Kilometer.«

Frustriert klagt Fritz: »Ich glaube, wir müssen tun, was er sagt, die halten uns für israelische Spione. Zwischendurch fiel das Wort Israel.«

Die Dämmerung hat ihren letzten Rest an Helligkeit verloren. Nur das fahle Mondlicht wirft einen Schein auf die Straße. Weil es den Soldaten wohl zu anstrengend ist, uns beim Gehen festzuhalten, dürfen wir wieder selbst fahren und erhöhen nun stetig die Geschwindigkeit. Damit zwingen wir unsere Bewacher in den Laufschritt, wenn sie nicht die Kontrolle verlieren wollen. Einer von ihnen ist gut durchtrainiert und bleibt noch lange auf unserer Höhe. Der Rest des Trios fällt kläglich zurück. Noch einmal legen wir zu, nicht, um auszureißen, sie besitzen schließlich noch ihre Gewehre, es soll ein Konditionstest werden. Schnell schütteln wir auch den dritten Bewacher ab. Trotz allem bleiben wir Gefangene. An einer Einmündung ertönt ein kaum hörbarer Befehl von hinten aus atemloser Kehle: »Rechts!«

Als wir durch das Tor des Lagers rollen, sind unsere Bewacher fast außer Sichtweite. Im Pförtnerhäuschen werden wir zunächst zwischengelagert, beaufsichtigt von fünf Soldaten. Was mit uns geschehen soll, kriegen wir nicht aus ihnen heraus. Sie sind zwar freundlich, bieten uns Tee und Kekse an, aber es scheint, als würden alle auf einen Befehl von oben warten.

Draußen ist es inzwischen stockdunkel, in dieser ungeheizten Hütte wird es empfindlich kalt und wir spekulieren, wie diese ungemütliche Nacht wohl enden wird. Dann, nach vielleicht zwei Stunden ist es so weit. Wir werden dem Kommandanten vorgeführt.

Als wir das Büro betreten, sitzt hinter einem zentral aufgestellten Schreibtisch ein breitschultriger Würdenträger mit einem beeindruckenden Schnauzbart. Die erste Person seit Tagen, die passabel Englisch spricht.

Reserviert erklärt er uns den Grund für die Festnahme: »Sie sind an der Straße zwischen Palmyra und Furqlus dabei gesehen worden, wie sie militärisches Gelände betreten haben. Daher müssen wir davon ausgehen, dass Sie Informationen an einen feindlichen Staat weiterleiten.« Was bisher nur Vermutungen waren, ist nun amtlich. Auch wenn das Wort Spionage nicht gefallen ist, unsere Lage ist verdammt unangenehm.

Fritz und ich hatten uns darauf geeinigt, nur die Wahrheit zu sagen. Lediglich das Foto, das ich von Fritz gemacht hatte, verheimlichen wir. Wir müssen beide Pässe abgeben, die Personalien werden während des Verhörs mit allen schwarzen Listen in Damaskus verglichen. Hoffentlich ist in Syrien bisher kein Spion mit dem Namen Pröve – oder auch nur etwas ähnlichem – aufgefallen. Doch diesen Gedanken spreche ich nicht aus. Wer weiß, welche Sprachen hier noch verstanden werden.

Wir wollen zwar so wenig lügen wie möglich. Das ist aber nicht einfach, denn immer wieder wird diese eine Frage in strengem Ton gestellt: »Haben Sie dort, wo sie festgenommen wurden, fotografiert?«

»Da ist nur Wüste, was sollten wir schon fotografieren?«, lautet stets unsere lakonische Antwort.

Jetzt nimmt er sich das Gepäck vor, gibt Personen niederen Ranges Anweisung, alle technischen Geräte auf seinem Schreibtisch zu platzieren. Nach ein paar Minuten liegen dort vier Kameras, sechs Objektive, ein Tonaufnahmegerät, zwei Mikrofone und ein Berg Filme. Wir geraten in eine prekäre Situation, in der es ungemein schwer wird, dem Mann zu beteuern, dass wir nur ganz normale Touristen sind. Bei dem Blick auf das umfangreiche Equipment macht er ein Gesicht, als hätte er heute einen dicken Fisch an Land gezogen. Es ist die einzige Gemütsregung, die er preisgibt. Ich versuche dem Mann vor mir zu erklären, was ein Diavortrag ist. Dabei fühle ich mich wie ein Eskimo in der Hütte eines Buschmanns. Alles, was wir sagen, nimmt er regungslos hin und lässt nicht durchblicken, ob er uns glaubt oder auch nur verstanden hat.

Ratlos und völlig verunsichert sitzen wir da. Viel mehr als alles andere interessieren ihn unsere Pässe. Ständig nimmt er sie in die Hand, blättert scheinbar wahllos darin herum, legt sie wieder an den rechten Rand seines Schreibtisches, um sie unverzüglich wieder zu betrachten. Dabei herrscht Ruhe im Raum, niemand stellt uns noch Fragen. Da endlich geht mir ein Licht auf: Er wartet auf einen Befehl von oben, was er mit uns machen soll. Sorgenvoll schauen wir uns an. Keiner von uns wagt es, etwas zu sagen, zu groß ist die Angst, es könnte uns falsch ausgelegt werden.

Als das Telefon klingelt, es ist inzwischen ein Uhr nachts, ist mir klar, dass jetzt die Entscheidung naht. Im Gespräch bohrt sich mein Blick in jeden Winkel seines Gesichts auf der Suche nach einer Regung, einem positiven Signal, das mir sagt, wir sind frei. Das Gespräch will nicht enden, ein schlechtes Zeichen, gleichzeitig glaube ich eine Entspannung seiner Gesichtszüge erkennen zu können. War das pure Einbildung?

Der Mann legt den Hörer auf, grinst ein Grinsen, das ich nie vergessen werde, breitet die Arme aus und meint: »You are welcome to Syria.«

Uns fällt ein Stein vom Herzen. Dennoch zügeln wir die Euphorie, schließlich waren wir die ganze Zeit unschuldig. Schon steht eine Schale mit herrlichem Obst bereit und alle sind plötzlich furchtbar freundlich.

»Sie sollten dort vielleicht einmal ein Schild aufstellen«, sagt Fritz forsch und respektlos in der Gewissheit, nun nicht mehr zu Unrecht verdächtigt zu werden.

»Wozu, das weiß hier jeder und bisher hat noch niemand versucht, sich dort schlafen zu legen. Sollten wir etwa ein Schild aufstellen: Kampieren verboten?«, belehrt der Mann uns vorwurfsvoll. Als er fragt, wo wir denn heute übernachten wollen, wird uns mit Enttäuschung klar, dass das »Welcome« nicht mehr als eine Floskel war.

»Sie haben uns von der Straße weggeholt, jetzt müssen sie

auch für eine Übernachtung sorgen«, sagt Fritz empört zu dem Kommandanten.

Dickköpfig füge ich hinzu: »Ohne Licht fahre ich in der Dunkelheit keinen Meter mehr. Wir können wunderbar hier auf dem Boden schlafen.«

Aber der Kommandant lehnt schroff ab: »Völlig unmöglich.« Eine Lösung des Problems bleibt er allerdings schuldig. Er steckt ja auch in einer echten Bredouille, wo soll er nur mit uns hin? In seinem Gehirn arbeitet es offensichtlich, bis er aufsteht und uns bittet, ihm zu folgen.

Wir werden samt Fahrrädern in einen Militärtransporter gepackt, der so viele Löcher im Bodenblech hat, dass ich aufpassen muss in der Dunkelheit nicht in die Antriebswelle zu geraten. Auch die drei zuvor so grimmigen Soldaten sitzen mit im Fahrzeug. Sie sind wie ausgewechselt, machen Scherze, die wir nicht verstehen, und klopfen uns auf die Schultern, als hätten sie etwas gutzumachen.

Nach zehn Minuten erreichen wir das Wohnhaus des Kommandanten am Ortsrand von Furqlus. Einem mittellosen Wanderer ein Obdach zu gewähren, ist die Pflicht eines jeden guten Moslems, auch die des Kommandanten, wie es scheint. Er holt seine Frauen aus den Betten, die ein Nachtmahl zubereiten. Auf eine derartige Bewährungsprobe hatten wir seine Gastfreundschaft wirklich nicht stellen wollen. Ein Dach über dem Kopf hätte schon gereicht. Stattdessen müssen wir in einem Zustand völliger Erschöpfung Smalltalk halten. Schließlich haben wir schon 80 Kilometer und eine nervenaufreibende Nacht hinter uns. Erst um vier Uhr früh, als uns mitten im Gespräch immer wieder die Augen zufallen, fahren sie in ihre Kaserne zurück und lassen uns schlafen.

Am Morgen herrscht eine gespenstische Stimmung im Haus. Als Fritz von der Toilette zurückkommt meint er beunruhigt: »Das Haus ist menschenleer, ich habe überall nachgeschaut, wir sind allein hier!«

»Das ist ja merkwürdig, lass uns besser verschwinden«, fordere ich Fritz auf. Schnell packen wir unsere Sachen, füllen die Wasserflaschen und schleichen uns durch das Hoftor. Während wir in den frühen Morgenstunden in eisiger Kälte durch die Gassen dieses verschlafenen Nestes fahren, erkläre ich Fritz: »Ich glaube, der Kommandant konnte den Gedanken an seine Frauen allein im Haus mit zwei so attraktiven Männer nicht ertragen, die mussten heute bestimmt woanders übernachten.«

»So wird's gewesen sein«, lacht Fritz.

»Da hinten ist eine Bäckerei, du kannst ja schon mal vorausfahren, ich besorg noch Fladenbrot.«

»Okay, du findest mich auf der Straße«, rufe ich ihm noch zu.

Furqlus ist ein verlassenes Kaff, dessen Bewohner Zeit und Raum wenig Bedeutung beizumessen scheinen. Als säßen sie immer hier, hocken alte Männer an den Lehmmauern der Häuser, es sind Frühaufsteher beim Plausch, deren Welt nicht mehr viel erschüttern kann. Ich muss ihnen wie eine Halluzination vorkommen, so entgeistert schauen sie mich an. Bevor sie begriffen haben, was da eigentlich gerade an ihnen vorübergehuscht ist, habe ich das Dorf verlassen.

Woher der Wind weht, ist das Erste, was mich auf der Straße interessiert, doch an diesem Morgen regt sich kaum ein Lüftchen. Stattdessen dringt mir jetzt die Kälte der vergangenen Nacht in die Knochen, die ich nur durch Bewegung vertreiben kann. Ich mache Fahrt, obwohl Fritz noch immer nicht zu sehen ist, vielleicht muss das Brot erst noch gebacken werden.

Als die Häuser von Furqlus längst hinter der Anhöhe verschwunden sind und ich mir schon etwas Sorgen mache, was denn da los sein könnte, sehe ich ihn hinter mir. Außer Atem berichtet Fritz: »Ich dachte, du bist noch im Dorf, weil ich dich nicht gesehen habe.«

»Es ist so kalt, ich muss mich warmfahren«, entschuldige ich mich für meine schnelle Vorausfahrt.

»Die Alten haben mich hinterhergeschickt, die wussten gleich, dass wir zusammengehören.«

Die Posten an den Flugabwehrraketen, an den Panzerstellungen und den mobilen Radarwagen sind zweifellos informiert worden. Niemand ist über unser Erscheinen überrascht, als hätten sie uns schon lange erwartet. Wir fahren über einen Truppenübungsplatz, vorbei an den verrücktesten Schießgeräten. Eigentlich dürften wir gar nicht hinschauen, alles ist hier geheim. Aber man rang uns das eiserne Versprechen ab, kein Foto zu machen und gab uns dann grünes Licht. Die abwechslungsreiche Militärschau, die eine Weile von den aktuellen Problemen Ablenkung verschafft, ist leider bald vorbei.

Der Wind ist uns Freund und Feind zugleich, es kommt ganz auf den Standpunkt oder, besser: die Fahrtrichtung an. Heute ist er wieder unser Feind und bläst stärker als zuvor, so stark, dass mein Tacho trotz des Windschattens selten mehr als zwölf Kilometer pro Stunde misst. Der Durchschnitt sackt auf kümmerliche zehn Kilometer in der Stunde. Da rücken selbst absehbare Distanzen in unerreichbare Ferne. Zudem wirbelt der Wind feinsten Staub auf, der alles durchdringt und unsere Umwelt ockerfarben einhüllt. Alle Konturen der Landschaft, selbst der Horizont, werden davon geschluckt.

Seit Stunden ist mein Blick auf den Tacho fixiert, in meinem Kopf gibt es nur noch Kilometer und Durchschnittszeiten und das bange Abschätzen unserer Ankunft in Homs. Als mir das bewusst wird, drehe ich den Tacho weg, will ihn nicht mehr sehen, mich nicht mehr zu seinem Sklaven machen. Dadurch wird das Fahren aber nicht leichter, auch wenn der Wind nun von schräg vorne weht und der mir zur Verfügung stehende Windschatten von Fritz erheblich größer ist.

»Der Bus«, rufe ich Fritz zu. Ich kann das Gefährt schon am Motorengeräusch erkennen. Dreimal am Tag fährt er die Strecke Palmyra–Homs. Immer wenn er uns sieht, bremst der Fahrer, nicht ohne vorher ausgiebig zu hupen, um uns mit etwas Schönem zu überraschen. Heute verschenkt er den

Rest seiner Pistazien. Wir wurden auch schon mit einer halben Melone und Orangen beglückt. Nur die Kürbiskerne, die wir gestern bekamen, kosteten beim Aufpulen zu viel Zeit. Und jedes Mal fragt der Fahrer, ob wir nicht einsteigen wollen. Das Ticket zu zwei Euro würde er uns zum halben Preis überlassen, die Hälfte seien wir ja schon selbst gefahren. »Nein«, lautet dann immer unsere mit einem Lächeln untermalte Antwort, als gäbe es nichts Abwegigeres.

Als er heute seine letzte Tour fährt, kommt mir zum ersten Mal der Gedanke, warum steigen wir eigentlich nicht ein? Aber ich verwerfe ihn wieder, schließlich wollen wir die Wüste mit unserer eigenen Muskelkraft buchstäblich erfahren.

In einer Pause, in der Fritz mich vergeblich mit einer doppelten Ration Multivitamintabletten aufzumuntern versucht, ist der Kampf mit meinem inneren Schweinehund entschieden: »Fritze, wenn's nicht mehr geht, dann geht's eben nicht mehr, ich meine, es ist sinnlos, der Wind macht mich wahnsinnig.«

Gerade hat mein Bruder ein Stück vertrocknetes Fladenbrot zerkaut, wovon die Hälfe beim Anfassen zerbröselt, vom Winde verweht wird. Da antwortet er in seiner Unbekümmertheit etwas, das alle Last von mir nimmt: »Andi, wenn es nicht mehr geht, dann halten wir einen Pick-up an, das ist doch kein Problem.«

»Bist du denn gar nicht enttäuscht, weil ich schlapp mache?«

Fritz grinst: »Ich kann ja auch nicht mehr. Wir fahren jetzt ein Stück per Anhalter, und wenn wir Lust haben oder der Wind sich dreht, dann nehmen wir wieder die Fahrräder.«

Was bin ich froh, dass Fritz die Sache nicht so verbissen sieht.

Wenig später hocken wir zu dritt im Führerhäuschen eines klapprigen Lieferwagens, dessen Motor einen unverschämten Lärm macht, der Fahrer, Fritz und ich. Die Ladefläche teilen sich unsere Fahrräder mit fünf Schafen, die vom Tierarzt kommen. Bis nach Homs fährt er nicht, das wissen wir schon. Aber wo er uns absetzen wird, bleibt ein Rätsel. Der Fahrer trägt, wie viele Landbewohner, das rot karierte Tuch der Beduinen. Möglicherweise ist er selbst ein Beduine, vielleicht fühlt er sich ihnen auch verbunden.

Seine Haut ist grob, hat tiefe Falten und wurde von der Sonne über viele Jahre hinweg gegerbt. Seine schwieligen Hände spiegeln das harte Leben auf dem Lande. Zum Autofahren erscheinen sie mir viel zu grob. Sein Mund grinst unentwegt, als freue er sich schon auf das, was er mit uns vorhat. In der Tat biegt er nach einer Weile unvermittelt von der Straße ab und fährt auf einer Fahrspur, die nur mit viel Fantasie erkennbar ist, geradewegs in die Wüste. Dabei haben wir ihm ausdrücklich zu verstehen gegeben, dass wir nach Homs wollen.

»Was soll das? Werden wir jetzt entführt?«, ruft Fritz mir ins Ohr und blickt mich fragend an.

»Homs«, schreie ich gegen den Krach der Klapperkiste zum Fahrer herüber. Der grinst immer noch und macht eine beruhigende Handbewegung, als wolle er mir bedeuten: Reg dich nicht auf, mein Junge.

»Was machen wir jetzt?«, schreit Fritz mich an. »Du kennst dich doch aus, was hast du denn in Indien gemacht in so einer Situation?«

»Keine Ahnung«, schreie ich zurück, »so was ist mir noch nie passiert!«

Eine Weile lärmt nur der Motor und keiner von uns hat Lust, seine Stimme gegen ihn zu erheben. Dann, in weiter Ferne, erscheint ein einsames Beduinenzelt, auf das der Fahrer unbeirrt von Steinen oder Schlaglöchern zusteuert. Die Fahrräder und der Rollstuhl hüpfen kreuz und quer über die Ladefläche, nur die Schafe stehen wie angewurzelt. Ich dagegen muss mich überall festhalten, um nicht vom Sitz zu rutschen. Als der Mann mit jugendlichem Schwung seine Karre vor dem Zelt zum Stehen bringt, überholt uns eine gewaltige Staubwolke.

»Ich glaube, wir sind entführt worden, um mit ihnen ein

Glas Tee zu trinken«, vermute ich. Fritz lächelt. Als würden wir erwartet, erscheint aus der sich verziehenden Staubwolke ein Begrüßungskomitee aus Familienmitgliedern, die nur Minuten später ein Tablett mit gefüllten Teegläsern herbeitragen. Vor dem Zelt ziehen wir die Schuhe aus (und ich auch den Rollstuhl) und machen es uns, wie angeboten, auf Kissenrollen und herrlichen Teppichen gemütlich. Einen Moment sitzen wir ihnen wortlos gegenüber. Sie staunen über Fritz' strohblondes Haar und meinen Rollstuhl. Und wir sind verblüfft, wie gemütlich man es sich inmitten dieser menschenfeindlichen Einöde machen kann. Vielleicht hätten wir unser Zelt doch mitnehmen sollen.

Die Menschen hier haben sich zwei Exoten ins Haus geholt und werden selbst Objekt des Interesses. Der Sohn des Hausherrn, der in Damaskus studiert, ist zu Besuch und steht als Dolmetscher zur Verfügung. Wie es sich geziemt, werden Höflichkeiten ausgetauscht. Familie Rashid ist genauestens über wichtige Persönlichkeiten des öffentlichen Lebens in unserer Heimat informiert. Wieder fallen Namen, denn niemand soll glauben, dass hier das Ende der Welt sei oder dass man hier gar hinterm Mond lebe. Von Michael Schumacher und Konsorten haben sie alle schon gehört.

Gleichwohl werden wir mit Fragen überhäuft, die wir gar nicht schnell genug beantworten können. Der Wissensdurst unserer Gastgeber ist so groß, dass wir uns beinahe schon ausgenutzt fühlen.

Manchmal gelingt es uns, während einer Sprechpause auch einmal selbst eine Frage loszuwerden. So erfahren wir immerhin, dass das Zelt aus schwarzer Schafswolle gefertigt ist, die selbst Sandstürmen standhält. In einer Ecke stehen mehrere alte Truhen mit mächtigen Schlössern davor, die so aussehen, als hätten sie Ali Baba und seine 40 Räuber gerade hier abgestellt. Sie sichern aber kein Gold und Silber, sondern das Wertvollste, was die Familie außer den Tieren und dem Pick-up besitzt: das Geschirr für die Küche.

Die Familie umfasst zwölf Personen, von denen vier mit den Schafen unterwegs sind auf Nahrungssuche. Sie leben vom Verkauf der Wolle, vom Fleisch und, wenn sie in unmittelbarer Nähe von Ortschaften ihr Lager aufschlagen, auch vom Verkauf von Schafskäse.

Ständig werden die Teegläser gefüllt und selbst gemachte Süßigkeiten auf Honigbasis, die mir schmerzlich meinen hohlen Zahn in Erinnerung rufen, herumgereicht. Nach zwei Stunden beginnt das Interesse an uns zu schwinden. Man geht wieder seinen Beschäftigungen nach oder unterhält sich draußen. Ein Wink mit dem Zaunpfahl. Tatsächlich hat niemand etwas dagegen, als wir uns verabschieden.

Noch immer dröhnt das Motorengeräusch in meinen Ohren, das die Ruhe der Wüste empfindlich störte.

Mister Rashid setzt uns 20 Kilometer vor Homs ab. Etwas verwirrt stehen wir mitten auf der Straße und blicken ihm nach, bis er vom Horizont verschluckt wird.

»Die brauchten wohl etwas Abwechslung«, sagt Fritz noch immer staunend.

»Andere gehen in den Vergnügungspark, die pflücken sich einfach ein paar Touristen von der Straße«, ergänze ich.

Von den Kreuzrittern nach Hama

Fritz und ich stehen in einem riesigen, freitragenden Gewölbekeller, der so groß ist wie ein halbes Fußballfeld. Er gehört zu der gut erhaltenen mittelalterlichen Kreuzritterburg Krak des Chevalliers aus dem zwölften Jahrhundert. Feucht ist es hier, kalt und dunkel. Der Boden besteht aus gestampftem Lehm. Wir meinen fast, den Stallgeruch noch schwach wahrnehmen zu können. Sogar die Eisenringe für die Tiere hängen noch heute an den Wänden.

»Hier haben die Ritter vierhundert Pferde untergebracht«, staunt Fritz. Viele Bereiche der riesigen Burg sind mit groben Rampen sogar pferdegerecht gestaltet worden, deswegen wurde sie auch Ritterburg genannt. »Und in der Burg lebten zusätzlich noch fünfzehnhundert Fußsoldaten«, ergänze ich, »die hatten hier ein richtiges Heer.«

Überall entdecken wir beeindruckende Einzelheiten in der Burg, die von den Kreuzrittern der Johanniter über 120 Jahre gehalten wurde. Es gab geheime Ausgänge über Tunnel, die durch den Berg gegraben wurden, Zisternen dienten der Wasserversorgung. Selbstverständlich fehlt auch nicht die Kirche in der Burg, schließlich war sie Außenposten auf dem Weg nach Jerusalem.

Alles hatte begonnen mit einer Rede Papst Urbans im Jahre 1095 nach Christus. Mit der Rechtfertigung »Gott will es so« schickte er die Kreuzritter brandschatzend, mordend und plündernd durch halb Europa, um »das Grab des Herrn vom Joch der Heiden zu befreien«. Zu der Zeit gab es genug verkrachte Existenzen unter den Raubrittern Europas, die mit dem Segen der Kirche ihr Unwesen treiben konnten. Saladin, der heute als Nationalheld seinen Platz in den syrischen Geschichtsbüchern hat, war durch jahrelange Belagerungen der Burg maßgeblich am Scheitern der Kreuzzüge beteiligt.

Mit heißgelaufenen Bremsen schießen wir ein paar Stunden später von der Krak des Chevalliers herunter ins Tal. Schlaglöcher und enge Kurven verlangen mir höchste Aufmerksamkeit ab. Ich muss mich auf meine Trommelbremse im Vorderrad voll verlassen, die zusätzliche Felgenbremse ist der Ballastreduzierung zum Opfer gefallen. Bald sind wir wieder in der Ebene zwischen Homs und Hama und finden schnell in unseren gewohnten Fahrrhythmus zurück.

Da wir niemals außer Sichtweite zueinander geraten wollen, muss Fritz hier und da Zwangspausen einlegen. Die Kraftübertragung von den Beinen zur Pedale ist weitaus effektiver als mein Antrieb über die Arme. Um einen guten Drehmoment zu erzielen, habe ich zu Hause das Übersetzungsverhältnis geändert. Das Planetengetriebe im Kurbelgehäuse untersetzt alle Gänge noch einmal, womit selbst hochprozentige Steigungen bei vollem Gepäck fahrbar sind. Allerdings nur im Schneckentempo. Fritz kann meine Schufterei kaum mit ansehen und würde mich so gerne ein Stück schieben. Doch ich verbiete es ihm.

»Warte oben auf mich, du hast mich schon durch die ganze Burg gezerrt, jetzt muss ich selbst fahren, auch wenn es langsam geht.«

Ich werde mein schlechtes Gewissen nicht so recht los. Viel früher hätte ich Fritz in der Burg allein weiterschicken sollen. Die steilen Wege mit den vielen hervorstehenden Steinen, die ausgetretenen, hohen Treppenstufen, es war echte Schwerstarbeit für ihn, er war wie getrieben von dem Wunsch, mich an der Entdeckung der kompletten Burg teilhaben zu lassen. Irgendwann gibt es aber einen Punkt, an dem der Aufwand den Nutzen nicht mehr rechtfertigt. Dann muss ich die Initiative ergreifen und Verzicht üben. Nun wartet Fritz auf jeder Bergkuppe auf mich und schaut zu, wie ich mich langsam nähere.

»Schau dir das an«, sagt er zu mir, als ich ihn atemlos erreiche.

»Himmel!«, entfährt es mir beim Anblick der schwarzen Regenwolken. Und mit Oberlehrerton ergänze ich Fritz: »Warst du es nicht, der behauptet hat, es wird nicht regnen?«

»Ich doch nicht«, entgegnet er empört, »du warst für das Wetter zuständig. Das hat ja schon beim Wind nicht geklappt und nun das!«

Wir lachen beide über unsere missglückten Prophezeiungen.

»Ich muss zugeben, da ist etwas schief gelaufen.«

»Los, vielleicht schaffen wir es noch vor dem Guss in das Dorf«, fordert Fritz mich auf. Nass bis auf die Unterhose erreichen wir die ersten Häuser.

»Da, auf dem Hof ist ein Zelt«, ruft Fritz mir in strömendem Regen zu, »schnell rein da!«

Ohne genau zu sehen, wo es hingeht, steuern wir auf ein Festzelt zu. Wie begossene Pudel stehen wir 30 Männern an Tischen gegenüber, die alle ein Gesicht machen, als regnete es bereits seit drei Tagen. Auf jedem Tisch steht ein Papiertaschentuchspender, aus dem die Tissues hervorschauen.

Etwas verunsichert sagen wir freundlich lächelnd: »*Assalâm alaikum.*« Niemand antwortet oder lächelt auch nur zurück. Sie starren uns lediglich an. Einer von ihnen nähert sich uns schließlich mit einem unendlich traurigen Gesicht und grüßt in passablem Englisch: »Sie sind herzlich willkommen, bleiben Sie, so lange Sie wollen, darf ich Ihnen meine Brüder vorstellen. Er war unser Vater.« Zwei ebenso niedergeschlagen aussehende Männer bringen Tee, und langsam geht uns ein Licht auf. Wir sind in eine Beerdigung geplatzt. Dankend lehnen wir ab, schließlich wollen wir nur den Schauer abwarten. Dennoch geben die Söhne des Verstorbenen keine Ruhe, bis wir der Einladung folgen und am Leichenschmaus teilnehmen.

Hama und Aleppo

Das Geräusch ist gewaltig, wie das Knacken und Knirschen eines fallenden Urwaldriesen, mahlend, so etwa stelle ich mir das zerstörerische Geräusch vor, das entsteht, wenn zwei Supertanker zusammenstoßen. Es ist eine Mischung aus Tönen, die von mächtigen Kräften herrühren, daran kann kein Zweifel bestehen, doch beim Identifizieren versagt unser Erfahrungsschatz. So etwas haben wir noch nie gehört.

Wir fahren durch die Gassen der Stadt Hama zum Orontes herunter und stehen plötzlich vor einem mehrere Stockwerke hohen Schaufelrad aus Holz, das sich gemächlich dreht. Durch das Wasser, das an dem schwarzen, mit Moos überwachsenen Holz heruntertropft, bewegt es sich wie in einem nie endenden Regenguss. Das Wasserrauschen wird übertönt von dem eigentümlichen Knarren der offenen, ungeschmierten Holzlager, in denen das tonnenschwere Rad liegt. »Die haben etwas von einem Dinosaurier«, staunt Fritz.

»So muss es sich angehört haben, kurz bevor sie ausgestorben sind«, scherze ich.

Mehr als zehn dieser zum Teil über 600 Jahre alten Schaufelräder zählen wir in Hama. Angetrieben durch die Strömung des Orontes, beförderten sie seit Jahrhunderten das Wasser hinauf in Aquädukte zur Bewässerung der Felder in der Umgebung. Sie drehen sich noch immer, doch das Wasser pumpen heute Dieselmotoren. Für die Jugendlichen der Stadt ist der Kopfsprung vom oberen Scheitelpunkt des Schaufelrades eine große Mutprobe.

Zwischen Hama und Aleppo, der zweitgrößten Stadt Syriens, fahren wir durch die schönsten Landstriche. Olivenhaine wechseln sich ab mit Feldern voller roter Mohnblüten, Orangen- und Zitronenplantagen. Hin und wieder fallen uns merkwürdige, bienenkorbartige Lehmhäuser auf, die so genannten Trulli. Diese Häuser mit hutartigem Spitzdach werden regelmäßig mit einer frischen Lehmschicht bestrichen, wodurch nach ein paar Jahren sämtliche Hausecken weiche Rundungen bekommen. Kaum jemand lebt noch in diesen relativ kleinen Rundbauten. Sie zerfallen oder dienen allenfalls noch als Schuppen.

Hoch und für mich unerreichbar ragt die Zitadelle von Aleppo auf. Wir haben sie umrundet und außer der Haupttreppe keinen rollstuhltauglichen Zugang gefunden. »Fritz, ich muss da nicht hoch, wenn du dir das anschauen willst, dann warte ich hier auf dich«, biete ich meinem Bruder an. Als hätte er ein schlechtes Gewissen ohne mich hinaufzusteigen, fragt er: »Meinst du wirklich?«

»Klar!« Ich gebe ihm noch einen Klaps auf die Schulter und überquere die Straße. Während Fritz oben auf Entdeckungsreise geht, fallen mir gegenüber des Monuments vier merkwürdige Kuppeln auf, die sich bei genauerem Hinsehen als die Dachkonstruktion eines unterirdischen Hammam, eines Badehauses, entpuppen. Als Fritz wieder erscheint und mich tröstet, dass es in der Zitadelle nichts von Interesse zu sehen gegeben hat, frage ich ihn: »Sag mal, was hältst du von einem zünftigen Bad? Die Tür zur Dusche im Hotel ist für mich zu eng. Aber hier ist ein Hammam.« Ich zeige ihm die Oberlichter des Badehauses. Fritz ist begeistert.

»Aber nicht unrasiert«, gebe ich zu Bedenken. »Im Basar habe ich einen Barbershop gesehen, komm!«

Ich hätte nicht gedacht, dass selbst eine Rasur in Syrien ein so dramatisches Erlebnis sein kann. Weiß betucht und eingeschäumt, dem Barbier in der Horizontalen ausgeliefert, sehe ich meinem Schicksal entgegen. Ein bärtiger, finster dreinschauender Mann mit tief liegenden Augen sieht auf mich herab. Er könnte durchaus einer Fahndungsliste islamischer Terroristen entsprungen sein. In der Hand hält er das aufgeklappte Rasiermesser. Er beugt sich zu meinem Hals herab und setzt das Messer an meiner Kehle an, welch ein Nervenkitzel! Aber er versteht sein Handwerk, die Rasur gleicht dem Streicheln seines Rasierpinsels. Fast unbemerkt fegt er mir den Bart aus dem Gesicht. Zur Vollendung entfernt er die verbliebenen Flaumhaare mit einem aufs Äußerste gespannten Zwirn, der zwischen seinen Zähnen und Fingern über mein Gesicht saust. Wie er das bewerkstelligt, bleibt für mich ein orientalisches Rätsel. Verschönert wird der Barbierbesuch mit süßen Leckereien, mit Tee oder Kaffee, der von einem eigens dafür abgestellten Mitarbeiter den Kunden serviert wird. An der Kasse erhalten wir einen weiteren kleinen Eindruck von der großen arabischen Gastfreundschaft und Freigebigkeit. Der so grimmig dreinschauende Barbier lehnt jegliche Bezahlung ab: »Sie sind meine Freunde und Freunde bezahlen nicht.«

»He Fritz, willst du mich da wirklich runterlassen?« Ich stehe vor einem Abgrund von Stufen und gerate nur deswegen nicht in Todesangst, weil ich weiß, dass Fritz alles im Griff hat. Meine Hände krallen sich reflexartig um die Greifringe. Ungeduldig drängelt Fritz hinter mir: »Los, jetzt mach schon, stell dich nicht so an!«

»Wie du willst«, entgegne ich und lasse die Räder rollen.

Es gibt nur zwei Menschen, die mit dem Rollstuhl so geschickt umgehen können. Der eine lebt in Indien und ist mein Freund Nagender und der zweite ist Fritz. Er schiebt mich in einer Geschwindigkeit vor sich her, als existierten meine 85 Kilo nicht. Staunend geraten wir in einen hohen runden Raum, gekrönt von einer lichtdurchfluteten Kuppel. »*Assalâm alaikum*«, begrüßen wir den Empfangsherrn.

»*Ahlan wa sahlan bikum!*«, antwortet der. Dabei legt er sich die Hand auf die Brust und verneigt sich wie der Geist aus *Aladins Wunderlampe*. Freundlich werden wir um unsere Kleidung gebeten. Hier gelten noch die uralten Regeln traditioneller Badehäuser. Männer in weißen Gewändern und Badelatschen schlendern umher oder sitzen auf Podesten und unterhalten sich in gedämpftem Ton. Andere sind von Kopf bis Fuß in Tücher gewickelt. Genüsslich schlürfen sie ihren Tee. Badehäuser dienten über lange Zeit als wichtiger sozialer Treffpunkt. Man wusch sich hier vor dem Gebet oder einfach nur, weil es zu Hause kein fließend Wasser gab. Der sechseckige Springbrunnen, der die Mitte der Halle dominiert, macht aus dem Hammam einen Ort der Stille und Beschaulichkeit inmitten des geschäftigen Basars. Nur wenn sich oben die Tür öffnet und ein neuer Badegast erscheint, dringen die Rufe der Marktschreier für einen Augenblick herein. Dann ist es wieder still. Wir sind fasziniert.

»Wollen Sie das volle Programm?«, fragt der Badediener, ein kräftiger Muskelmann mit freiem Oberkörper und einem Tuch um die Hüfte.

»Volles Programm«, bestätigen wir, ohne zu wissen, was

uns erwartet. Während der Badediener unsere Kleidung mit allen Ausweisen, Reiseschecks und Kreditkarten in einem offenen Fach, für jeden zugänglich, verschwinden lässt, werden unsere Handgelenke mit fünf verschiedenfarbigen Schnüren für die einzelnen Behandlungen geschmückt. Nur mit einer Badehose bekleidet, erhalten wir vom Diener die Erläuterungen zu den Badevorgängen. Dabei ruhen seine großen Hände auf unseren Schultern. Wie zwei Delinquenten auf dem Weg zum Schafott schiebt er uns zur ersten Behandlung. Sorgenvoll blicken wir noch einmal auf die Fächer zurück, dorthin, wo alles liegt, was wir besitzen. Fritz schaut mich an und meint sarkastisch: »Die schlachten uns jetzt und verkaufen unser Fleisch als frischen Hammel oben im Basar.«

Zuerst werden wir in eine Sauna gebeten. Ich muss mich von meinem Rollstuhl trennen, denn an den Metallteilen, die die Umgebungstemperatur annehmen, würde ich mich gnadenlos verbrennen. Anschließend begeben wir uns von einem Dampfbad zum nächsten, und jedes Mal wird der Nebel dichter. Bis wir ins Hauptbad des Hammam gelangen. Diffuses Licht dringt durch die Öffnung in der Kuppel in den Raum. Die Luftfeuchtigkeit liegt bei nahezu 100 Prozent.

»Ist das jetzt Schweiß oder Kondenswasser«, rätselt Fritz, als er sieht, wie es von seinem Körper tropft.

»Beides«, kann ich nur vermuten und staune über den dichten Nebel, der hier herrscht.

Überall höre ich Stimmen, der Raum ist voller Menschen, doch ich sehe niemanden. Jetzt ist Fritz mir sogar verloren gegangen.

»Hallo Fritz, wo bist du«, rufe ich. Unmittelbar neben mir ertönt die Antwort: »Hier bin ich.« Wie blind taste ich mich voran, um niemandem in die Füße zu fahren. Heißer Wasserdampf strömt aus dicken Rohren in den Juwami, ins Herz des Hammam, und kocht unsere Haut regelrecht weich.

»Hallo«, ruft jemand aus dem Dunst.

»Fritz, ich glaube, wir sind gemeint.«

Es ist der Rayyis, dessen Aufgabe es ist, unsere mittlerweile krebsrot gegarten Körper mit Olivenölseife einzureiben. Jetzt kriegt jeder seine Abreibung. In einem bis an die Decke gekachelten Raum, der mich tatsächlich an ein Schlachthaus erinnert, wartet weiteres Personal. Mit einem Palmfaserschwamm, der sich anfühlt wie eine Drahtbürste, wird jedem die Haut abgezogen.

Im ersten Moment ist es mir peinlich, als ich sehe, wie er mir große Dreckrollen vom Körper zieht. Er spricht ein paar Brocken Englisch, und als ich ganz verlegen »sorry« zu dem ganzen Schmutz sage, entgegnet er beruhigend: »That's my job.« Dann schüttet er einen Eimer warmes Wasser nach dem anderen über mir aus, als wasche er sein Auto.

Die Folter hat noch keineswegs ein Ende. Im nächsten Behandlungsraum freut sich schon der Masseur mit seinen riesigen Pranken. Aufgeweicht, gehäutet und durchgewalkt, schleppen wir uns schließlich mit letzter Kraft in den Ruheraum, wo wir schon mit vorgewärmten Frotteehandtüchern, einer Wasserpfeife und Tee erwartet werden. Eingewickelt wie ein Kleinkind nach dem Bade, fühle ich mich wie neugeboren.

Vom Assad-See den Euphrat hinunter

Frisch gestärkt und guten Mutes drehen wir wieder unsere Kurbeln, nun auf dem Weg an den Euphrat zum Assad-See. Die Nacht wollen wir am Ufer verbringen und sind schon seit Stunden auf der Suche nach einem geeigneten Zugang. Endlich finden wir einen Platz, der uns gut gefällt. Aber erst mit Einbruch der Dunkelheit fahren wir darauf zu. Wir wollen sichergehen, dass wir nicht gesehen werden, um während der Nacht keine bösen Überraschungen zu erleben. Picknickreste und die Spuren einer Feuerstelle zeigen, dass wir hier nicht die Ersten sind. Sogar übrig gebliebenes Feuerholz finden wir. Hier ein Feuer anzuzünden würde allerdings nur Aufsehen erregen, Neugierige anziehen oder schlimmstenfalls die Spionageabwehr des Landes aktivieren. Wir sind mit Sicherheit wieder auf militärischem Gelände.

Anscheinend haben wir alles richtig gemacht, denn am Morgen liegen wir noch an derselben Stelle, an der wir uns am Abend gebettet hatten. Nur die Schakale, die mit unheimlichem Geheul ums Lager geschlichen sind, beunruhigten Fritz. Mich auch, aber das ließ ich mir nicht anmerken. Ich kannte sie von der Insel Diu in Indien, wo vor ihnen gewarnt wurde, weil sie als unberechenbar gelten. Stattdessen redete ich Fritz beiläufig ein, dass sie trotz ihres Angst einflößenden Geheuls völlig harmlos seien. Das ließ ihn im Nu selig schlafen, wogegen ich erst nach Stunden der Angst Ruhe fand, als das Heulen nachließ.

Jetzt, da die Sonne über dem Stausee aufgeht und wir vertrocknetes Fladenbrot mit Schmelzkäse und einem Leckerli, einer halben, in Wasser gelösten Vitamintablette, vertilgen, bin ich stolz auf mich, auch einmal etwas für meinen Bruder getan zu haben. Die Wahrheit sage ich ihm besser erst später, wer weiß, wie viele Nächte dieser Art uns noch erwarten.

Die Straße am Euphrat flussabwärts ist geprägt vom Gemüseanbau auf bewässerten Feldern. Wer keine Dieselpumpe hat und auch niemanden kennt, der seine verleiht, hat keine Chance, die Wüste zu begrünen. Manche Bauern besitzen in ihrem Pumpenhaus wahre Höllenmaschinen, riesige Motoren, die Unmengen des Euphratwassers auf ihre Felder pumpen. Sobald sich die Straße ein paar Kilometer vom Fluss entfernt, dominiert wieder die Geröllwüste, in der die Beduinen zu Hause sind.

Am Ortsrand eines kleinen Dorfes fällt uns ein frei stehendes Gebäude auf, vor dem etwa 15 Mädchen mit korrekt sitzenden Kopftüchern spielen. Sie werden beaufsichtigt von zwei Frauen. Eine Mädchenschule, wie es scheint. Schon ist

Fritz neugierig vom Rad gesprungen, denn er wollte auf der Reise unbedingt einen Blick in ein Klassenzimmer werfen und seinen Töchtern erzählen, wie in diesem fernen Land unter ganz anderen Bedingungen unterrichtet wird. Langsam, um niemanden zu verschrecken, nähern wir uns. Aber die Vorsicht ist unbegründet. Angetan von unserem Interesse, sagen die beiden Lehrerinnen uns zu, einer Unterrichtsstunde beiwohnen zu dürfen. Wir freuen uns darüber, zumal beide ausgesprochen attraktiv sind und ausgezeichnetes Englisch sprechen. Sie müssten nur kurz das Einverständnis des Rektors einholen, des einzigen Mannes im Haus.

Der ist hier der Hahn im Korb – und so verhält er sich auch. Während die beiden Lehrerinnen wie zwei getadelte Kinder im Rektorzimmer sitzen, erhalten wir einen Vortrag über Sitten und Gebräuche in Syrien und dass unserem Wunsche unmöglich entsprochen werden könne, er müsse zunächst alle Eltern um die Erlaubnis bitten, und das sei in der Kürze nicht machbar. Ein Foto dürften wir von den Kindern keinesfalls machen. Wenn die Lehrerinnen einverstanden sind, sei das ihre Sache, doch Kinder dürften nicht mit auf das Bild. Mit mitleidigem Blick verabschieden wir uns von den beiden. Unsere Chancen wären sicherlich größer gewesen, wenn wir zuerst den Rektor gefragt hätten. Hinterher ist man immer schlauer.

Dass wir in einer relativ dicht besiedelten Gegend reisen, erkennen wir auch an der Menge des Mülls an der Straße, ein verläßliches Indiz dafür, nach wie vielen Kilometern der nächste Ort zu erwarten ist. Kleine, schwarze Plastiktüten, die es bei jedem Einkauf dazugibt, wirbeln bei Wind wie Luftballons überall umher, bleiben am Dornengestrüpp hängen, werden auf den Äckern untergepflügt, tauchen irgendwann wieder auf und landen in den Mägen der Ziegen und Schafe, die gelegentlich daran zu Grunde gehen, wenn sie zu viele der Tüten erwischen. Umweltschutz ist in Syrien ein Fremdwort.

Je weiter wir uns vom Assad-See entfernen, desto größer

werden die Abstände zwischen den Ortschaften. Hier sind wir einer Gefahr ausgesetzt, mit der wir nicht im Geringsten gerechnet hatten: Kläffende Hunde kannte ich bereits aus Indien, so aggressiv wie diese hier habe ich Straßenköter allerdings noch nie erlebt. Schon in der Ortschaft zuvor verfolgten uns Hofhunde, die aber von ihren Besitzern erfolgreich zurückgepfiffen wurden.

Ich betrachte Hunde und ihre Halter generell mit Skepsis. Zu oft wurde ich unvermittelt auf der Straße angekläfft, weil mein Rollstuhl die Tiere verschreckt hat. Wenn ich nicht aufpasse, werde ich außerdem von den degenerierten Stadtzüchtungen für einen Baum gehalten. Am meisten fürchte ich aber den Biss eines größeren Hundes in den Arm oder gar in die Hand. Die Folgen wären für mich dramatisch: Ich könnte die einfachsten Tätigkeiten nicht mehr durchführen, mich nicht einmal mehr selbst fortbewegen.

Hunde auf offener Landstraße haben keine Besitzer und hören auf keine Pfiffe, sie sind verwildert. Es handelt sich bei den Tieren um eine Art Wüstenmischung, denn alle sehen gleich aus, haben die Statur eines Border Collies, sind aber zum Glück nicht so schlau, sonst hätten sie uns bestimmt erwischt. Die Farbe ihres Fells ist ein Phänomen. Es ist so blass ockerfarben wie die Geröllwüste um sie herum. Wie Wegelagerer trotten vier dieser elenden Kreaturen auf beiden Seiten der Straße entlang und warten auf ihre Beute, was immer das sein mag. Aus unerfindlichen Gründen gehöre ich auch dazu.

Als sie mich entdecken, stürzen sie rudelartig auf mich zu. Fritz steht zwei Kilometer entfernt auf der nächsten Kuppe und wartet auf mich. Es geht bergab und ich bin verdammt schnell, die Köter halten mit, schnappen bei jeder Gelegenheit nach mir und kläffen, dass mir angst und bange wird. Sie sind mir so nah, dass ich die wilde Gier in ihren Augen sehen kann. Abgemagert bis auf die Knochen, mit großen Wunden und kahlen Stellen im Fell, erscheinen sie mir wie blutrünstige Monster aus einem Gruselfilm. Abrupte Ausweichmanöver kann ich mir bei dieser Geschwindigkeit nicht erlauben, ich würde mich sofort überschlagen. Abbremsen mag ich auch nicht, dann erwischen sie mich gleich.

Die Situation droht mir aus dem Ruder zu laufen, weil ich wegen der Schlaglöcher vorausschauend lenken muss. Mir sträuben sich die Nackenhaare, ich fühle mich wie ein gehetztes Reh, das früher oder später doch zum Opfer wird. Was soll ich bloß tun, wenn das Gefälle in die nächste Steigung übergeht und ich wieder in mein Schneckentempo zurückfalle?

Flehentlich sehe ich zu Fritz hinauf, der sich gerade mit einem Knüppel und Steinen ausgerüstet hat und mir nun in rasendem Tempo zu Hilfe eilt. Mutig fährt er den Kläffern entgegen. Die Hunde haben anscheinend nichts zu verlieren. Jetzt greifen sie auch Fritz an. »Fahr so schnell du kannst«, ruft er mir zu, »ich lenke sie ab!« Es funktioniert. Mit herausfordernden Schreien macht er sich selbst zum Angriffsziel sämtlicher Hunde. Von dem Knüppel lassen sie sich kaum beeindrucken. Fritz kann nicht schnell genug zuschlagen, weil er dazu die Hand vom Lenker nehmen muss. Er versucht es mit Fußtritten. Einen erwischt er am Kopf. Der Köter verliert die Balance, kann sich nicht mehr auf den Pfoten halten und macht einen beeindruckenden Salto quer über die Straße, bis er jaulend im Graben landet. Einer nach dem anderen erhält einen solchen Tritt, wobei Fritz höllisch aufpassen muss, nicht selbst aus dem Gleichgewicht zu geraten. Ab jetzt fahren wir nie mehr ohne ausreichend Munition an Steinen und je einem dicken Knüppel. Meistens hat schon die Drohung damit höchst effektive Wirkung.

Es ist auch ein Unterschied, ob die Köter allein oder im Rudel erscheinen. Als wir weit voraus einen der Hunde am Straßenrand schlafen sehen, nähern wir uns fast lautlos. Wir stehen vor dem schlafenden Tier. Fritz, bewaffnet mit Steinen und Knüppel, gibt mir Feuerschutz. Ich halte die Kamera bereit, um einen Angriff zu dokumentieren. Ich denke noch, schlafende Hunde sollte man nicht wecken, und weiß genau:

von dem Geräusch des Auslösers wird er aufschrecken. Wir haben das Überraschungsmoment auf unserer Seite. Das Tier wacht auf und erkennt sofort, dass es unterlegen ist, zieht den Schwanz ein und verschwindet winselnd im Gebüsch. Nicht ohne Genugtuung erblicken wir hier und da am Wegesrand die Knochengerüste und Fellreste von verendeten Hunden.

Zu Gast im Haus des Postmeisters

Auf dem Weg entlang des Euphrat vom Assad-See bis Deir ez Zor wählen wir absichtlich die weniger befahrene, linke Fluss-seite. Hier bleiben allerdings die ungeliebten Hunde unsere ständigen Begleiter. Deshalb beschließen wir, nach Möglich-keit keine Nächte mehr im Freien zu verbringen. Bei diesem Vorsatz kommt uns die große Gastfreundschaft der Syrer sehr zugute. Es gibt Tage, an denen wir vor lauter Einladungen keine 30 Kilometer schaffen. Meistens ist es nicht mehr als ein kurzer Schwatz an der Straße. Es bringt jemand unvermit-telt einen Topf Tee und schon hockt man in der Runde. Ich frage mich immer wieder, woher sie diesen Tee mitten in der Wüste ohne jegliches Feuerholz so prompt hervorzuzaubern.

Am schwierigsten ist es, ohne Einladung ein Dorf zu passie-ren. Vor allen Häusern sitzen Männer mit der schon weithin sichtbaren Kufija, der rot-weißen Kopfbedeckung, die gehal-ten wird von einem schwarzen Ring aus Kamelhaar. Sie schei-nen geradezu auf uns gewartet zu haben.

»Come, come«, tönt es von allen Seiten, dabei locken sie mit den stets gefüllten Teegläschen. Fragend schaue ich Fritz an: »Sollen wir jetzt Halt machen oder erst im nächsten Dorf?«

»Wenn wir uns jetzt dazusetzen, ist der Tag gelaufen.«

»Lass uns hier bleiben«, schlage ich vor.

Nach dem Sandsturm ist die Luft noch lange mit Staub erfüllt, der sich erst am Abend bei unserer Ankunft in Zalabiyah legt.

Fritz hat sich mit dem Bruder des Postmeisters Obeidan schnell angefreundet.

Der Verkehr in Damaskus folgt eigenen Gesetzen, denen ich mich unterwerfen muss.

Vorige Seite: Wie eine Perle leuchtet die Omayyadenmoschee in der Altstadt von Damaskus.

Ohne uns einen Gefallen getan zu haben, können die beiden Polizisten uns nicht verlassen.

Die syrischen Beduinen fühlen sich häufig geschmeichelt und sind stolz, fotografiert zu werden.

Nächste Seite: Seit fünfhundert Jahren werden die Felder um Hama mit Hilfe der Norias bewässert.

Wie eine Fata Morgana taucht das Baghdad Café in der Wüste auf und wir haben für diese Nacht eine Bleibe.

Häufig können wir uns nur mit Gestik nach dem Weg erkundigen.

Jenseits von Damaskus erwartet uns nach den letzten bewässerten Feldern die scheinbar unendliche Wüste.

Die Gastfreundschaft der Syrer ist so groß, dass wir häufig unser Tagesziel nicht mehr erreichen können.

Nächste Seite: Mezied ist in der Wüste aufgewachsen und beim Zubereiten des Frühstücks sitzt jeder Handgriff.

Für Schafhirten sind wir eine willkommene Abwechslung.

Nagenders Fahrrad ist ein hoffnungsloser Fall.

Nur die eindeutige Kennzeichnung unserer Herkunft rettet uns vor den Steinen der Kinder.

Nagender schwärmt von dem tollen Ausblick auf die Dünen des Wadi Rum.

Nächste Seite: Die Abdullah Moschee in Amman bietet über dreitausend betenden Moslems Platz.

Ariga hat im Wadi Rum ihr neues Zuhause gefunden. Hier beschränkt sich ihr Besitz auf das Lebensnotwendige. Ihre Geschichte fasziniert mich.

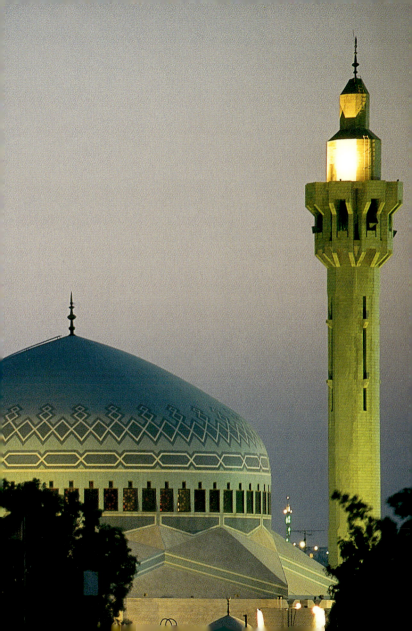

Viele Kamele sind für Beduinen in Jordanien ein Statussymbol.

Auch ohne perfekte Sprachkenntnisse ist eine Konversation mit den Beduinen möglich.

Fritz willigt ein und wir drehen bei, fahren zu den drei älteren Männern, die auf weißen Stapelstühlen aus Plastik sitzen und es inzwischen schon aufgeben haben, uns hinterher zu rufen.

Während wir uns langsam nähern, springt einer von ihnen auf und ruft der Frau am Fenster zu, sie solle zwei Teetassen bringen. »Hallo, willkommen.« Wir werden freundlich begrüßt und Fritz wird gleich ein Stuhl unter den Hintern geschoben, gleichzeitig drückt ihn jemand mit sanfter Gewalt hinunter.

»Wo wollen Sie hin?«

»Woher kommen Sie?«

»Fahren Sie die ganze Strecke damit?«

Wir werden mit Fragen bombardiert und können den Wissensdurst unserer Gastgeber gar nicht schnell genug stillen. Es gesellen sich Freunde und Nachbarn hinzu, unter denen einer ein paar Worte Englisch versteht. Damit beginnt eine Unterhaltung, bei der jeder alles aus seinem Wortschatz herausholt, was er an Fremdsprachen gelernt hat. Die Verständigung könnte kaum besser sein.

Wir sind in diesem 600-Seelen-Dorf beim Oberpostmeister gelandet.

»Meine Aufgabe ist es, die zu versendenden Briefe mit einer Hafiz-Assad-Wertmarke zu bekleben oder die Empfänger eintreffender Sendungen zu benachrichtigen«, übersetzt uns sein Freund. Dann gewinnt der Oberpostmeister den Mut, sein eigenes Englisch hervorzukramen: »Leider schreibt hier keiner mehr Briefe, und deshalb wird auch niemandem mehr geschrieben. So bin ich seit einem Vierteljahr unbeschäftigt«, fügt er etwas selbstmitleidig an. »Man hat mir allerdings jetzt auch die Telekommunikation zugeteilt«, sagt er mit stolzgeschwellter Brust. Wer von nun an im Dorf telefonieren will, muss also zu Herrn Obeidan. Er schaut hinauf zu der frisch verlegten Oberleitung, die in sein Haus mündet. Unsere interessierten Blicke ermuntern ihn, uns alles zu zeigen. Wir bestaunen die Installation und den Apparat, der noch eine richtige Gabel und eine Wählscheibe besitzt, mit lobenden Worten.

»Kann man von hier nach Deutschland telefonieren?«, frage ich spontan, ohne zu bedenken, dass es für ihn peinlich sein könnte, wenn er verneinen müsste. Jemanden bloßzustellen, sodass er sein Gesicht verliert, ist hier ein Affront höchsten Grades. Doch ich habe Glück.

»Natürlich können Sie von hier aus internationale Gespräche führen, sogar nach Amerika.« Selbstbewusst ruht seine flache Hand auf dem Gerät und er selbst scheint dabei stetig zu wachsen. »Sie müssen das Gespräch lediglich 24 Stunden vorher anmelden.«

Dass auf seinem Dach eine Satellitenschüssel Programme aus der ganzen Welt empfängt, hält er nicht für erwähnenswert. Das hat hier schließlich jeder. Wir werden allen Familienmitgliedern vorgestellt und bekommen am Ende den Eindruck, dass er mit dem ganzen Dorf verschwägert ist.

Herr Obeidan bittet uns in sein Haus und verkündet an der Tür zum zentralen Wohnraum: »Hier können Sie übernachten.«

Dankend lächeln wir ihn an und machen einen Gegenvorschlag, der uns viel lieber wäre: »Nein, das ist nicht nötig, es reicht uns, wenn wir auf dem Dach schlafen könnten, wir haben Schlafsäcke und Matratzen dabei.« Wie erwartet lehnt er das jedoch ab.

Mit Nachdruck werden wir in den großen, mit wertvollen Gegenständen bestückten Raum gebeten, der von einem Fernseher dominiert wird. Bei seiner Erfindung löste er weltweit großes Möbelrücken in den guten Stuben aus. Hier sind die Sitzkissen im Halbkreis auf das Gerät ausgerichtet. Auf dem Fernseher steht eine große Vase mit verstaubten Plastikblumen in den denkbar unnatürlichsten Farben. Da es vorkommen kann, dass auch offizieller Besuch den Raum betritt, hat er vorsichtshalber den verstorbenen Präsidenten Assad an die

98

Wand gehängt und seinen Sohn gleich dazu. Gegenüber auch hier die Kaaba und Kalligrafien mit Suren aus dem Koran. Es gibt auch ein Fenster, das irgendwer allerdings mit grüner Farbe angestrichen hat, aber durch die rosa Gardinen hätte man ohnehin nicht hinausschauen können. Das einzige Möbelstück ist ein alter Sessel für die Großmutter, die sich nicht mehr auf den Boden setzen kann, sie käme nämlich nicht mehr allein hoch.

Wer etwas auf sich hält, legt seinen Wohnraum vollständig mit Teppichen aus, die niemals mit Schuhen betreten werden dürfen. In manche Häuser hat man mich auch schon mit Rollstuhl hereingebeten. Die Schuhe mussten aber immer draußen bleiben. Hier trenne ich mich von meinem Rollstuhl, weil ich weiß, dass unsere Gastgeber es so lieber sehen. Wie selbstverständlich tragen mich zwei Brüder des Herrn Oberpostmeisters Obeidan in die Mitte des Raumes.

»Eigentlich nicht schlecht«, sage ich zu Fritz, »egal wohin man sich legt und wie herum, es ist gemütlich wie auf einem Sofa.«

Kaum sind wir im Raum, wird der Fernseher eingeschaltet, als gehöre das dazu, wie das Anschalten des Lichts. Das überrascht uns zwar inzwischen nicht mehr, aber irritiert sind wir über diese Sitte noch immer.

»Hast du eine Ahnung, was das soll?«, fragt Fritz, »wir sind doch nicht zum Fernsehen gekommen.«

Mit Resignation in der Stimme antworte ich: »Das machen sie in Indien auch immer so, vielleicht als Beweis, dass sie nicht so bettelarm sind, wie wir annehmen könnten. Aber Meister Obeidan hat das gar nicht nötig.«

Sechs Männer, es sind Brüder und Schwäger, die mit im Haus wohnen, sitzen um uns herum. Alle weiteren Gäste, die hier nicht zu Hause sind, treten mit einer kurzen bittenden Geste in den Raum ein. Kinder gesellen sich dazu, nur die Frauen halten sich fern. Erst nach einer Stunde, nachdem das Essen schon längst abgeräumt ist, versammeln sich vier

Frauen und Mädchen im Hintergrund. Bisher hat keiner nach meinem Rollstuhl und dem Grund, aus dem ich ihn benötige, gefragt. Ihre neugierigen Blicke verrieten mir dagegen reges Interesse. Nun ist offenbar das Eis gebrochen.

Der Bruder unseres Gastgebers, Mahmud, dessen Gesicht durch einen Autounfall entstellt ist, wagt die erste Frage, nachdem er zuvor seine eigene Leidensgeschichte ausführlich erläutert hat. »Was ist mit deinen Beinen?«, fragt er vorsichtig und blickt dabei an mir herunter.

»Ich hatte auch einen Verkehrsunfall«, antworte ich ihm, ohne über seine Frage überrascht zu sein, »mein Rückgrat ist gebrochen, ich bin querschnittsgelähmt.«

Die Reaktion auf diese Antwort ist mir wohl bekannt und hier in Syrien nicht anders als in Indien oder China. Die Menschen schauen mich überrascht an, als hätten sie geglaubt, ich bräuchte den Rollstuhl nur vorübergehend. Manche sind ernstlich bestürzt, andere können es sich nicht vorstellen und fragen noch einmal nach. So auch Mahmud: »Kannst du wirklich nicht laufen, nie wieder?« Er will es nicht glauben, dass die Medizin in Deutschland mich nicht heilen kann und ich den Rest meines Lebens im Rollstuhl sitzen muss.

Bevor hier noch jemand auf die Idee kommt mich zu einem Wunderheiler zu zerren, der mir letzten Endes doch nur die Grenzen seiner Möglichkeiten erläutern würde, äußere ich die Meinung, dass es eine Fügung des Schicksals sein muss, und beende das Thema mit einem *Inschallah,* so Gott will. Gegen Gottes Willen würde ein Moslem nie handeln.

Während des Gesprächs, das wegen der Sprachschwierigkeiten schon kräftezehrend genug ist, läuft ununterbrochen der Fernseher und lenkt unsere Zuhörer ab. Dabei sind auf der Mattscheibe nur religiöse Würdenträger zu sehen, die monoton einen Text vom Blatt ablesen. Es scheint nicht wirklich zu interessieren, weshalb auch niemand protestiert, als der zehnjährige Sohn von Mahmud einfach umschaltet. Im gleichen Moment bekomme ich einen Schreck und denke, die gackernde Stimme kennst du doch? Als ich mich umschaue, sehe ich Verona Feldbusch, für diesen Teil der Welt extrem spärlich gekleidet. Die Reaktion der Männer ist voraussehbar. Keiner interessiert sich mehr für uns, selbst das Gespräch zwischen Mahmud und mir, das durch den Programmwechsel unterbrochen wurde, kann nicht mehr zu Ende geführt werden. Wie gebannt starren alle auf die Flimmerkiste. Die Frauen in der Ecke, wie sollte es anders sein, kichern verschämt und bedecken dabei Mund und Nase mit der flachen Hand.

Unsere nochmaligen Versuche, Herrn Obeidan dazu zu überreden, uns auf seinem Flachdach schlafen zu lassen, scheitern an der Gastfreundschaft der Syrer. Gäste lässt man nicht auf dem Dach schlafen, sie bekommen das Beste, was man besitzt.

Den Gang zur Toilette vor dem Schlafengehen zögere ich so lange es geht hinaus, weil ich ahne, was mich erwartet. Die Wohnungen können noch so gemütlich und gepflegt sein, die Toiletten sind es nicht. Es wird eben kein großer Wert auf saubere Toiletten gelegt. Man erledigt sein Geschäft in der Hocke und weil das schon anstrengend genug ist, bleibt niemand länger als nötig auf dem Örtchen. Vielleicht auch, weil der Geruch einem die Kehle zuschnürt. Das ist bei mir ein bisschen anders. Nicht, weil ich mich dort gern aufhalte, aber meine Peristaltik arbeitet langsamer und zwingt mich, an schlechten Tagen bis zu einer Stunde sitzen zu bleiben. Nun, mein Toilettenrollstuhl macht das erträglich. Nur die Örtlichkeit ist meist recht unerquicklich.

Mahmud, der sich mir wegen seines entstellten Gesichts verbunden fühlt, schiebt mich höchstpersönlich über den holprigen Hof, weit weg zur Außentoilette. Es ist stockdunkel hier, es riecht extrem und der Verschlag, der über dem Loch errichtet wurde, ist eng. Ich platziere mich, Mahmud geht diskret ein paar Schritte um die Ecke und wartet. Ohne den Sprachführer ist es kaum möglich, ihm klar zu machen, dass ich etwas länger brauche und er nicht warten soll.

»Du kannst zurückgehen, ich rufe, wenn ich fertig bin.«
Trotzdem bleibt er neben dem Kabuff sitzen. Treu wie ein
Schoßhund hockt er 45 Minuten regungslos neben dem Klo
und wartet, bis ich fertig bin. In dieser Nacht schläft die ganze
Familie Obeidan auf dem Flachdach. Der vom kalten Zigaret-
tenqualm verpestete Wohnraum wird uns überlassen, in ihren
Augen die bessere Wahl. Sehnsüchtig denken wir an die frische
Luft und das Sternenzelt auf dem Dach.

Am Ortsausgang blicken wir bei unserer Weiterfahrt am
nächsten Tag noch einmal zum Postmeister zurück. Was hat
ihn dazu veranlasst, uns, für ihn wildfremde, verdreckt aussehende Radfahrer, von der Straße zu holen und in seine gute
Stube einzuladen? Beim Winken sage ich zu Fritz in warnendem Ton: »Heute lassen wir uns nicht vor sechzehn Uhr einladen, sonst kehren wir nie im Leben nach Damaskus zurück.«
Diese Warnung hätte ich mir allerdings sparen können, denn
vor 16 Uhr passierten wir gar keine Ortschaft mehr.

Vom Sandsturm überrascht

»Diese Landkarte stimmt in diesem Bereich überhaupt nicht«,
schimpft Fritz, als er mit dem Plan in der Hand die Umgebung
nach Häusern absucht. »Um uns ist nur Wüste.«

»Vielleicht wohnen in Zalabiyah Menschen.«

»Glaube ich nicht, da sind nur die Ruinen der Königin
Zenobia«, gibt Fritz zu bedenken.

»Dann müssen wir bis Deir ez Zor durchfahren.«

»Bist du wahnsinnig, das sind noch über hundert Kilometer,
unmöglich!«

»Tja, Fritz, dann schlagen wir uns noch einmal in die
Büsche, oder?«

»Leider gibt's hier keine Büsche.«

»Okay, aber zu essen haben wir genug dabei, nur das Wasser kann knapp werden.« Dabei blicke ich auf die Flaschen am Bike. Fritz hat zusätzlich einen Fünf-Liter-Wassersack am Fahrrad, der noch fast voll ist.

»Na gut«, willigt er ein, »wir fahren noch die fünfzig Kilometer nach Zalabiyah. Aber wir schlafen dort nur, wenn es keine Hunde gibt, andernfalls stelle ich mich auf die Straße und halte den nächsten LKW auf.«

Endlich spielt der Wind einmal mit und schiebt uns aus nordwestlicher Richtung schnell voran. Dafür wird es hügeliger. Niemand hat sich beim Straßenbau darum bemüht, die Topografie auch nur annähernd auszugleichen. Ohne Rücksicht auf Steigungen, führt das Asphaltband über jede Erhebung. Fritz erreicht den Scheitelpunkt immer zuerst, wartet dort auf mich, damit wir gemeinsam wieder ins Tal rauschen können.

Hier herrscht fast kein Verkehr, hin und wieder fahren Militärpatrouillen oder Polizisten auf Motorrädern Streife. Alle stoppen neugierig und jedes Mal werden uns Erfrischungen angeboten, getreu der Pflicht eines jeden Reisenden in der Wüste. Wir müssen wiederholt erklären, dass wir nicht mitfahren, sondern mit dem Fahrrad fahren wollen, worauf erwartungsgemäß mit Unverständnis reagiert wird. Die zwei Polizisten auf ihrem Motorrad hätten uns so gern mit Wasser versorgt. Zigaretten, die ersatzweise offeriert werden, wollen wir nicht. Aber ohne etwas Gutes getan zu haben, möchten sie uns nicht verlassen.

»Sollen wir dich mitnehmen?«

Mit einer fragenden Handbewegung zeige ich auf ihr Motorrad: »Wie wollt ihr mich denn mitnehmen?«

»Der Knüppel da, gib ihn her.« Er zeigt auf den Hundeschlagstock, der immer griffbereit auf meinem Schoß liegt. Ich reiche ihm das eine Ende des Knüppels hin und er sagt: »So, jetzt festhalten.«

Ich komme rasant in Fahrt: 15, 20, 25, 30 Kilometer pro Stunde.

»Langsam«, rufe ich. Mit nur einer Hand am Bike kann ich nicht bremsen und muss aufpassen, nicht mit dem Hinterrad des Motorrades zu kollidieren. Fritz tritt voll in die Pedale, um mitzuhalten. Nach 20 Kilometern fällt mir fast der Arm ab. Ich danke den beiden und wünsche gute Weiterfahrt.

»Siehst du das da hinten?« Bedeutungsvoll zeige ich auf den Horizont hinter uns. »Das ist ein Sandsturm, der kommt direkt auf uns zu!«

Den ganzen Tag über ist die Luft mit feinstem Staub durchsetzt, der sich überall niederschlägt, der Fahrradkette das Fett nimmt und die feinsten Poren und Ritzen durchdringt. Der Horizont ist wie vom Staub verschluckt und der Sonnenstand nicht mehr auszumachen. Unsere Umwelt scheint elektrisch geladen zu sein, alle Geräusche nehmen wir anders wahr. Es herrscht eine merkwürdige Atmosphäre, als befänden wir uns in einem engen Raum.

»Wir sollten einen Unterstand aufsuchen«, sage ich warnend, obwohl mir klar ist, dass es hier weit und breit keinen Schutz gibt.

»Es hilft nichts, Andi«, meint Fritz, »wir müssen weiter.«

Die Mütze tief ins Gesicht gezogen, mit Sonnenbrille und Mundschutz flüchten wir ohne jede Chance auf ein Entkommen vor der riesigen Staubwalze. Der Rückenwind bringt Fahrt, aber nach ein paar Minuten hat der Sturm uns eingeholt. Wir stoppen am Straßenrand und stülpen uns Pullover und Jacken über die Köpfe. Der Wind ist erstaunlich sanft, als würde ihn die Last des Staubes, den er mit sich führt, schwerfällig machen. Ich wage einen Blick unter meinem Pullover heraus. Die ganze Welt ist Staub, selbst Fritz, der unmittelbar neben mir steht und auch gerade einen Blick wagt, erscheint verschwommen. In seinen Augen entdecke ich Faszination über dieses Naturschauspiel. Unsere diffuse Angst ist verflogen. Schon die gegenüberliegende Straßenseite verschwindet hinter dem ockerfarbenem Schleier.

»Das ist ja wie im Hammam«, rufe ich Fritz zu.

»Nur nicht so nass.«

Da hat Fritz allerdings Recht. Der Staub saugt jegliche Feuchtigkeit aus der Nase und den Augen heraus.

Zögernd lichtet sich die Umwelt schließlich wieder. Nach einer Viertelstunde pellen wir uns frei und können weiterfahren. Von oben bis unten paniert, machen wir einen Eindruck, als hätten wir hier 100 Jahre gestanden. Wir fahren schweigend hinter der Staubwand her, hoffnungslos verdreckt. Erst am späten Nachmittag lichtet sich der Schleier und lässt die Sonne wieder hindurch.

Zalabiyah und Deir ez Zor

Pünktlich zur Abenddämmerung erreichen wir Zalabiyah. Beim Abbiegen in den kleinen Seitenweg zu den Ruinen achten wir peinlich genau darauf, von keinem vorüberfahrenden Fahrzeug aus gesehen zu werden, um keine ungebetene Gesellschaft anzulocken.

Wie befürchtet, gibt es hier nichts außer den fast 2000 Jahre alten Mauerüberresten von der Befestigung der Königin Zenobia, die hier einen Vorposten zum Schutz ihrer Hauptstadt Palmyra unterhielt. Ihre Schutzfunktion vor dem Wind erfüllen die Mauern bis heute. In ihrem Windschatten gehen wir auf die Suche nach einem geeigneten Schlafplatz.

Fritz blickt über einen niedrigen Wall zum Zufahrtsweg herunter und sagt zufrieden: »Ich glaube, hier sind wir gut versteckt, und gleichzeitig haben wir einen tollen Blick auf den Euphrat.«

»Das kann man wohl sagen«, bestätige ich und blicke beeindruckt in das tiefe Flusstal herunter. An der nächsten Biegung entdecke ich grüne Felder am Ufer. »Schau mal, Fritz«, ich zeige hinüber, »irgendwo müssen hier Bauern leben, da sind Felder.« Die Böschung ist an dieser Stelle steil und mit großen Steinen übersät, die es mir unmöglich machen, an den Fluss zu gelangen.

»Ich räume die Steine hier weg, wenn du willst, kannst du solange hinuntergehen«, biete ich Fritz an.

Schwarzes, raues Basaltgestein liegt überall herum, und es dauert eine Weile, bis ich eine ausreichend große Schlaffläche freigeräumt habe. Ich beginne meine Luftmatratze aufzupumpen, ein Vorgang, der mir nach einem langen, anstrengenden Tag immer schwer fällt. Doch ich darf auf die weiche Unterlage nicht verzichten. Nur wenn ich mich vor Druckstellen sicher weiß, kann ich gut schlafen und fit für den nächsten Tag sein. Ich breite unsere Schlafsäcke aus, öffne den Reißverschluss ein Stück, damit sie einladend aussehen, und platziere auf jedem Kopfteil eine halbe Vitamintablette, fast wie in einem Fünfsternehotel.

Der Wind ist abgeflaut, die Sonne hinter dem Euphrat verschwunden und gegenüber zeigen sich die ersten hellen Sterne. »Welch eine noble Herberge«, lobt Fritz mich, als er die Böschung heraufklettert und mein Arrangement sieht. »Tja«, sage ich stolz und zeige auf den Himmel, »unser Hotel hat Millionen Sterne und kostet nichts.« Fritz lacht und macht sich am Proviant zu schaffen. »Fehlt nur noch der Kaviar«, fügt er hinzu und öffnet eine Tüte schwarzer Oliven. »Und der Champagner«, dabei halte ich meine Wasserflasche hoch, in der sich gerade die halbe Multivitamintablette sprudelnd auflöst.

Es ist dunkel und still. Kein Streulicht verwässert den Blick auf die Sterne. Als könnten wir die Ruhe mit unseren Stimmen zerstören, flüstern wir miteinander, fasziniert von der Unendlichkeit über uns.

Wir haben in Deir ez Zor ein billiges Zimmer gefunden, in dem es wegen der Fahrräder und des herumliegenden Gepäcks extrem eng ist. Die Toilette auf dem Flur spottet jeder Beschreibung. Die Tür ist zudem für mich zu schmal, vor der Stehschüssel sind auch noch zwei Stufen. Alle Voraussetzungen für das Prädikat »Rollstuhlfeindlich« sind gegeben. Im Grunde bin ich froh, sie nicht erreichen zu können, es stinkt dort abscheulich. Fritz tut mir ein bisschen Leid. Ich habe eine Plastikflasche besorgt, die ich stattdessen benutzen kann. Fritz muss sie nun dort entsorgen.

Der Portier, ein Methusalem hinter dem Tresen, schläft ständig und ist nicht in der Lage zu erklären, wo hier eine Dusche ist. »Wahrscheinlich gibt es gar keine«, vermute ich und schaue den ratlosen Hotelier an.

»Ach, hier oben«, ruft Fritz später, während er versucht, seine Augen an die Dunkelheit zu gewöhnen, »da ist eine über dem Klo.« Es ist ein offenes Wasserrohr, aus dem es tropft. Wir sind die einzigen Gäste und fühlen uns, als wären wir die letzten.

In Deir ez Zor gibt es kein Hammam, was bedeutet, dass ich mit dem Putzeimer vorlieb nehmen muss, den Fritz mir mit einem Waschlappen ins Zimmer stellt. Halbwegs vom Staub der letzten Tage befreit, sitzen wir nun in einer großen Garküche unten neben dem Hotel. Die im Schaufenster knusprig sich drehenden Hühner haben es uns angetan. Der leckere Geruch tut ein Übriges. Gierig fallen wir über das gebratene Federvieh her. Dazu gibt es Fladenbrot, wovon wir seit Tagen fast ausschließlich leben, und einen großen Schlag Hummus, Kichererbsenbrei, bestreut mit Petersilie. »Nach Damaskus sind es fast fünfhundert Kilometer!«, stöhne ich beim Blick auf die Landkarte vor meinem Teller. »Dafür brauchen wir bei Gegenwind zwei Wochen!« Etwas resigniert blicke ich Fritz an. »Dazwischen liegt nur Wüste und Zenobias Palmyra. Das kennen wir alles schon. Lass uns einen Bus nehmen, dann sind wir morgen da und ich kann duschen.«

Zurück in Damaskus

»Meinst du, wir sind hier richtig?«

»Ja, sieh her«, entgegnet Fritz überzeugt. Er hält den Stadtplan von Damaskus ins Licht der Straßenlaterne, damit ich sehen kann. Alle Farben sind durch das Gelb der Lampe verfälscht und erschweren die Orientierung. »Hier auf dem Busbahnhof sind wir angekommen. Jetzt müssten wir hier sein. Da, zur Bagdad Street müssen wir hier lang.«

Die vierspurigen Straßen, auf denen tagsüber so dichter Verkehr herrscht, sind jetzt, um kurz vor Mitternacht, wie leer gefegt.

»Warte Fritz, lass mich kurz ein Foto machen«, bitte ich ihn, als er sich wieder auf sein Rad schwingt. »Schau, wie imposant die Moschee jetzt mit Beleuchtung wirkt.« Ein Blick zurück und ich hätte die Kamera sicher nicht angerührt. Nun war es zu spät. Gerade bin ich dabei, den Fotoapparat auf dem Stativ einzurichten. Fritz steht hinter mir, an ein Straßenschild gelehnt, als im Höllentempo ein Jeep wie aus dem Nichts auftaucht und mit quietschenden Reifen unmittelbar vor meinem Objektiv stoppt.

Bevor ich mich auch nur beschweren kann, springt eine in zivil gekleidete Person heraus und baut sich vor meiner Kamera auf: »Passport!«, schreit er und streckt mir dabei die offene Hand entgegen.

»Nicht schon wieder«, sage ich frustriert zu Fritz. Während ich meinen Geldgurt aus der Hose ziehe, fragt er in forderndem Ton weiter: »Was machen Sie hier?«

»Ich fotografiere die Moschee, das sehen Sie doch«, dabei zeige ich auf das Gotteshaus hinter ihm. Der Mann dreht sich um und meint dann etwas versöhnlicher: »Das hier ist das Diplomatenviertel. Fotografieren verboten. Sehen Sie nicht die Schilder überall?«

Ich schaue mich um. »Oh«, entfährt es mir, als ich das Schild direkt neben mir mit einer großen durchgestrichenen Kamera sehe. »Das tut mir Leid.«

Der Mann wirft kurz einen Blick in unsere Pässe, bevor er sie wortlos zurückgibt. Wir richten uns schon einmal auf eine weitere Nacht mit endlosen Verhören ein. Zum Glück werden wir aber nur verscheucht wie zwei Straßenköter, nachdem sie uns bis zur nächsten Kreuzung verfolgt haben.

Joseph, der Nachtwächter im Hotel Al Rajah, hat, wie es sein Beruf erfordert, einen leichten Schlaf. Ein kurzes Rütteln am schmiedeeisernen Eingangstor reicht, und schon steht seine verschlafene Figur im Hof.

Im Al Rajah hat sich nicht viel verändert. Schweigend serviert der Alte das obligatorische harte Ei, das Fladenbrot und den Schafskäse zum Frühstück. Auch die transparente Plastiktischdecke, an der ich mit den Unterarmen immer kleben bleibe, bedeckt noch den Tisch. Nur der Teebeutel liegt dieses Mal neben der Tasse mit dem heißen Wasser.

»Er fragt gar nicht mehr nach unserer Bibellektüre«, sagt Fritz, »ich glaube, er hat uns aufgegeben.«

»Ja«, bestätige ich mit falschem Bedauern in der Stimme, »für ihn sind wir zwei verlorene Schafe.«

Mit an den Tisch setzt sich jetzt ein jung verheiratetes Paar. Statt *as-salâm alaikum* zu sagen, grüßen sie einfach mit »Hallo«. Vielleicht sprechen sie Englisch, überlege ich. Obwohl sie sich in Arabisch unterhalten und vermutlich Syrer sind, sehen sie völlig untypisch aus. Ihm fehlt zwischen Oberlippe und Nase das schwarze Haar, das östlich von Istanbul aus einem Mann erst einen Mann macht. Sie trägt kein Kopftuch und ist mit einem kurzärmeligen rosa T-Shirt erstaunlich leger gekleidet. Ihr ebenmäßiges Gesicht, ihre Schönheit vereinnahmen mich für einen langen Moment, bis ich merke, dass ich sie anstarre. Schnell blicke ich mit einem peinlich berührten Lächeln zu Fritz herüber, dem es anscheinend ähnlich geht. Ich kann meine Neugier nicht zügeln. Wie es üblich ist, richte ich meine Frage an den Mann: »Entschuldigung, sind Sie Syrer?« Ohne Umschweife, als hätte er auch gerade einen Grund gesucht, ein Gespräch zu beginnen, antwortet er: »Ja, wir leben in Aleppo. Morgen ist Nationalfeiertag und wir fahren nach Quneitra.« Er sagt es, als wüsste natürlich jeder, wer oder was Quneitra ist. Ganz unbekannt ist mir der Name nicht, doch ich kann mich nicht erinnern, in welchem Zusammenhang er schon einmal gefallen ist.

Weil es sich so anhört, als sei das ein Ort, frage ich: »Wo liegt Quneitra?« Obwohl ich wiederum ihn anspreche, antwortet seine Frau: »Nur sechzig Kilometer von hier, im Süden.« Erst jetzt fällt mir auf, wie selten ich während der letzten Wochen mit einer Frau gesprochen habe und schon gar nicht mit einer so hübschen. Im ersten Moment bin ich ganz verlegen. Aber nach ein paar Sätzen kann ich beide besser einschätzen und weiß, dass sie die traditionelle Rollenverteilung offenbar aufgebrochen haben.

»Was wollen Sie in Quneitra?«, fragt Fritz.

»Wir besuchen das Haus meiner Eltern.«

Also, denke ich, da sind die Menschen hier nicht anders. An den Feiertagen besucht man die Familie.

Jetzt beginnen sie wieder auf Arabisch miteinander zu reden, dabei wandern ihre Blicke zu uns herüber. »Wir möchten Sie gerne einladen«, sagt sie nach einer Weile zu mir. Wieder bin ich überrascht, von ihr angesprochen zu werden. Mit allgemeinen Floskeln lehnen wir das Angebot freundlich ab. In Wirklichkeit bin ich aber sehr erpicht darauf mitzukommen. Und Fritz sieht ganz so aus, als würde er genauso denken.

Als die beiden keine Ruhe geben wollen, sage ich zu Fritz: »Wollen wir?«

»Klar, ich hätte große Lust.«

»Okay«, sage ich zu Soueila und Hussein, »wenn es wirklich keine Umstände macht, dann würden wir gern mitfahren.«

Mit Soueila und Hussein nach Quneitra

Für den Grenzbereich, nahe Israel, in dem Quneitra liegt, benötigen wir allerdings eine Genehmigung. Das Personal in der Tourismusbehörde, wo wir nach Vorlage unserer Pässe den Passierschein erhalten, ist extrem freundlich und gratuliert uns zu der Entscheidung, die Stadt zu besichtigen. Etwas verwundert über diese Reaktion verlassen wir das Gebäude wieder. Erst am nächsten Tag begreifen wir den Hintergrund.

Soueila und Hussein fahren einen Kleinwagen, in den wir uns zu viert hineinquetschen. Mein Rollstuhl hängt aus der offenen Klappe halb heraus. Die Straßen von Damaskus sind so leer wie noch nie. Nur auf der Nationalstraße 7, die nach Süden führt, nimmt der Verkehr bald extrem zu. Rechts der Straße leuchten die schneebedeckten Gipfel des über 2800 Meter hohen Antilibanon-Gebirges. In der fruchtbaren Ebene stehen Gemüsebauern, wie überall in Syrien, gestützt auf ihr Ackerwerkzeug, und beobachten ihre bunt gekleideten Frauen, wie sie tief gebückt das Unkraut rupfen. Das Gebirge geht langsam in die Golanhöhen über, die 1967 stark umkämpft und schließlich von Israel annektiert wurden. Indes nimmt die Verkehrsdichte Ausmaße an, wie wir sie vom Ferienbeginn auf Deutschlands Straßen gewohnt sind. Alles, was sich als fahrbarer Untersatz eignet, wurde flottgemacht. Busse mit Schulklassen, LKWs, beladen mit Familien, dazu massenhaft Picknickkörbe.

»Wo wollen die denn alle hin?«, frage ich Hussein.

»Nach Quneitra«, antwortet er, als hätte ich eine selten dämliche Frage gestellt. Langsam dämmert es mir. Ich hole mein Syrienbuch heraus. Bevor ich die richtige Seite finde, erreichen wir die Stadt aber schon, und ich sehe, was Quneitra ist. Diese Stadt zählte ehemals 52000 Einwohner. Sie wurde am Ende des als Präventivschlag deklarierten Sechstagekrieges 1967 von den Israelis grundlos zerstört und besteht bis heute, als Mahnmal, nur aus Ruinen. Zum Nationalfeiertag kommen die ehemaligen Bewohner hierher, um gegen die grundlose Zerstörung ihrer Stadt zu protestieren.

»Seht ihr, hier stand das Haus meiner Eltern.« Dabei stoppt Hussein das Auto vor einem riesigen Schutthaufen, aus dem kleine Bäumchen sprießen, umwachsen von einer gepflegten Rasenfläche. »Meine Eltern leben schon lange nicht mehr, aber ich versprach meinem Vater bei seinem Tod, Quneitra einmal im Jahr zu besuchen.«

Während Soueila den Picknickkorb aus dem Auto holt, machen wir es uns 20 Meter vor dem Natodraht, der die Pufferzone zwischen Syrien und seinem Erzfeind Israel bildet, gemütlich. Mit bloßem Auge können wir einen blauen Wachturm der hier stationierten Natosoldaten erkennen. Hussein blickt hinüber zu den Golanhöhen und sagt verbittert: »Das ist syrisches Land. Kein Staat der Erde akzeptiert diese Grenzziehung.«

Überall an der Demarkationslinie, die auch manche Orte zerschnitten hat, sammeln sich die Menschen. In An-Altinah, wo wir auf dem Rückweg stoppen, spielen sich dramatische Szenen ab. Beiderseits des 200 Meter breiten, verminten Grenzstreifens stehen Menschen mit großen Plakaten, mit Feldstechern und Megafonen. Soueila sagt: »Das waren ihre Nachbarn da drüben.«

»Was wird durch die Megafone gerufen?«, will ich von ihr wissen.

Mit verächtlichem Blick erklärt sie: »Das ist staatliche Propaganda, aber hier rechts«, dabei zeigt sie auf eine Gruppe älterer Männer, »wenn der Agitator fertig ist, beginnen sie mit dem Austauschen von Neuigkeiten.«

Der Sechstagekrieg, in dem Israel 1967 sein Staatsgebiet auf Kosten von Ägypten, Jordanien und Syrien erheblich vergrößerte, bescherte dem arabischen Selbstbewusstsein einen mächtigen Dämpfer. Die technische Überlegenheit Israels ließ sich nicht durch noch so viele Soldaten auf syrischer Seite ausgleichen. Bis heute leidet das syrische Volk unter der Schmach, die ihm von Israel zugefügt wurde.

Gedankenversunken sitzt Fritz auf dem Bett und blättert in einer Zeitung, die er nicht lesen kann. Auch ich habe manchmal Tage, an denen ich kein *Salâm* sagen und keinen Muezzin hören will und die Falafel mir zum Hals heraushängen.

»Na Fritz, Heimweh?«, frage ich teilnahmsvoll. Er schaut mich nur kurz mit einem bestätigendem Blick an »Hier, nimm das«, ich reiche ihm eine Flasche Wasser, in der sich gerade wild sprudelnd seine letzte Multivitamintablette löst, »das wird dich bis morgen trösten. Übermorgen bist du zu Hause.«

Als die Nachmittagssonne ins Zimmer blinzelt, habe ich eine Idee: »He Fritz, komm mit, ich muss dir was zeigen.« Ich zupfe an seinem Pulli. »Nimm dein Fahrrad, wir fahren noch einmal in die Stadt.«

Vor dem achteckigen Tower blicke ich hoch. Das Büro im 22. Stock ist noch nicht ausgebaut. Verwundert blickt Fritz auf die Anzeige im Lift »22. Floor«.

»So, du gehst jetzt voran, und wenn dir einer begegnet, dann tu so, als würdest du hier arbeiten.« Ich rolle hinter ihm her. »Jetzt rechts in den Rohbau«, weise ich ihn an. Das Rauschen über der Stadt wird hörbar, der starke Wind weht zwischen den rohen Betonwänden hindurch. »Jetzt da hinein«, ich zeige auf einen weiteren Mauerdurchbruch. »Hier lege ich dir Damaskus zu Füßen.«

Die garagentorgroße Öffnung in der Außenwand des Gebäudes bietet ein atemberaubendes Panorama auf die Stadt. Fritz stößt einen Schrei der Begeisterung aus. »Ruhig«, warne ich, »wenn uns hier einer hört, gibt es Ärger.«

Pünktlich auf die Minute beginnen die Muezzine der Omayyaden-Moschee, die, von Scheinwerfern beleuchtet, wie eine Perle im Häusermeer der Altstadt glänzt, mit ihrem Ausruf »*Allah u Akbar*«. Aus allen Richtungen ertönt es mit

Verzögerung, bis ganz Damaskus mit einem Klangschleier des Gebetsrufes überzogen ist, der das Verkehrsrauschen vollständig überlagert. Das ist eine Szene, die wir nie vergessen werden.

»Schau mal Fritz«, sage ich zu ihm, als mein Blick über die Stadt schweift. »Da, links von der Zitadelle, siehst du die weiße Kuppel? Das muss die Rukayya-Moschee sein. »Hast du Lust auf noch eine Moschee?«

»Na, okay, die eine noch«, lenkt Fritz ein.

Wir fahren über den Al Marjeh-Platz und passieren den Vogelmarkt. Als wollten die Händler ihre Kunden zunächst einlullen, damit sie nicht aufgrund des erbärmlichen Gestanks kehrtmachen, werden wir in der Sektion für Singvögel mit betörendem Gezwitscher empfangen. Die kleinen Flötisten erhalten eine Spezialbehandlung, schließlich sorgen sie mit ihrem paradiesischen Konzert für das geistige Wohlbefinden des Menschen, können aber auch nicht darüber hinwegtäuschen, dass ihre Frühstückseier legenden Artgenossen ein paar Meter weiter ein sklavisches Leben führen. Nur zum Eierlegen gehalten, wird den Hühner nicht mehr Platz eingeräumt, als dafür unbedingt nötig ist. Wie beim Schönheitswettbewerb übertrumpfen sich die Gockel in ihren Käfigen mit immer schrillerem Krähen um die Gunst der armseligen, halb entfederten und mit eigenen Exkrementen besudelten Legehennen. Mit angehaltener Luft kommen wir am anderen Ende der armseligen Tierschau wieder heraus.

Danach bleibt nur noch das Spießrutenlaufen zwischen den Zuhältern in der Al Furat-Straße, die jedes Mal, wenn wir hier vorüberfahren, ihre »Madame« im Hinterhaus mit »verrie gutt« anbieten. Jetzt müssen wir nur noch die Ath Thawrah-Straße überqueren. Ein Wagnis, das all unseren Mut erfordert. Viele sind daran schon gescheitert, weshalb der Mittelstreifen dieser sechsspurigen Stadtautobahn, die mitten im Zentrum endet, mit einem Zaun unpassierbar gemacht wurde. Gut, dass Zäune in dieser Stadt nie lange stehen. Mittlerweile hat irgendwer einen Durchgang hineingeschnitten, der auch mir das Hindurchschlüpfen ermöglicht. Wie bei einem sportlichen Wettkampf steht eine Gruppe Fußgänger in ihren Starlöchern am Straßenrand, bereit, jede Lücke zwischen den gelben Taxen, die vorüberrasen, für einen Spurt zum Mittelstreifen zu nutzen. Ich darf mich dabei nicht mitreißen lassen, im Sprinten sind mir Fußgänger weit überlegen. Jetzt scheint auch meine Chance gekommen. Ich bin der letzte diesseits der Straße und stürze los, nur nicht nach links schauen, immer den Zaun im Auge behalten, sage ich mir. Gehetzt blicke ich dennoch nach links. In breiter Front jagen die Autos wie ein gefräßiger Piranha-Schwarm auf mich zu. Kühlergrill an Kühlergrill, sechs gelbe Taxen auf drei Spuren im Rennen um den besten Startplatz an der nächsten Ampel. Oder jagen die etwa mich? »Geschafft«, bricht es aus mir heraus, als ich Fritz auf der rettenden Insel treffe.

Die zweite Hälfte ist einfacher, eine längere Ampelphase gibt uns mehr Freiraum. Jetzt nur noch am Reiterstandbild des Saladdin vorbei, rechts die Zitadelle und wir tauchen ein in den Souk Al-Hamidiye.

Bei dem Anblick Hunderter Badelatschen, die vor dem Eingangsportal der Rukayya-Moschee liegen, sage ich etwas missmutig zu Fritz: »Hoffentlich lassen sie mich da überhaupt rein.«

»Sonst trage ich dich eben«, zerstreut er unbekümmert meine Bedenken. Wir stellen die Fahrräder zu den Latschen und schon nähert sich eine Aufsichtsperson, die ich zunächst aus den Augenwinkeln beobachte. Ein bärtiger Typ, wohl sehr religiös, Angst einflößend, fundamentalistisch. Ich habe schon die Worte im Ohr, mit denen er uns von hier verscheuchen will, und schaue Fritz fragend an. Der Mann, der einen sackartigen Umhang trägt, baut sich vor mir auf. Seine Augen mustern mich von oben bis unten und bleiben an meinen Füßen haften. Gerade denke ich, was will der jetzt, als es mir siedend heiß einfällt. »Oh, sorry«, stoße ich aus. Ich hab ja noch die Schuhe an. Ich nehme meine Beine in die Hände, streife die Schuhe ab und werfe sie zum Fahrrad. Jetzt wird er wohl den Rollstuhl beanstanden. Der lässt sich nicht so leicht abstreifen. Entgegen all meinen Befürchtungen, lauten seine ersten Worte aber: »Seien Sie willkommen in unserer Moschee.« Dabei macht er eine einladende Handbewegung. Welch ein Glück, meine Schuhe, die den Boden gar nicht berühren würden, und bei mir immer sauber sind, müssen draußen bleiben. Der dreckige Rollstuhl interessiert dagegen nicht.

Die Außenmauern des Gebäudes bestehen komplett aus weißem Marmor. Wir treten in einen arkadenumsäumten Hof, in dem eine wohl tuende Kühle herrscht. Daran schließt sich die im iranischen Baustil errichtete Moschee an, überkuppelt mit einer wohl geformten Zwiebelhaube, in die mit schwarzem Marmor Koransuren und Ornamente eingelegt sind. Unter den Bögen der Arkaden sitzen tiefschwarz verschleierte Frauen, die, abgesehen von ihrem Gesicht, keinen Zentimeter Haut preisgeben. Diese Art des Tschadors tragen nur wenige Frauen in Syrien.

Im Innenhof spielt sich eine Szene ab, die mir bekannt vorkommt: Zehn Männer, die ihre ganze Aufmerksamkeit der theatralischen Rede eines Mullahs widmen, schluchzen lauthals, als solle alle Welt von ihrem Leid erfahren. Sie erzählen mir später, dass sie einer schiitischen Pilgergruppe aus dem Iran angehören, die alle ihnen heiligen Stätten in Damaskus, die mit dem Märtyrer Hussein verbunden sind, besuchen. Sogar ihren eigenen Mullah haben sie mitgebracht. Auch die Zainab-Moschee und die Omayyaden-Moschee gehören dazu. Das Allerheiligste ist ihnen das Mausoleum in Kerbela.

Sie sind der Meinung, nur Imam Hussein sei der rechtmäßige Nachfolger Mohammeds. Und weil ihn seine Glaubensbrüder damals so schändlich im Stich gelassen hatten, pilgern bis heute Schiiten aus aller Welt zu den Plätzen des Geschehens. Mit allen Tricks der Rhetorik schüren die Vorbeter die

Schuldgefühle ihrer Zuhörer, indem sie die Geschichte des Hussein in immer neuen Variationen nacherzählen. Und weil Husseins dreijährige Tochter beim Anblick des abgeschlagenen Kopfes ihres Vaters so schockiert war, fiel sie an dieser Stelle tot um. Womit eine weitere Pilgerstätte für Schiiten entstand, an der man sich bis heute ausweinen kann.

Beim Eintreten in den Gebetsraum sind wir tief beeindruckt. Die Harmonie in der Architektur ist perfekt. Alles ist in mehreren Schichten mit Teppichen ausgelegt, zwischen denen Marmorsäulen die große Kuppel über dem Gebetsraum tragen. Kleinere Wölbungen schließen sich an und verhindern, dass die Konstruktion erdrückend wirkt. Ornamente, gemalt oder aus Fayencen und Spiegeln aufgeklebt, verzieren das gesamte Innere. In der Mitte einer jeden Kuppel hängt ein schwerer Kronleuchter mit Glühlampen herab.

Das warme Licht lässt uns uns hier augenblicklich heimisch fühlen. Die zweite Hälfte der Moschee wird von einem vergoldeten Schrein beherrscht, worin Rukayya aufgebahrt liegt. Gebetssteine, runde oder sechseckige handtellergroße Scheiben, liegen am Eingang für jeden Gläubigen bereit. Sie sind aus der Erde Kerbelas gefertigt und werden im Gebet mit der Stirn berührt. Danach wendet jeder Besucher sich dem Schrein zu. Wie Gefangene hängen manche mit beiden Armen an dem schweren Gitter. Sie küssen liebevoll das Metall und beweinen die Tragödie, die sich vor über 1300 Jahren abgespielt hat.

Zug fahren in Syrien: Härteprobe Hedjas-Bahn

Der Kontrast könnte größer nicht sein. Im Vergleich zur überschwänglichen Architektur der Moscheen mit ihrem liebevoll verzierten Interieur ist die Wartehalle des Hauptbahnhofes von Damaskus eine Ausgeburt der Hässlichkeit. Ein länglicher, fensterloser Raum, dessen einzige Möblierung aus einer alten, mit Farbe voll gekleckerten Gartenbank besteht. Dass es ein Wartesaal sein könnte, erkennen wir an dem verrammelten Ticketschalter, der nicht im Geringsten den Eindruck macht, als gäbe es hier je wieder Fahrkarten zu erstehen.

»Meinst du, wir sind hier richtig?«, frage ich meinen Bruder mit besorgter Stimme. »Der Soldat vor dem Bahnhof meinte zwar, wir sollen hier warten, aber sicher bin ich mir nicht. Na, wir haben ja auch noch etwas Zeit.«

Fritz steht auf und wandert nervös umher: »Ich geh mal kurz um die Ecke.«

»Okay, ich bin hier.«

Nach ein paar Minuten stürzt er zurück. »He Andi, komm mal her, das musst du dir ansehen.«

»Was gibt's denn?«

»Los, das wird dir gefallen.«

Auf dem Bahnsteig zeigt er auf die andere Seite der Gleisanlage: »Da drüben hinter den Bäumen ist ein Friedhof.«

»Na und?«

»Einer für Dampflokomotiven. Hast du genug Filme dabei?«

»Habe ich immer!«

Wir überqueren die Gleise und stehen zwischen mehr als einem Dutzend Dinosauriern aus Stahl. Die ältesten von ihnen bilden schon die Lebensgrundlage für diverse Bäumchen, Gräser und Kräuter. Von so mancher Dampflok ist nicht mehr als ein zugewuchertes Grundgerüst übrig. Andere sehen so aus, als seien sie erst vor einer halben Stunde hier abgestellt worden. Zarte Mohnblüten gedeihen zwischen Tonnen verrostenden Stahls. Unter ihnen befinden sich Zeitzeugen der Überfälle jordanischer Beduinen in ihrem Kampf gegen die Türken. Die Hedjas-Bahn, von Damaskus über Amman nach Medina, ist vor über 100 Jahren mit deutscher Technik errichtet worden. Davon erzählen die gusseisernen Tafeln mit den Initialen der

Hersteller an den Heizkesseln. Hier und da liegen verrostete Schraubenschlüssel im Gras.

Wir schleichen durch ein verfallenes Tor in eine riesige Werkshalle, beeindruckt von der bizarren Kulisse. Wie zur Jahrhundertwende verlaufen unter dem Dach breite Antriebsriemen mit Umlenkung zu den Maschinen. Hundert Jahre alte Drehbänke, Fräsen und Bohrmaschinen von überdimensionaler Größe füllen die Halle. Es ist, als wären die Arbeiter nur kurz zur Mittagspause gegangen. Ich rieche den Stahl. Am Ende steht eine Dampflok wie eine altehrwürdige Dame auf dem Operationstisch. Ausgeweidet gibt sie ihr Innerstes preis.

»Wird hier noch gearbeitet? Aber niemand ist hier.«

»Es ist wie eine Zeitreise«, staune ich, »hier Fritz, die Maschinen sind alle noch intakt.« Dabei drücke ich arglos auf den Schalter einer mannshohen Standbohrmaschine. Der Schreck fährt mir durch Mark und Bein. Plötzlich ertönt ein Höllenlärm. Die Bohrmaschine rumpelt los. Ich schalte sie schnell wieder aus und blicke mich besorgt um. Plötzlich steht am anderen Ende ein kleiner Mann in einem viel zu großen, schwarz verölten Overall, von dem nur noch die Schultern und unteren Hosenbeine die ehemals blaue Farbe tragen. Die riesige Lok, aus der er auftaucht, lässt ihn zu einem Zwerg schrumpfen. »Guten Tag, Sie sind aus Deutschland!«, tönt es durch die Halle.

Während er sich nähert, wischt er seine Hände an einem Lappen ab, der den Sättigungspunkt an Öl schon längst erreicht hat. »Sie sprechen deutsch?«, frage ich überrascht, als wir uns die Hände reichen. Sein Gesicht voller schwarzer Ornamente gleicht dem eines Indianers auf dem Kriegspfad. Beim Blick auf seine Eisenbahnermütze, klärt sich einiges. Dort prunken die ehemals roten Lettern »DB Ausbesserungswerk Stuttgart«.

»Ja, ich habe fünf Jahre in Stuttgart gelebt.«

Obwohl ich mir denken kann, was er tut, frage ich: »Und was machen Sie hier?«

»Ich bringe die alte Lok da wieder auf Trab.« Dabei blickt er sich zu seiner gigantischen Patientin um.

»Ganz allein?«

»Ja, aber ich bekomme bald Verstärkung.«

Im selben Moment vernehmen wir das Dröhnen der Diesellok draußen im Bahnhof. »Oh Gott, mein Zug, schnell.« Überstürzt verabschieden wir uns von dem kleinen Mann, der die großen Lokomotiven repariert und von dem ich so gern noch mehr über seine Arbeit erfahren hätte.

Die Wartehalle hat sich mit Leben gefüllt, fünf Fahrgäste warten vor dem nach wie vor verrammelten Schalter. Die Diesellok brummt, der Lokführer steht an seine Luke gelehnt, es sind nur noch zwei Minuten bis zur Abfahrt und niemand besitzt eine Fahrkarte. Jetzt tut sich etwas. Eine Frau mit einer kleinen Aktentasche unterm Arm betritt forschen Schrittes die Halle, zieht fünf Fahrkarten aus einem Etui, die sie an die übersichtliche Gemeinde der Amman-Reisenden verkauft. Wortlos packt sie wieder alles ein und verlässt den Bahnhof über den Vorplatz. Ihre Einnahmen betragen heute zehn Euro. Skeptisch betrachte ich die Pappkarte in meiner Hand. Warum so billig? Zwei Euro für eine neunstündige Fahrt mit der berühmten Hedjas-Bahn, einem »Highlight jeder Orientreise«, wie in den Hochglanzprospekten großer Reiseveranstalter zu lesen ist.

Mit den vereinten Kräften dreier Passagiere werde ich durch die extrem schmale Tür des Eisenbahnwagens getragen. Mein Fahrrad und meine Packtaschen kommen hinterher und schon habe ich mich mit mehr als der Hälfte der Mitreisenden bekannt gemacht. Das könnte eine lustige Fahrt werden, denke ich.

Ich schaue auf meinen Bruder auf dem Bahnsteig herab: »Die letzte Minute ist angebrochen, Fritz, morgen bist du zu Hause. Ich beneide dich ein bisschen, jetzt kriege ich auch Heimweh.«

»Ach, komm«, tröstet er mich, »du bist bald in Amman, dann triffst du Nagender und alles ist okay. *Inschallah.*«

»Grüß mir alle schön!«

Pünktlich auf die Minute heult die Diesellok auf. Ein Waggon nach dem anderen setzt sich mit einem metallischen Krachen der Kupplungen in Bewegung. Es ruckt und stößt und im selben Moment macht mein Rollstuhl eine Drehung. Ich versuche, den Fensterrahmen, aus dem ich gerade noch Fritz zugewinkt habe, zu greifen, aber ich fasse ins Leere. Ohne Halt schlage ich vor den Füßen der anderen Fahrgäste lang hin. Fritz hat mir später erzählt, wie entsetzlich das aussah und dass er sich noch lange Sorgen gemacht hat, ob mir etwas passiert sei.

Spätestens jetzt, auf dem Boden des Waggons, mache ich Bekanntschaft mit den übrigen Passagieren. Alle reden durcheinander, wollen mir helfen, fassen mir unter die Arme und greifen meine Beine, aber niemand rechnet damit, wie schwer ein Körper ist, der nicht mitarbeiten kann. Mit ihrer Hilfsbereitschaft reißen sie mir fast die Arme aus. Ich könnte ja allein in den Stuhl zurück, wenn sie nicht so an meinen Armen ziehen würden.

»Stopp!«, rufe ich, »eine Person genügt.«

Ich bekomme die Hände frei, platziere die Beine in Hockstellung, den Rollstuhl daneben und sage zu dem kräftigsten Mann: »Würden Sie sich bitte einmal bücken.« An seiner Schulter zieht er mich hoch und ich sitze wieder da, wo ich hingehöre. »*Schukran, schukran*, danke«, rufe ich freundlich, während ich mir den Staub von der Hose klopfe, »es ist nichts passiert.«

Inzwischen hat die Lok unter höllischem Lärm ihre Höchstgeschwindigkeit erreicht. Für die 200 Kilometer von Damaskus nach Amman werden neun Stunden kalkuliert. Erkundigungen unter meinen erfahrenen Leidensgenossen ergeben aber, dass es auch schon mal zehn oder elf Stunden waren.

Mit einem guten Rennrollstuhl und etwas Rückenwind wäre ich schneller. Was das Eisenbahnfahren angeht, bin ich aus Indien einiges an Entbehrungen gewohnt. Aber die alte

Hedjas-Bahn übertrifft indische Verhältnisse bei weitem. Spitzenreiter bleibt Indien nur beim Fahrgastaufkommen. Gegen den bombastischen Lärm stopfe ich mir die Ohren zu, die Rußfahne von der Lok, die mit Staub von draußen durch alle Ritzen dringt, halte ich mit einer Maskierung fern, die Fahrradbrille schützt meine Augen. Das alles lässt sich gut ertragen, auch einen ganzen Tag lang. Als ich nach drei Stunden ausrechne, dass ich mit einem Sammeltaxi schon am Ziel gewesen wäre, beginne ich jedoch die Freude am langsamen Reisen zu verlieren. Ich könnte mich mit den Mitreisenden unterhalten, aber dafür ist es zu laut. Die Landschaft gibt nichts her, Geröllwüste wie immer. Zum Lesen habe ich nichts dabei. Wie schön wäre es, mit dem Handbike die Strecke zu fahren, stattdessen sitze ich mir hier auf den Spuren der Mekka-Pilger den Hintern breit.

Den Pilgern die Haj, die Fahrt zu ihren heiligen Stätten, zu erleichtern, war der vordergründige Anlass für die Osmanen, um 1900 diesen Schienenstrang zu verlegen. Dass damit auch strategische Ziele verfolgt wurden, war allzu offensichtlich. E.T. Lawrence, später als Lawrence von Arabien bekannt geworden, initiierte mit den Beduinenstämmen im Vorderen Orient, durch deren Gebiete die Bahn verlief, den Großen Arabischen Aufstand. Relativ gefahrlos sprengten sie in Nacht- und Nebelaktionen Schienen, Brücken und sogar Truppentransporte in die Luft und schwächten so effektvoll die Nachschubwege.

Mekka haben die Züge der Hedjas-Bahn nie erreicht, der letzte Bahnhof war Medina. Als Lawrence mit den Beduinen Aqaba einnahm, lag die Gründung eines Beduinenstaates unter Führung der Haschemiten nicht mehr fern. Wer heute auf die Suche nach den letzten Abenteuern der Welt geht, kann für eine Hand voll Dollar in der Hedjas-Bahn bei einem gebuchten Beduinenüberfall das Gruseln lernen.

Mir kommt das Grauen auch ohne Überfall. Ich muss mich mit beiden Händen an den Sitzbänken festhalten, sonst haut mich der Schienenversatz ständig erneut aus dem Stuhl. Der Waggon wird von den schlechten Schienen so gerüttelt, dass ich mich wie eine Kartoffel im Roder fühle. Es kommt, was ich befürchtet habe: In Syrien kann man durchaus auch zu Lande seekrank werden; mir wird schlecht, so schlecht wie selten zuvor. Und ich weiß nicht, wo es zuerst kommt, oben oder unten. Den anderen geht es ähnlich: Den Kopf auf die Hände gestützt, die Ellenbogen auf die Knie, machen die beiden kräftigsten eine traurige Figur. Eine Toilette gibt es nicht, der Notbremshebel liegt auf der Kofferablage, und ich glaube, zum Auftreiben einer Plastiktüte bleibt mir jetzt keine Zeit mehr. Oben meldet es sich zuerst: Große Mengen Wasser laufen mir im Mund zusammen, ein Alarmzeichen. Ich stürze zur Tür, reiße sie auf und keile meinen Rolli quer davor ein. Am Holm kann ich mich festhalten, auch wenn mein Stuhl herausrollen würde. In weiser Voraussicht, keinen Zugang zu Toiletten zu haben, hatte ich mich am Morgen auf einen kleinen Imbiss beschränkt, der mir jetzt noch einmal durch den Kopf geht. Mein Magen krempelt sich um. Mit einem lachenden und einem weinenden Auge schaue ich der halb verdauten Falafel hinterher, die jetzt der Wind verteilt. Das war alles, was ich in mir hatte, aber die Übelkeit bleibt. So lange dieser Zug schaukelt wie ein Segelboot bei Windstärke zehn, bleibt mir schlecht.

Trotz ihrer dunklen Hautfarbe sind alle anderen auch aschfahl im Gesicht, mein einziger Trost. Die frischere Luft an der Tür hilft mir über die kommenden zwei Stunden hinweg. Würde der Zug die ganze Zeit fahren, bräuchte er nur die Hälfte der Zeit. Doch der Lokführer, das kann ich von der Tür aus bestens beobachten, hält an, wann immer es ihm passt. Gelegentlich warten an den Gleisen Männer, die ihm Gepäckstücke oder Post mitgeben, und einmal hat er auch einfach nur zum Pinkeln angehalten.

Ohne Bahnsteig kann ich es meinen kranken Mitreisenden nicht zumuten, mich herauszuheben, der Waggon ist zu hoch.

Ich beschließe dem Elend in Dara, kurz vor der jordanischen Grenze, ein Ende zu machen.

»Wollen Sie schon aussteigen? Sie haben doch ein Ticket bis Amman!«

»Ja, ich weiß«, sage ich, als ich endlich wieder festen Boden unter meinen Rädern habe, »aber ich halte das keine drei Stunden mehr aus.«

»Was meinen Sie?«

»Ist schon gut, danke für die Hilfe.«

Die Hedjas-Bahn mag Eisenbahnfans begeistern, solange sie nicht selbst mitfahren müssen. Nostalgie ist ein viel zu schönes Wort für diese Tortur. Für die Mekkapilger vor fast 100 Jahren sah das anders aus, für sie war diese Bahn ein futuristisches Transportmittel, das ihre Fahrt revolutionierte.

Vor dem Bahnhof finde ich ein Taxi zur Grenze, rolle durch die Passkontrolle und bin mit dem nächsten Lift in weniger als einer Stunde in Amman. Gegenüber vom Abdali Busterminal finde ich ein Zimmer und liege bereits im Bett, während die Passagiere der Hedjas-Bahn immer noch auf die Grenzabfertigung warten.

TEIL ZWEI

Jordanien

Wiedersehen mit Nagender

Ich versuche, mir sein Aussehen in Erinnerung zu rufen, sein rundes Gesicht, sein offenes Lachen und seine unverschämt langen Wimpern, die mich selbst nach drei gemeinsamen Monaten in Indien noch fasziniert haben. Mein Freund Nagender hat diesen geheimnisvollen indischen Blick durch zwei halb geschlossene Lider, was aber keinesfalls als ein Zeichen von Müdigkeit missdeutet werden sollte. Wenn er lacht, leuchtet eine Reihe kleiner Zähne, die durch seine dunkle Haut umso weißer erscheinen. Um seinen Haarwuchs habe ich Nagender immer beneidet. Er leidet ein wenig darunter, weil er nicht nur unentwegt zum Frisör muss, auch Augenbrauen und Bart bedürfen ständiger Pflege.

Nagender besitzt eine wunderbare Charaktereigenschaft, die vielen Indern angeboren ist: stoische Ruhe selbst in ausweglosen Situationen. Seine Besonnenheit und die Fähigkeit, Gefahren frühzeitig zu erkennen und richtig einzuschätzen, ist uns auf gemeinsamen Reisen immer sehr nützlich gewesen. Nagender kann auf jeglichen Komfort verzichten und wochenlang minimalistisch leben. Er ist wissbegierig, sprachgewandt und neugierig auf andere Menschen und ihre Kultur. Wir sind uns in entscheidenden Punkten ähnlich und haben dieselben Interessen.

Nagender hat einen einzigen Fehler, das gibt er offen zu: Er kann mit Geld, wenn er welches besitzt, nicht umgehen. Mit vollen Händen gibt er es aus, bis seine Taschen leer sind, dagegen beweist er bei Preisverhandlungen selbst um Pfennigbeträge größte Hartnäckigkeit.

Nagender war noch keine 20 Jahre alt, als ich ihn 1985 in

Kalkutta auf der Straße kennen gelernt habe. Ein paar Jahre später bei meinem zweiten Besuch in Indien hatte er sich dann spontan entschlossen, unbezahlten Urlaub von seinem Job als Großhandelskaufmann zu nehmen und mit mir zur Quelle des Ganges zu reisen. Daraus erwuchs eine tiefe Freundschaft zwischen uns. Und Nagender entdeckte seine Liebe zur Fotografie auf dieser Reise. Kaum war er wieder zu Hause, kündigte er seinen Job und begann eine Ausbildung zum Fotografen. In Nagender steckt eine große Abenteuerlust. Wenn es darauf ankommt, ist er bereit, für ein gutes Foto größte Strapazen auf sich zu nehmen.

Jetzt, da das Wiedersehen kurz bevorsteht, erinnere ich mich daran, mit welchem Überschwang Nagender am Telefon auf das Angebot reagierte, mit mir durch Jordanien und den Iran zu reisen. Dabei war ich in dem Moment noch nicht einmal sicher, ob er es sich nicht noch einmal überlegen würde, denn ich wollte, dass auch er mit dem Fahrrad fährt – eine Fortbewegungsart, die allerdings nicht seinem Kastenstand entspricht und in Indien mit Gesichtsverlust einhergeht.

Die Antwort meines Freundes hat mir sehr zu denken gegeben. Er meinte in bedeutungsvollem Ton: »Andreas, ich komme mit dir, wohin du willst und auf welche Weise du es willst, das bin ich dir schuldig.« Mir war nicht recht klar, was er damit meinte, es mir schuldig zu sein. Bei Gelegenheit wollte ich ihn danach fragen.

Soeben ist Nagenders Flieger gelandet, ich bin schon ganz aufgeregt. Ob er sich während der letzten vier Jahre verändert hat? Werden wir erneut so gut miteinander harmonieren? Wird diese Reise auch so erfolgreich verlaufen wie die durch Indien, schließlich war Nagender noch nie in seinem Leben außerhalb seines Heimatlandes.

Da kommt Nagender auch schon in die Ankunftshalle des Flughafens von Amman und wir fallen uns in die Arme. Wir blicken uns fest in die Augen, wechseln die ersten Worte und schon sind alle Zweifel wie weggewischt. Nagender ist ganz der Alte geblieben.

Wir suchen ein Restaurant, um uns als Erstes in aller Ruhe ein Begrüßungsmahl zu gönnen, und noch bevor die *mezzeh*, die Vorspeise, serviert wird, rückt Nagender mit Neuigkeiten heraus: »Ich habe gestern ganz überraschend das Angebot eines Modeschöpfers aus Mumbay bekommen, seine neue Kollektion zu fotografieren.«

»Ich freue mich für dich, das wird deiner Karriere einen kräftigen Schub geben«, sage ich begeistert.

»Ja, aber der Termin liegt mitten in der ersten Woche unserer Iran-Reise, du müsstest dann ein paar Tage allein klarkommen.«

»In Teheran ist das kein Problem«, beruhige ich ihn.

»Andreas«, fährt er in einem Ton fort, der nur schlechte Nachrichten ankündigen kann: »Für Jordanien habe ich allerdings nur ein Dreitagevisum bekommen.«

»Was, nur drei Tage!«, bestürzt schaue ich ihn an, »heißt das, du musst übermorgen wieder ausreisen?«

»Ja, die Behörde wollte eine Einladung oder Bürgschaft sehen. So etwas besaß ich aber nicht. Nur als Geschäftsreisender hätte ich sofort ein Visum bekommen. Sie meinten, ich solle mich sofort nach meiner Ankunft im Immigration Board melden. Hier ist die Adresse.« Er schiebt mir einen arabisch beschrifteten Zettel herüber. Den ganzen Abend über erörtern wir Lösungsmöglichkeiten, bis mir plötzlich etwas einfällt: »Mensch, ich habe doch noch das Schreiben vom Fremdenverkehrsamt in Frankfurt!« Aus meinen Dokumenten ziehe ich eine Empfehlung an alle archäologischen Stätten und Museen des Landes, mich beim Fotografieren zu unterstützen, da ich über meine Diaschau den für das Land so wichtigen Tourismus fördere.

Ich hatte mich bereits in Deutschland um offizielle Genehmigungen bemüht, da ich auf anderen Reisen schlechte Erfahrungen gemacht hatte mit dem Misstrauen, mit dem ich in manchen Ländern konfrontiert worden war, sobald ich an Sehenswürdigkeiten meine große Kamera zur Hand nahm. Dem Taj Mahal in Indien etwa darf man sich, aus welchen Gründen auch immer, mit Kamera nur bis auf 50 Meter nähern. Ich wusste nicht, welche Regeln die Jordanier für das Fotografieren ihrer Denkmäler aufgestellt hatten; ein offizielles Empfehlungsschreiben konnte jedenfalls für vieles gut sein. Und nun verschaffen wir uns sogar Nagenders Visum damit.

»Wir gründen jetzt eine Fotoagentur und du bist der Chef«, weihe ich Nagender in meinen Plan ein. »Damit haben wir aus dir einen Unternehmer gemacht, dem selbstverständlich ein Visum ausgestellt wird!« Nagender sieht mich spitzbübisch lächelnd an. Die Feinheiten erledigen wir am kommenden Morgen: Wir machen ein Grafikbüro ausfindig, das technisch auf dem neuesten Stand ist, und entwerfen uns Briefpapier, mit dem sich Eindruck schinden lässt. Den Ausdruck des neuen Briefkopfes, auf den wir mit der Schreibmaschine des Hotelmanagers eine Auftragsbestätigung an das Jordanische Fremdenverkehrsbüro verfassen, macht aus uns zwei Profifotografen:

Sehr geehrte Damen und Herren, hiermit bedanken wir uns für die Erteilung des Fotoauftrages »Jordanien« und die Ausstellung des Empfehlungsschreibens. Wir bestätigen Ihnen folgende Einzelheiten: ...

Mit freundlichen Grüßen,
Nagender Chhikara, Indien,
Andreas Pröve, Deutschland,
Indian Picture Pool

»Sieht doch toll aus!«, sage ich hochzufrieden und durchaus stolz zu Nagender und halte ihm das Blatt hin.

»So, jetzt noch eine Bürgschaft für dich.« Ich spanne den zweiten Briefkopf ein. Mein Empfehlungsschreiben, das mir alle fotografischen Freiheiten gestattet, erweitere ich kurzerhand um Nagenders Namen. In Klarsichtfolie verpackt, liegen die drei Dokumente vor uns. »Damit besorgen wir dir ein schönes Visum.« Ich klopfe Nagender auf die Schulter: »Das klappt bestimmt.«

Natürlich hatten wir einfach Glück und unsere selbst gemachten Papiere machten tatsächlich einen professionellen Eindruck. Aber der Hauptgrund für den derart reibungslosen Ablauf der Visumserteilung, war meines Erachtens ein ganz anderer: Mein erster positiver Eindruck von dem Beamten im Büro täuscht nicht. Noch bevor wir unser Anliegen vorbringen können, bevor er einen ersten Blick auf die Papiere wirft, schaut er Nagender eindringlich in die Augen. Dann zeigt er auf ihn und fragt: »*Hind?*« Nagender begreift schneller als ich. Er bestätigt, ja, er sei Inder. »Amitabh Bachchan!« tönt es wie aus der Pistole geschossen. Der Beamte ist ein glühender Fan indischer Kinoschinken. Enthusiastisch zitiert er Dialoge aus Filmen und gibt Schlagertexte zum Besten. Nagender belächelt diese trivialen Streifen. Doch jetzt mutiert er selbst, die Gunst der Stunde nutzend, zum Schauspieler. Geschickt heizt er die Begeisterung des Beamten an: »Kennst du ›Roti Kapada Aur Makan‹ mit Manoj Kumar und Shashi Kapoor? Ein toller Film! Oder hast du ›Muqaddar Ka Sikander‹ gesehen?« Seine Euphorie lässt ihm kaum eine Sekunde, unsere Schriftstücke zu überfliegen. Beiläufig erledigt er seine Arbeit, redet, während er den Stempel in Nagenders Pass drückt, über Amitabh Bachchan und gibt ihm den Pass, als wäre es für ihn eine Ehre gewesen, einem Landsmann seines Stars eine Aufenthaltsgenehmigung ausgestellt zu haben.

»Bitte bleiben Sie doch noch auf einen Tee«, bittet er uns.

»Vielen Dank, aber das geht leider nicht, wir haben keine Zeit.«

Wir können das Lachen kaum unterdrücken. Draußen auf der Straße prusten wir los wie zwei Buben, die ihrem Lehrer gerade einen mächtigen Streich gespielt haben.

Auf der Suche nach einem Fahrrad für Nagender

Soleiman ist ein irakischer Gastarbeiter, der zusammen mit Rahman, einem palästinensischen Flüchtling, die Zimmer im Al-Monzer-Hotel mit Klimaanlagen ausstatten soll. Dazu muss er Mauerdurchbrüche setzen oder Teile von Fenstern entfernen, um die Blechkisten mit den Verdunstern zu installieren. Die meisten Zimmer besitzen keine Fenster und haben eine künstliche Belüftung allerdings bitter nötig. Unser Zimmer zählt auch zu dieser Kategorie, es ist muffig und stinkt verdächtig nach Petroleum. Mit Sicherheit ist es von Ungeziefer bewohnt, das vorab mit einem Zerstäuber in die Ritzen gescheucht worden ist.

Jedes Mal wenn wir Soleiman auf dem Gang begegnen, lädt er uns zu einem Glas Tee in sein Zimmer ein, das er während der Bauarbeiten bewohnen darf. Soleiman verehrt Saddam Hussein und Adolf Hitler, den einzigen Deutschen, den er kennt – und jetzt gehöre ich auch dazu. Das kann ich nicht auf mir sitzen lassen.

»Das ist aber keine große Ehre für mich, mit Hitler in einem Atemzug genannt zu werden«, sage ich entsetzt, »Hitler war ein Mörder und Saddam Hussein war auch ein Diktator.« Ich bleibe vorsichtig, schließlich will ich nicht, dass er mir an den Hals geht.

Verwundert über mein Entsetzen, lobt er Hitler in den höchsten Tönen, ohne im Geringsten auf die Gräueltaten des Dritten Reiches einzugehen.

Ich muss zweimal schlucken. Mit was für einem Menschen trinke ich hier eigentlich Tee? Im ersten Moment spüre ich den Impuls zu fliehen, besinne mich aber wieder. Mir ist klar, Israel besitzt in seinen Augen keine Existenzberechtigung, darüber lässt er nicht mit sich reden. Ich gebe zu bedenken: »Hitler hat halb Europa in Schutt und Asche gelegt!« – »Na gut, das war nicht in Ordnung, aber er hasste die Juden, wie wir.« Ich schaue Nagender, der kein Wort dazu sagt, resigniert an. Rahman, Soleimans Kollege, der aus seiner besetzten Heimat geflüchtet ist, hätte sicher auch noch etwas dazu zu sagen gehabt, aber sein Englisch reicht nicht dafür aus. Ich muss davon ausgehen, dass die Menschen in Jordanien, ähnlich den Syrern, Israel als ihren größten Feind ansehen. Nagender sind politische Diskussionen ohnehin ein Gräuel, also beschließe ich, das Thema zu wechseln.

»Wir versuchen seit Tagen, ein Fahrrad aufzutreiben. Wisst ihr, wo es dafür einen Laden gibt?« Soleiman übersetzt Rahman die Frage, weil der sich in Amman besser auskennt. Er scheint zuerst nicht richtig verstanden zu haben. »Man kann hier nicht gut Fahrrad fahren, weil Amman zu bergig ist. Wozu braucht ihr denn überhaupt eins?«

»Wir wollen durch Jordanien radeln«, erklärt Nagender, als wäre das vollkommen selbstverständlich. Soleiman fragt noch einmal nach, weil er glaubt, die Antwort nicht richtig verstanden zu haben. Dann schauen Soleiman und Rahman sich an, grinsen erst und brechen dann, entgegen allen arabischen Höflichkeitsregeln, in lautes Lachen aus.

Verlegen frage ich: »Was gibt es da zu lachen?«

»Warum nehmt ihr euch keinen Bus? Es gibt gute Straßen und die Fahrt kostet nicht einmal viel. Da draußen ist doch nur Wüste!«

Diese Frage habe ich schon häufiger zu beantworten versucht. Selbst Nagender hat in Indien verständnislos mit dem Kopf geschüttelt, als ich mit dem Rollstuhl hinauf in den Himalaja wollte. Er hat es irgendwann verstanden – und ist jetzt sogar bereit, selbst mitzufahren. Soleiman und Rahman unsere Beweggründe zu erläutern, halte ich für aussichtslos.

»Wir lieben das Fahrradfahren.« Das stimmt zwar nicht ganz, Nagender besitzt noch nicht einmal eines, aber was nicht ist, kann ja noch werden. Immerhin nickt er zustimmend. Rahman verspricht uns, bei seinen Verwandten in Salt, 40 Kilometer außerhalb Ammans, nachzufragen.

Auf dem Flur frage ich Nagender: »Sag mal, kannst du überhaupt Fahrrad fahren?«

»Ich glaube schon, probiert habe ich es zwar noch nicht. Aber so schwer wird es schon nicht sein, ich fahre zu Hause einen Scooter, der hat auch nur zwei Räder.«

Es ist eine furchtbare Krücke, die Rahman da anschiebt. Alles an dem Rad ist billig. Ich schüttele nur mit dem Kopf und zähle die Mängel auf: Die Reifen sind komplett abgefahren, die Kettenschaltung ist ausgeleiert und etliche Speichen sitzen locker.

»Ach, das geht schon«, wischt Nagender meine Zweifel beiseite.

»Woher hast du das Rad, Rahman?«

»Mein Onkel fährt hin und wieder damit. Er würde es für ein paar Wochen zu einem günstigen Preis vermieten.«

»Wieviel will er denn?«, frage ich herausfordernd.

In sich gekehrt, als sollte ich gar nicht hören, was er sagt, murmelt Rahman etwas Unverständliches.

Nagender schiebt mich beiseite: »Lass mich mal, Preisverhandlungen sind meine Sache.«

»Gut«, sage ich, »aber denk daran, dieses Fahrrad ist besserer Schrott.«

Das Angebot bestimmt den Preis. Diese Marktregel hat Rahman, auch wenn er nicht der Hellste ist, auch verstanden. Unsere Zeit ist knapp und seins ist das einzige verfügbare Fahrrad weit und breit. Schlechter kann unsere Verhandlungsposition nicht sein. Ich überlasse Nagender das Feld und verziehe mich ins Büro des Hotelboss'. Er hat immer einen Tee für mich.

»Mit dem müsst ihr vorsichtig sein, der ist ein Schlitzohr«, warnt er mich vor Rahman. Mit einer abwertenden Handbewegung sage ich: »Da kennst du Nagender schlecht.« Und grinse ihn wissend an.

Wenn Nagender laut wird, was kein gutes Zeichen ist, dann liegt das in der Regel an den unverschämten Preisvorstellungen seines Verhandlungspartners. Aber so laut habe ich ihn selten schimpfen hören. Die abrupte Stille danach sagt mir eindeutig, dass es zu keiner Einigung gekommen ist. Und als Nagender kurz darauf zu mir kommt, ist ihm seine Rage noch deutlich anzusehen. »Er will hundert Dollar Leihgebühr und zweihundert Dollar Pfand. Ich habe ihn zum Teufel gejagt. Er soll seinem Onkel das Rad am besten noch heute zurückbringen.«

»Und jetzt?«, frage ich vorsichtig.

»Keine Angst, morgen ist auch noch ein Tag.«

Ich muss schon sagen, Nagender zieht alle Register.

Oben auf dem Jabal Qala, am Herkules-Tempel, von dem nur noch drei einsame Säulen in den Himmel ragen, wollen wir im Archäologischen Museum zum ersten Mal die Tauglichkeit unserer Fotografiergenehmigung testen. Enttäuscht stellen wir jedoch fest, dass hier gar kein Kameraverbot herrscht. Im Gegenteil: Als wir Probleme mit den Spiegelungen der Vitrinen bekommen, in denen 8000 Jahre alte Gipsfiguren stehen, immerhin die ältesten modellierten menschlichen Darstellungen, stellt man uns die Figuren kurzerhand fotogerecht ins Licht.

Ganz anders geht es da unter der blauen Kuppel der König-Abdullah-Moschee zu. Hier lässt sich das Personal, das uns in den Arm fällt, auch nicht durch irgendwelche Zettel von Fremdenverkehrsämtern beeindrucken. Mein Rollstuhl und die Vermutung, dass ich alles Mögliche, aber kein Moslem bin, bewirken, dass sie eine generelle Verweigerungshaltung einnehmen. Das Fotografieren wollen die beiden langbärtigen Bewacher mir allenfalls von der Straße aus erlauben. Bei Nagender sind sie sich nicht sicher, schließlich gibt es in Indien fünfmal so viele Moslems wie in Jordanien und Syrien zusammen. Und ein indischer Moslem lässt sich äußerlich kaum von einem andersgläubigen Inder unterscheiden.

»Sind Sie Moslem?« Jetzt steht die entscheidende Frage mitten im Raum. Nagender antwortet aber nicht spontan genug. Mit seinem Stammeln ist die Chance, als Moslem durchzugehen, vertan.

In fünf Minuten ist Gebetszeit, doch erstaunlich wenig Gläubige gehen an uns vorüber in die Moschee. Als wir über die Straße schlendern, kündige ich Nagender an: »Nächstes Mal sind wir schlauer. Wie willst du dann heißen, Ali, Mahmud, Achmed?«

»Und wenn ich den Koran zitieren soll?«

Ehe mir eine Antwort auf diese gute Frage eingefallen ist, werden wir unterbrochen. »Hallo, Entschuldigung, bitte warten Sie!« Ein junger Mann, der uns schon eine ganze Weile verfolgt, spricht uns an. »Kann ich Ihnen helfen?«

»Danke, hat sich schon erledigt, wir wollten in die Moschee.«

»Ach, da geht sowieso keiner hin«, bemerkt er mit einer abfälligen Handbewegung und schaut sich dabei zu dem imposanten Gebäude um, »der Vorbeter ist zu liberal. Heute gehen alle in die Al-Hussein-Moschee in Downtown. Sie müssen nur immer geradeaus, die Al-Hussein-Straße entlang.«

»*Shukran*, danke sehr.«

Schon weit vor der Moschee sind die Straßen durch Polizeistreifen, die an den Einmündungen postiert sind, gesperrt. Nur Fußgänger dürfen passieren. Ein Fahrzeugverkehr ist unmöglich, Tausende Männer hocken vor der Moschee auf der Straße im Gebet gen Mekka. Eilig strömen die letzten Gläubigen herbei. Nur wenige Menschen, wie auch wir, bleiben unbeteiligt.

»Nagender, schau, da oben ist ein Café, von da hättest du einen guten Blick. Ich werde da allerdings nicht hinauf können.«

»Okay, bis gleich, wartest du hier?«

»Ja, ich bin hier.«

Vor dem späten Abend sehe ich Nagender nicht wieder. Der größte Teil der Gläubigen sind palästinensische Flüchtlinge, sie machen inzwischen mit 80 Prozent die Mehrheit der Einwohner Ammans aus. Jeden Freitag werden sie von dem Imam an das ihnen widerfahrene Unrecht erinnert. Megafone an den Mauern der Moschee tragen die scharfe, politische Rede nach außen. Der Hass gegen Israel und seine Siedlungspolitik heizt die Stimmung der Massen auf. Kaum ist das Gebet beendet, erheben sich Einpeitscher in den vorderen Reihen, wenden sich den Gläubigen zu und skandieren mit erhobener Faust Parolen.

Noch habe ich von meinem Standort auf der abgesperrten Straße nach allen Seiten einen guten Überblick über die auf dem Boden hockenden Menschen. Jetzt beginnen sie sich zu erheben. Aus den Torbögen der Eingänge strömen Unmengen von Männern heraus, aufgebracht und wutschnaubend formieren sie sich zu einem Demonstrationszug genau auf mich zu. In der sicheren Annahme, in meinem Rücken eine freie Fahrbahn zu haben, wende ich ohne Panik. Doch eine zweite Front von Demonstranten versperrt mir den Fluchtweg. Der einzige verbliebene Ausweg wird von der extrem hohen Bordsteinkante blockiert. Zwei kräftige Helfer, die ich bräuchte, um das Hindernis zu überwinden, könnte ich allenfalls aus den Demonstranten rekrutieren, doch die sind viel zu aufgebracht. Hier ist jetzt niemand in der Lage, sich auf einen hilfsbedürftigen Rollifahrer einzustellen.

Was Fanatismus ist, bekomme ich in ihren Augen zu sehen. Blindwütig strecken sie ihre geballten Fäuste gen Westen, skandieren Parolen, von denen ich nur das Wort *Israaaiiil* verstehe, als könnten sie den verhassten Nachbarn so zur Strecke bringen. Wie eine Welle, die mich von hinten umspült, bin ich im Nu Teil des Zuges, ob ich will oder nicht. Ohne Einfluss auf die Richtung schiebt mich die Menge der Leiber, von denen ich nur Jacken und Hosen sehe, mit sich. Einzig die hohen Minarette der Al-Hussein-Moschee geben mir Orientierung. Hin und wieder werde ich von Einzelnen feindselig mit einer Frage angesprochen, auf die ich nur mit Achselzucken antworten kann, weil mir das Wort unbekannt ist: »*Ja-huudii?*« Wie knapp ich hier einer Steinigung entgangen war, hätten sie mein Achselzucken als Bejahung gedeutet, wurde mir abends beim Blick in den Sprachführer klar. Sie hatten wissen wollen, ob ich Jude bin.

Wie bei einem Boxer ohne Gegner, wie im Kampf gegen einen unsichtbaren Feind, verpufft die Energie der Masse mit jedem Meter. Die Schlachtrufe reduzieren sich, einzelne Anführer verstummen mit dem Schwinden ihrer Anhänger. Eine bedrückende Stimmung macht sich breit, wie bei einer Fußballelf, der schon in der Halbzeit die Niederlage sicher ist. Die Reihen lichten sich, machen wieder dem Fahrzeugverkehr Platz. Die Wut im Bauch, von der sie gar nicht wissen, wohin sie sich mit ihr wenden sollen, tragen sie nach Hause, bis zum nächsten Freitag.

Nagender lernt Rad fahren

Mit orientalischer Hartnäckigkeit feilschen Nagender und Rahman seit Stunden erneut um das Fahrrad. Sie sind wie zwei Katzen, die um den heißen Brei schleichen, zwei gleich starke Gegner, die sich belauern. Jeder will den Deal machen, signalisiert aber das Gegenteil. Um die eigenen Preisvorstellungen durchzusetzen, werden sie nicht müde zu betonen, dass sie am Zustandekommen des Geschäftes keinerlei Interesse haben. Das ist allerdings nur eine Frage der Zeit. Tatsächlich gibt es plötzlich und unerwartet einen Handschlag, 50 Dollar wandern über den Tisch und damit gehört das Fahrrad während unserer Tour Nagender. Für diese Krücke ist das immer noch ein Wucherpreis.

»Nagender, du musst den Sattel unbedingt erhöhen, glaub mir, nur die Fußspitzen dürfen den Boden berühren.«

Nein, Nagender weiß es besser, er findet die unterste Sitzposition gemütlicher, auch wenn er dahockt wie auf einer indischen Toilette. Auf dem Abdali Busterminal, vor unserem Hotel, zeige ich ihm, wie man Fahrrad fährt. Kein leichtes Unterfangen, schließlich ist Fortbewegung für mich seit mehr als 24 Jahren Handarbeit. Vielleicht liefert ihm das einen Grund mehr dafür, meine Ratschläge zu ignorieren.

»Du glaubst wohl, ich habe keine Ahnung vom Fahrradfahren!«

»Doch«, widerspricht er mit einem beiläufigen Lächeln, als sei das alles nicht so wichtig. Gut, denke ich, ist ja auch seine Sache.

Von den rund 4,5 Millionen Einwohnern Jordaniens leben mehr als die Hälfte in Amman und seiner Peripherie. Der Rest verteilt sich auf die Städte im Westen des Landes. Nur noch 50000 Beduinen sind dem Leben in der Wüste treu geblieben. Ihnen auf die Spur zu kommen, ist unser Ziel. Wo immer wir uns in Amman auch erkundigten, hat man uns nach Osten verwiesen, dorthin, wo auf den Landkarten nur gestrichelte Linien verzeichnet sind, die der eine als Piste identifiziert, der nächste als Kamelpfad und wieder einer schlicht als eine der Fantasie des Kartografen entsprungene Kritzelei abtut. Die einzige rolligerechte Straße gen Osten ist die N50, mit etwas Glück könnten wir an der Verbindung Amman–Bagdad auf Beduinen stoßen. Falls nicht, erkundigen wir uns in der Oase Azraq nach ihnen. Über die Landkarte gebeugt, brüten wir unsere Reiseroute aus, ziehen einen Strich nach Osten, einen nach Norden zur Stadt Jerash, markieren das Tote Meer, die Ruinen von Petra und das Wadi Rum im Süden.

Soleiman steht mit Zigarette im Mundwinkel und einem Glas Tee dabei und schüttelt nur verständnislos mit dem Kopf. »Die ganzen Strecken wollt ihr mit dem Fahrrad fahren?« Selbstsicherheit vorgaukelnd bestätige ich: »Na klar«, bin aber angesichts der Mängel an Nagenders Fahrrad alles andere als zuversichtlich.

Zu keiner Zeit des Tages ist die Luft in der Stadt so rein wie während der verkehrsberuhigten Stunde vor Sonnenaufgang. Die vierspurige Stadtautobahn können wir uns teilen. Das ist ganz praktisch, weil Nagender in seiner Trainingsphase durch ausschweifendes Hin- und Herschlenkern einen deutlich höheren Platzbedarf hat, als das beim Fahrradfahren normalerweise der Fall ist. An jeder Abfahrt müssen wir zur Neuorientierung stoppen, ja im wahrsten Sinne des Wortes unsere Fahrt gen Osten, nach der aufgehenden Sonne ausrichten.

Nagender, der es nicht gewohnt ist, mit Kartenmaterial umzugehen, hat seine eigene Methode, die ganz nebenbei interessante Begegnungen garantiert. Er stoppt einfach ein Auto, um nach dem Weg zu fragen. Allerdings bekommt er kaum brauchbare Auskünfte, weil ihm jeder die Mitfahrt, an welches Ziel auch immer, anbietet.

Bevor der Berufsverkehr einsetzt, haben wir in einem Höllentempo die Satellitenstadt Zarqa durchquert. Bisher war Nagender überwiegend damit beschäftigt, seinen wackeligen Drahtesel zu disziplinieren, ihn in der Spur zu halten oder zu bremsen. Jetzt liegen die Berge von Amman hinter uns und zum ersten Mal muss er richtig in die Pedale treten.

Ich kann das gar nicht mit ansehen, wie er da nach links und rechts wedelnd in einer denkbar ungünstigen Sitzposition versucht, Kraft auf die Pedale zu übertragen. Er wird es hoffentlich irgendwann selbst merken, dann würden wir auch schneller vorankommen. Unmittelbar hinter den letzten Industrieanlagen, verstaubten Zementwerken, Tankstellen und Autowerkstätten, werden wir von einer mit braunschwarzen Basaltsteinen übersäten Ebene empfangen. Alle Steine sind faustgroß und so gleichmäßig auf die Landschaft verteilt, als hätte sie jemand mit einem Sieb hingestreut. Sechzig Kilometer Wüste liegen vor uns, bei dieser Geschwindigkeit dürften wir laut Kartenmaterial frühestens morgen die Oase Azraq erreichen.

Ich weiß, das Fahren bringt Nagender aus der Puste, dennoch frage ich ihn, was mir schon die ganze Zeit auf den Nägeln brennt: »Wie hast du das eigentlich am Telefon gemeint, du seist es mir schuldig, mit mir zu kommen, wohin ich will und auf welche Weise ich will.«

Überrascht schaut Nagender mich an. »Andreas, das weißt du nicht? Du hast mein Leben verändert und mir das Fotografieren beigebracht.«

Einen Moment denke ich darüber nach. »Aber du warst es doch selbst, der sein Leben verändert hat. Du wolltest mit auf die Ganges-Reise kommen.«

»Nein, du bist mein Schicksal«, entgegnet er kategorisch, »ohne dich würde ich heute noch Töpfe und Pfannen verkaufen.«

Scherzhaft schließe ich daraus: »Und deshalb begleitest du mich jetzt wie Aladins Geist aus der Wunderlampe?« Hoffentlich versteht er das nicht falsch.

Nagender blickt zu mir herüber, als sei dies eine interessante Betrachtung, widerlegt dann meine Sicht: »Ich bin dabei, weil wir Freunde sind.« Ich nicke zustimmend und schere wieder ein, um dem Gegenverkehr auszuweichen.

Zu Gast bei den Beduinen

Unsere Informationen, was die Beduinen angeht, waren goldrichtig. Schon 30 Kilometer jenseits aller aus Stein gebauten Häuser entdecken wir die ersten Zelte an der Straße. Auf den ersten Blick sehen sie verlassen und ärmlich aus. Grobe Seile spannen die sackartigen Zeltbahnen. An vielen Ecken ist das Tuch geflickt oder löchrig.

»Vielleicht ist keiner zu Hause?«, rätselt Nagender.

»Ich glaube, das gibt es bei Beduinen nicht, einer ist immer da.«

Und tatsächlich, zunächst erscheint ein Kinderkopf, dann ein schwarz verschleiertes Frauengesicht. Beide sehen uns nur an, kein Gruß, keine Gemütsregung. Im Vorbeifahren hebe ich mit einem »Salâm« die Hand. Blitzschnell, wie verschreckte Reptile, sind sie verschwunden.

»So werden wir vom Leben der Beduinen nicht viel erfahren«, resümiert Nagender.

»Vermutlich war kein Mann im Haus«, suche ich nach einer Erklärung.

Schon fünf Kilometer weiter stoßen wir erneut auf ein Zelt, das einen erheblich solideren Eindruck macht. Küchengeschirr und Feuerholz lagern außerhalb, drei weiße Kamele stehen mit verschnürten Beinen, die ihnen nur kleine Schritte erlauben, daneben. Kaum sind sie mit einem Grunzen auf uns aufmerksam geworden, stürzen Kinder schreiend und hüpfend vor die Tür, als käme der Zirkus ins Dorf. Frauen mit bunten Kopftüchern und reich bestickten Kleidern folgen ihnen. Mit ihrem Erscheinen signalisieren sie, dass hier ein Mann im Hause ist. Tatsächlich wird unser »Salâm« und das Winken erwidert. Aber außer einem etwa 16-jährigen Jungen zeigt sich kein männlicher Erwachsener.

»Warte mal kurz«, sagt Nagender und stoppt. Er nimmt seine leere Flasche und nähert sich den Leuten in der Gewissheit, dass einem Reisenden in der Wüste selbst der größte Feind den Wunsch nach Wasser niemals abschlagen darf. Gerade kommt Nagender mit seiner gefüllten Flasche zurück, da braust ein Pick-up heran, mit drei rot-weiß betuchten Männern auf der Sitzbank. Forsch springen sie heraus und gehen auf uns zu. Doch sie sehen die Wasserflasche, überblicken die Situation und nähern sich freundlich lächelnd: »As-salâm alaikum«, grüßen wir, was nicht etwa mit einem einfachen »Salâm« oder »kaifa, wie geht's«, beantwortet wird. Erfreut heißt man uns ausführlich willkommen: »*Ahlan wa sahlan.*« Eine einladende Handbewegung des Ältesten weist uns zum Zelt. Dankend und mit dem Hinweis darauf, dass wir nur etwas Wasser benötigen, lehnen wir ab. Sie bleiben jedoch hartnäckig und rufen eine Frau herbei, die unverzüglich ein Tablett mit gefüllten Teegläsern zur Straße bringt. Immer wieder werden wir gedrängt, ins Zelt zu kommen.

Ich bespreche mich mit Nagender: »Wenn wir jetzt noch einmal ablehnen, dann werden sie sauer.«

»Dann müssen wir hier auch übernachten, bis Azraq schaffen wir es nicht mehr«, gibt Nagender zu bedenken.

»Es wird sich schon etwas ergeben«, beruhige ich ihn.

Sie schieben mich durch das Labyrinth von Felsbrocken bis zu dem Zelt, vor dem eine große, von Steinen befreite und gefegte Fläche eine Art Hof bildet. Erst jetzt wird der Eingang auf der Leeseite, der sich über die ganze Zeltbreite erstreckt, für uns sichtbar. Geradezu verführerisch, einer Oase gleich, ist der Blick ins Innere. Wir sind verblüfft, mit welch einfachen Mitteln in dieser menschenfeindlichen Steinwüste eine überaus anheimelnde Atmosphäre geschaffen wurde.

Für einen Moment habe ich Bilder von Karl May und den Märchen aus *Tausendundeinernacht* vor Augen. Der unbefestigte Zeltboden ist komplett mit Teppichen ausgelegt, auf denen große Kissenrollen Sitzgelegenheiten bieten. Alles ist auf die in der Mitte des Zeltes errichtete Feuerstelle, eine Art Küche mit Töpfen und Tassen, ausgerichtet. Es handelt sich dabei aber um viel mehr als nur eine Kochstelle. Denn hier wird ein uraltes Ritual zelebriert, die Prozedur der Kaffeezubereitung.

Wie auch in gemauerten Häusern lagern in einer Ecke Rollmatratzen und weitere Kissen. Schließlich können die Temperaturen im Winter bis auf die Nullgradgrenze sinken. Der Bereich, in dem sich Kinder und Frauen aufhalten, ist mit einem schwarzen Tuch abgetrennt und nicht einsehbar. Von den Männern, die zu langen, weißen Umhängen die für Beduinen typischen rot-weiß karierten Tücher über Kopf und Schulter tragen, werden wir hineingebeten.

Während Nagender seine Schuhe auszieht, bin ich zunächst damit beschäftigt das Bike vom Rollstuhl zu trennen. Ein Raunen geht durch die Reihe meiner Zuschauer, als ihnen bewusst wird, dass ich nicht laufen kann. Wie erwartet ist sogleich einer zur Stelle, um mir zu helfen. Ich nehme die Beine in die Hand und stelle die Füße auf den Teppich, wobei ich peinlich darauf achte, dass der Stuhl nicht weiterrollt und den Teppich berührt. Mit der Linken stütze ich mich auf dem Boden ab, um mich langsam heruntergleiten zu lassen. Noch immer schauen alle auf meine Beine und versuchen zu begreifen, wen sie sich da ins Haus geholt haben. Auf dem Hintern rutsche ich durch das Zelt, zu einem Platz an der Seite. Erst jetzt kommen alle Übrigen herein.

Der Sprachführer, das wichtigste Buch im Gepäck, ist für mich die Brücke zu unseren Gastgebern. Nagender findet derweil erste Anknüpfungspunkte über seine Sprache, das Urdu, in dem viele Worte arabischen Ursprungs sind. Wir überreichen dem Ältesten in der Runde unser Gastgeschenk, eine Packung Tee vom Markt in Amman. Ohne Dank oder auch nur eine Gemütsregung zu zeigen, nimmt er das Geschenk wie selbstverständlich an. War das etwa eine Beleidigung, das falsche Geschenk, zu wenig oder haben wir es nicht der richtigen Person übergeben? Vieles erscheint befremdlich. Unsicher rutschen wir hin und her, immer darauf bedacht, bloß niemandem die Füße entgegenzustrecken, es wäre eine Missachtung der Sitten, da das als unrein gelten würde.

Erfolglos versuchen wir, ein Gespräch in Gang zu bringen. Dass niemand darauf eingeht, macht uns ganz nervös. Langsam komme ich dahinter. Einer der Männer beginnt mit der Kaffeezeremonie. Erst wenn der Gast das Begrüßungsgetränk in Händen hält, darf geplaudert werden. Bis dahin beobachten wir gespannt den komplizierten Vorgang. Was bei uns profan mit dem Anwerfen der Kaffeemaschine erledigt ist, hat hier den Status eines Rituals und beginnt mit dem Rösten von etwa 50 Bohnen in einer flachen Schale über offenem Feuer.

Andächtig schauen alle zu, als hätte die Zeremonie religiöse Bedeutung. Einzig die Grunzlaute der Kamele von draußen, wie ein lang anhaltendes Rülpsen aus tiefer Kehle, übertönen hin und wieder das Geschirrklappern. Unter ständigem Wenden erhalten die Bohnen allmählich eine tief braune Farbe. Während der Mann sie in einem Mörser zu Pulver zerstößt, steht schon eine Kanne mit langem Schwanenhals auf dem Feuer, worin kurz darauf der Kaffee sein Aroma entfalten kann. Im Zelt hängt der Röstqualm, vermischt mit dem Duft aus der Kanne, der jetzt noch eine besondere Note erhält. Mit seinen großen Fingern streut der Mann Kardamom und andere Gewürze in das Gebräu. In kleinen Porzellantässchen serviert, ist der Kaffee nichts, das sich zum Herunterschütten eignen würde. Bereits wenige Tropfen verbreiten im Mund den Geschmack des Orients, unverwechselbar mit diesem Ort verbunden.

Wie nach einem Gottesdienst löst sich die Spannung. Helal und sein Bruder, beide Angehörige der Banisadre, eines im Norden beheimateten Beduinenstammes, leben mit ihren Familien und Eltern hier. Ihr Vater, das Familienoberhaupt, übernimmt das Gespräch mit dem Austausch von Freundlichkeiten. Es sei eine Ehre für sie, unsere Gastgeber zu sein, woraufhin wir natürlich erwidern, dass die Ehre ganz auf unserer Seite sei.

Es folgen die üblichen Fragen nach unserer Heimat, unserem Ziel und dem Grund, warum ich nicht laufen kann. Aufmerksam verfolgen alle meine Schilderungen des Unfalls. Mit ausladenden Gebärden und den dazugehörigen Geräuschen stürze ich für unsere Gastgeber quasi noch einmal mit dem Motorrad. Meine Zuhörer lassen sich von der Dramatik meiner Schilderungen vollkommen fesseln, ihre Augen werden größer und größer. Ich beschreibe genau, wie ich damals die Kontrolle über meine Maschine verlor, wie ich gegen die Leitplanke schlug und welche Folgen der heftige Aufprall für mich hatte. Helal und seine Verwandten reagieren mit schmerzverzerrten Gesichtern, nehmen starken Anteil und können nicht verstehen, dass die Schäden irreparabel sind, entspannen sich dann aber wieder, als ich erzähle, dass für mich inzwischen alles längst zur Routine geworden ist. Schließlich will ich unter unseren Gastgebern ja auch keine Trübsal verbreiten.

Jeder gräbt aus seinem Leben dramatische Situationen aus, die mit viel Pathos, pantomimisch und geräuschvoll ambitioniert, zum Besten gegeben werden. Helal und seine Leute sind prachtvolle Geschichtenerzähler, denen man es sofort anmerkt, wie sehr sie gewohnt sind, ihre Abende mit Konversation zu füllen. Zunehmend lernen Nagender und ich die Charaktere unserer Gastgeber kennen. Die Frauen, die sich im Hintergrund halten oder nebenan mit Töpfen hantieren, bleiben für uns undurchschaubar. Die Großmutter muss indes keine Zurückhaltung üben, sie besitzt das Recht der Alten, Platz zu nehmen, Anweisungen zu geben, sich am Gespräch zu beteiligen oder anderen ins Wort zu fallen, wann immer es ihr passt. Wir verstehen nicht, was sie sagt. Aber wie sie es sagt und wie darauf reagiert wird, spricht Bände, spiegelt die strenge, nach Lebensjahren gegliederte Hierarchie wider.

Mit der Dämmerung erreicht die Schafherde den Lagerplatz. Helals 19-jährige Tochter hat heute mit ihrem kleinen Bruder die Schafe begleitet. Es ist nicht mehr leicht, genug Futter zu finden, erzählt er. Früher, ja, da ging es ihnen besser. Als sie noch grenzenlos wandern konnten, hatten sie riesige Herden. Nun müssen sie sich aber auf den Norden Jordaniens und knappe Weideplätze beschränken, denn Grenzüberschreitungen nach Syrien oder in den Irak werden bestraft.

Zwei Brüder Helals sind inzwischen in Irbid sesshaft geworden. Die Wüstenschiffe der Beduinen, die Kamele, mit denen sie früher umhergezogen sind, haben ausgedient. Mit dem Nissan fährt es sich einfach schneller und komfortabler – aber auch teurer und nicht mehr so elegant wie früher. Das

Auto ist ein Statussymbol, das man sich mit Unterstützung der beiden Söhne aus der Stadt einiges kosten lässt.

Bei Einbruch der Dunkelheit, die mit einer merklichen Abkühlung einhergeht, verteilen die Frauen gefüllte Teegläser, die sie ständig stark gezuckert nachschenken. Schalen mit Datteln, geschnittenen Tomaten, Schafskäse und Fladenbrot werden zum Abendessen aufgetischt. Weil ich befürchte, dass der verpackte Schmierkäse in unserem Proviantbeutel, der schon den ganzen Tag über in der Sonne geschmort hat, die Nacht nicht überstehen wird, lege ich ihn dazu. Nagender versucht noch, mich davon abzuhalten, doch ich sitze schon mitten drin im Fettnäpfchen. Freundlich, aber bestimmt gibt mir Helal die Käseecke zurück. Rot angelaufen und mit einem um Toleranz und Nachsichtigkeit bettelnden Blick entschuldige ich mich für meinen Fauxpas. Der Gastgeber und nur er allein ist für die Verpflegung der Reisenden zuständig.

Ohne Elektrizität ist das Leben der Beduinen in jeder Beziehung von der Natur bestimmt. Das dünne Licht der Öllämpchen begleitet uns noch eine Weile nach Sonnenuntergang, doch schon bald werden die Matratzen und die dicken, schweren Steppdecken ausgerollt. Mit meiner kleinen Taschenlampe im Mund beginne ich, draußen in allen Richtungen nach dem stillen Örtchen zu fahnden. Hamid hatte gesagt: »Links herum, die Steine dorthin sind schon beiseite geräumt.«

So eindeutig ist der Weg allerdings selbst mit Licht nicht zu finden. Viele Pfade sind von Steinen befreit, nur habe ich keine Ahnung, welcher der richtige ist. Erschwerend kommt hinzu, dass die dunklen Basaltsteine in dem fahlen Licht täuschend echt den Häufchen ähneln, nach denen ich suche.

Um nicht länger das Risiko einzugehen, aus Versehen einfach in die Freilandtoilette hineinzufahren, weil ich meinen Weg nicht genau erkennen kann, grabe ich etwas abseits ein Loch und stelle mich mit meiner mobilen Toilette darüber. Peinlich genau achte ich darauf, dass ich auch das Toilettenpapier vergrabe.

Helal, dessen Gastfreundschaft es einfach nicht zulassen kann, uns per Muskelkraft davonfahren zu sehen, überholt uns mit seinem Pick-up, stoppt und bietet uns erneut mit einer einladenden Handbewegung seine Ladefläche an, obwohl wir seine Unterstützung bereits in seinem Zelt abgelehnt hatten. Er ist so ein liebenswerter und zugewandter Mensch, dass es uns unendlich Leid tut, sein Angebot auszuschlagen. Noch schwerer erscheint es uns, ihm den Grund dafür plausibel zu machen. Dennoch hat er schnell verstanden, dass wir die Wüste faszinierend finden und sie hautnah erleben wollen. Mit einem dankenden Schulterklopfen und warmen Worten verabschieden wir uns von ihm. Auf den Genuss durch die schwarz schimmernde Basaltwüste zu fahren, wollen wir auf keinen Fall verzichten.

Über Azraq ins Shaumari Wildlife Reservat

Je näher wir uns der Oasenstadt Azraq nähern, desto häufiger stehen am Straßenrand die Zelte von Beduinenfamilien, die hier schon halbwegs sesshaft geworden sind. Der Ortseingang gleicht einem riesigen Zeltplatz und die Behausungen machen den Eindruck, als stünden sie schon lange hier. Die Oase Azraq ist seit Jahrhunderten ein Etappenziel für Mensch und Tier. Kamelkarawanen, die zwischen den großen Wüsten pendelten, waren schon immer auf dieses Feuchtgebiet angewiesen. Ebenso wie die Zugvögel auf ihrem Weg von Europa nach Afrika.

Wir stehen an einer riesigen Kreuzung. Hinter uns liegt Amman, rechts geht es nach Saudi-Arabien und links nach Bagdad. Riesige, ölverschmierte Tanklastzüge, die aussehen, als hätten sie schon die halbe Welt durchquert, rauschen mit ohrenbetäubendem Lärm vorüber. Die Straße, breit wie ein

Fußballfeld, ist gesäumt von Autowerkstätten so weit das Auge reicht.

Seit Menschengedenken lebte man hier von den Durchreisenden, bot ihnen Kost und Logis, den Kamelen die nötige Rast. Heute sitzen schwarz verölte Monteure in weißen Stapelstühlen vor ihren Garagen in der Hoffnung auf einen Reifenplatzer der rollenden Monstren. Kaum vorzustellen, dass sich hinter dieser Kulisse ein beschauliches Vogelschutzgebiet verbergen soll.

Wir wenden uns gen Süden Richtung Saudi-Arabien zum Shaumari Wildlife Reservat, das nur zwölf Kilometer entfernt liegt. Solange die Straße breit ist und den LKW genug Platz zum Überholen lässt, müssen wir nur darauf achten, keine Öllache zu erwischen. Jenseits des Ortsausganges von Azraq wird es jedoch eng, und bei jedem Tanklaster, der sich von hinten nähert, frage ich mich, wie lange der Fahrer wohl schon übermüdet am Steuer sitzt und ob er uns gesehen hat. Der stark abfallende Seitenstreifen ist für uns keine echte Alternative, ich würde mich beim Wechsel dorthin heillos überschlagen. Endlich biegen wir in eine Stichstraße ein und das mulmige Gefühl lässt nach. Fahrradfahren ohne Autos ist wunderbar.

Etwas, das ich in Jordanien ganz sicher nicht erwarte, ist ein Wald. Achtzig Kilometer östlich von Amman stehen wir in einer lockeren Ansammlung von verstaubten Eukalyptusbäumen und blicken staunend an den hohen, schlanken Stämmen empor. Die trockene Erde unter unseren Füßen ist bedeckt mit dem Laub dieser wassersaugenden Gattung, die sogar zur Trockenlegung von Feuchtgebieten gepflanzt wird. Was haben solche Bäume hier zu suchen?

Wir stehen an der Pforte zum Shaumari Wildlife Reservat, in dem es gelungen ist, die noch vor 20 Jahren als ausgestorben aufgegebenen jordanischen Oryx-Antilopen wieder heimisch zu machen. Aus dem Gebäude am Rand des eingezäunten Haines kommt ein hochgewachsener Mann schnellen Schrittes daher, dessen Äußeres den Eindruck erweckt, als habe er eine Menge Indiana-Jones-Filme gesehen und sich von ihnen inspirieren lassen. Die breite Krempe seines Rangerhutes ist einseitig hochgesteckt, seine mit großen Beintaschen bestückte Khakihose, an der ein gefülltes Pistolenhalfter hängt, sieht abgenutzt aus und die Füße stecken in Schnürstiefeln.

»Das ist der Wildhüter«, vermute ich in gedämpftem Ton. Für eine Antwort bleibt Nagender keine Zeit, schon steht der Mann vor uns: »*Salâm,* kann ich ihnen helfen?«

»Ja«, entgegne ich freundlich, »wir würden gern eine Tour ins Wildschutzgebiet unternehmen.«

»Tut mir Leid, das machen wir nur mit mindestens zehn Personen.«

Ich schaue mich um, als suchte ich nach dem Rest unserer Gruppe und meine dann: »Leider sind wir nur zu zweit, können Sie nicht einmal eine Ausnahme machen?«

»Nein«, sagt der Wildhüter kategorisch, »Sie sind ja auch nicht angemeldet.« Damit scheint die Sache für ihn erledigt und er wendet sich von uns ab, um in das Verwaltungsgebäude zurückzugehen.

»Können wir vielleicht irgendwo hier übernachten«, rufe ich dem Mann hinterher, weil ich mich nicht so einfach abspeisen lassen will.

»Das hier ist kein Hotel, in Azraq, zwölf Kilometer in diese Richtung, können Sie ein Zimmer bekommen«, wobei er mit der Hand Richtung Norden weist.

Verdutzt sieht Nagender mich an: »Dann müssen wir wohl andere Geschütze auffahren.«

»Allerdings«, bestätige ich, während ich in meinen Papieren nach der Empfehlung suche, »das hätten wir gleich machen sollen.«

Wir begeben uns ebenfalls in das kleine Gebäude. Im Vorraum des Wildhüterbüros ist eine bescheidene Ausstellung für Schulklassen eingerichtet. Vergilbte Bilder zeigen die ersten ausgesetzten Antilopen vor über 20 Jahren, ein Geweih hängt dazwischen und ein paar Texttafeln sind unter den Bildern angebracht.

»Wir sind vom Fremdenverkehrsamt beauftragt, eine Reportage über das Schutzgebiet zu machen«, erkläre ich mit gewichtiger Stimme, während der Mann den Wisch entgegennimmt. Einen Moment herrscht absolute Ruhe, in der ich mich im Büro umsehe und mich über das große Jagdgewehr, das griffbereit in der Ecke steht, wundere. Er blickt zu uns auf und fragt misstrauisch. »Warum sind Sie nicht angemeldet?«

»Weil sich unsere Ankunft beim Reisen mit dem Fahrrad schlecht voraussagen lässt.« Im selben Moment fallen mir die Ungereimtheiten an meiner Geschichte auf, denn seit wann kommen Journalisten mit dem Fahrrad? Wider Erwarten akzeptiert er unsere Angaben, ob er sie glaubt, erfahre ich allerdings nicht. Der Wildhüter taut jedenfalls auf, wird redseliger, verrät uns, dass er Abdalla heißt und will unbedingt wissen, ob wir den ganzen Weg von Deutschland oder Indien hergeradelt sind. Jetzt könnten wir zuschlagen und mit heroischen Geschichten alles erreichen, aber wir wollen es nicht übertreiben und bleiben bei der Wahrheit. Selbst von Amman hierher zu fahren, hält er für bemerkenswert, was offensichtlich erste Sympathien für uns in ihm weckt.

»Sie wollen hier übernachten?«, fragt er, als seien wir völlig verrückt.

»Ja, wenn's geht, damit wir in aller Frühe auf die Pirsch gehen können«, antworte ich.

»Aber hier ist heute Nacht niemand, ich fahre zu meiner Familie rüber, Sie sind dann ganz allein hier.«

»Das macht uns nichts. Sie müssten uns allerdings morgen früh ins Reservat bringen. Oder können wir mit dem Rad hineinfahren?«

Zum ersten Mal grinst er uns an und meint vertraulich: »Ich fahre Sie, um vier Uhr starten wir.«

In einem Nebengebäude zeigt er uns unser Zimmer, ein gänzlich leerer, fensterloser Raum von der Größe einer Gefängniszelle. Eine Toilette gibt es nicht, zum Waschen liegt der Gartenschlauch in den Pflanzungen bereit, schließlich ist das hier ja kein Hotel.

»Ich mache heute Nacht um ein Uhr meine Patrouillenfahrt und schaue dann einmal herein, ob alles in Ordnung ist«, dabei übergibt er mir den Schlüssel für die Tür. Als ich ihn verwundert frage, wozu er eine Patrouillenfahrt machen müsse, schaut er mich einen Moment lang an, als ginge ihm jetzt erst auf wie ahnungslos wir sind, und klärt mich dann auf: »Hier sind jede Nacht Wilderer unterwegs.«

Ungebetener Besuch

Blitzartig schlage ich meine Augen auf, aber es macht sowieso keinen Unterschied, alles um mich her ist schwarz. Wo bin ich? Einen Moment lang habe ich Probleme, meinen Traum von der Realität zu trennen. Doch nun bin ich wach, hellwach, und ich frage mich, warum. War da etwas? Von Nagender, der immer ein geräuschvoller Schläfer ist, kommt kein Ton, ich höre nicht einmal sein Atmen. Ob er überhaupt noch neben mir liegt? Ich taste mit der Hand auf dem Estrichboden entlang zu ihm hinüber und fühle seinen behaarten Arm. Auch er ist wach und hat versucht, mich vorsichtig zu wecken.

»Andreas da ist etwas an der Tür, hast du das gehört?«, flüstert er mir zu. Gerade will ich das bestätigen, da ertönt von der Tür ein solch ungeheurer Krach, dass ich im ersten Moment überzeugt bin, sie sei eingetreten worden. Mein Herz rast, meine Hand krallt sich in Nagenders Arm und ich reiße die Augen noch weiter auf, obwohl ich dadurch keineswegs mehr sehen kann. Warum nur macht der Ranger auf seiner Patrouille so viel Lärm?, schießt es mir durch den Kopf. Beim Blick auf die Leuchtziffern meiner Uhr wird mir allerdings klar, dass er es gar nicht sein kann, es ist nämlich bereits zwei Uhr dreißig. Und die Geräusche werden eindeutig von jemandem verursacht, der hier hineinwill, aber keinen Schlüssel besitzt.

Mit einem Brecheisen oder etwas Ähnlichem wird die Tür von außen aufgebogen, das Holz ächzt und es dringt ein dünner Schein fahlen Mondlichtes hinein. Es muss ein Einbrecher sein, und zwar einer, der gut vorbereitet ist, denn nun schiebt er den zweiten Hebel in den vorhandenen Spalt. Dabei gibt er sich keinerlei Mühe, Lärm zu vermeiden, er wähnt sich ja allein. So, wie das Schloss aussah, ist es nur eine Frage der Zeit, wann wir dem Eindringling gegenüberstehen. Ohne ein Geräusch zu verursachen, kann ich mich kaum bewegen, geschweige denn im Dunkeln in den Rolli krabbeln.

Nagender beugt sich zu mir herüber und flüstert: »Ich werde ihn verjagen, bleib du liegen!« Ich greife in die Rollstuhltasche neben mir, wühle nach dem Schweizer Offiziersmesser, klappe es auf und halte es fest in der Hand. Aber es nimmt mir nicht die Furcht, im Gegenteil. Die Vorstellung, es benutzen zu müssen, und der Gedanke daran, mit welchen Waffen mein Gegner darauf reagieren könnte, jagt mir erst recht Angst ein. Ich weiß nicht, was Nagender vorhat, es gibt in diesem leeren Raum nur unser Gepäck und die Fahrräder, aber nichts, womit er sich wehren könnte. Davon abgesehen ist es stockdunkel. Lediglich der Spalt in der Tür, in der ich jetzt eine Eisenstange sich hin- und herbewegen sehe, ist durch das einfallende Mondlicht erkennbar. Ich wage es nicht, mir die Situation auszumalen, vor der ich stehe, sollte Nagenders Vorhaben scheitern. Die Spannung wird unerträglich.

Plötzlich gibt es einen Knall an der Tür, ein Stöhnen außen und das Klirren von Metall auf dem Betonboden. Sich entfernende Schritte glaube ich auch zu hören, aber vielleicht war das nur Einbildung, weil ich es mir so sehr wünsche. Nagender hat die Eisenstange in einem günstigen Moment gegriffen und nach vorn, gegen die Tür, gedrückt, gleichzeitig hat er mit dem Fuß gegen die Tür getreten. Jetzt öffnet er sie blitzschnell, greift sich die Eisenstange vom Boden und schließt wieder ab. Nur langsam löst sich mein Griff um das Messer, die Spannung lässt nach und ein riesiger Stein fällt mir vom Herzen.

So schnell es geht, steige ich beim Licht meiner Taschenlampe in den Rolli. Wir packen alles ein, schließen unsere Fahrräder zusammen und schleichen mit dem Gepäck nach draußen. Vom lockeren Buschwerk an der Umzäunung beobachten wir das Gebäude und das umliegende Gelände für den Rest der Nacht, achten auf das Rascheln eines jeden herabfallenden Eukalyptusblattes. Abgesehen von den Motorengeräuschen mehrerer Fahrzeuge in großer Entfernung, bleibt es bis zur Morgendämmerung ruhig.

Bei den ersten Sonnenstrahlen sitzen wir Fladenbrot kauend vor dem Haus und hören, was Abdalla zu berichten hat. »Es tut mir Leid, ich konnte nicht früher kommen, heute Nacht habe ich auf meiner Patrouille einen Wilderer gefangen und ich musste ihn auf der Polizeistation in Azraq verhören.«

Nagender und ich schauen uns wissend an. »Der wollte in unser Schlafzimmer einbrechen. Hier«, ich hebe die Brechstange hoch, »die haben wir ihm abgenommen.«

»Ah, so eine lag auch in seinem Auto.«

Interessiert betrachtet der Wildhüter die Eisenstange. Nachdem wir ihm die ganze Story erzählt haben, meint Nagender: »Für die Lieferung dieses eindeutigen Beweismittels springt für uns doch mindestens eine Tour in das Schutzgebiet heraus.«

Ich grinse Nagender an: »Typisch indisch.«

»Okay, wir können starten, es ist noch nicht zu spät«, willigt Abdalla ein und verspricht uns wohlwollend auf dem Weg zu seinem Traktor: »Ich werde euch zu den besten Plätzen führen!«

Während wir unser ganzes Hab und Gut auf seinen metallenen Ackerwagen packen – denn hier wollen wir nichts zurücklassen –, spreche ich Abdalla auf die Eukalyptusbäume an. »Ach«, sagt er mit einer wegwerfenden Handbewegung, »die werden bald gefällt, sie entziehen dem Boden zu viel Wasser. Wir werden es mit Dattelpalmen versuchen.«

Der Lohn der Horrornacht ist reichhaltig. Aus nächster Nähe können wir von einem extra errichteten Tarnzelt an einer Wasserstelle aus vier Oryx-Antilopen beobachten, Wildesel gesellen sich dazu, und sogar einer der Strauße, die vor kurzem ausgewildert wurden, zeigt sich. Abdalla erzählt uns, dass Wilderer 1980 die letzte Antilope abgeschossen hatten. Diese Gattung der jordanischen Oryx-Antilope war damit ausgestorben. Es existierten lediglich noch zehn Exemplare, verstreut in Zoos auf der ganzen Welt. Es bedurfte einer Initiative des Königs, um diese Oryxe hier zusammenzuführen, damit sie sich vermehren konnten. Hundertachtzig Exemplare, so schätzt Abdalla, leben inzwischen wieder hier. Aber ohne seinen Schutz hätten sie keine Chance.

Angesichts des lichtscheuen Gesindels, das nachts in der Gegend umherschleicht, beschließen wir unsere Weiterreise in sichere Hände zu legen. Abdalla bringt uns mit seinem Ackerwagen noch zur Hauptstraße und verabschiedet sich überschwänglich mit Umarmungen und angedeuteten Küssen auf beide Wangen, ein besonderer Vertrauensbeweis.

Abenteuerliche und harte Fahrt nach Jerash

Wenn LKW-Fahrer in diesem Teil der Welt nicht hinter einem Steuer sitzen, dann findet man sie unter ihrem Anhänger mit einem Hammer in der Hand oder sie sind damit beschäftigt, einen der überdimensionalen Reifen zu wechseln. Diese Vorstellung trifft auch ganz auf Azraq zu.

»Fahren Sie in den Norden?«, fragen wir den ersten, völlig mit Öl verschmierten Mann unter einem Tankwagen. Er schaut uns nur verwundert an und weist mit dem Hammer Richtung Imbissbude, vor der zwei weiße Plastikstühle stehen. Einer ist besetzt von einem Mann, der aussieht, als besitze er nicht nur den Tanklaster, sondern die Ölquelle gleich dazu.

Mit offenem Mund schaue ich zur Imbissbude hinüber und sehe dann Nagender an. »Sollen wir den Scheich fragen?«, raunt Nagender mir zu. Mit einer seitlichen Kopfbewegung, als wolle ich den Befehl für einen Überfall geben, fordere ich ihn auf, mir zu folgen.

Der Kerl ist wirklich beeindruckend. Erstklassig geschnittener schwarzer Vollbart, rassiges Arabergesicht, umrahmt von einem makellosen weißen Tuch, das ihm bis zu den Knöcheln reicht. Dazu im starken Kontrast der Kamelhaarring auf dem Kopf. Es fehlt ihm nur noch der Falke auf dem Arm. Ich spreche ihn auf Englisch an: »Entschuldigung.«

Zwei feurige Augen blicken uns an.

»Könnten Sie uns mitnehmen? Wir sind mit dem Fahrrad hier.«

Ohne eine Miene zu verziehen, blickt der Mann zuerst mich und meinen Rollstuhl und dann Nagender an. Im selben Moment geht ein Hauch von Irritation über sein Gesicht. »Wo kommen Sie her?«, fragt er in gebrochenem Englisch zurück.

»*Hind*«, dabei weise ich auf Nagender, »*ana almânî*, ich bin Deutscher.«

Der Gesichtsausdruck meines Gegenübers scheint zu fragen: »Wie kommen ein Inder und ein Deutscher dazu, mit dem Fahrrad durch Jordanien zu fahren?« Aber er lehnt unsere Bitte kurzweg mit einer abweisenden Handbewegung ab.

In der Garküche bestelle ich drei Tässchen Tee, halte eins hoch und kündige Nagender an: »Eine Investition in unsere Weiterreise! Dem Herrn werden wir jetzt Honig ums Maul schmieren, bis er uns mitfahren lässt.«

Wir stellen das Gläschen Tee einladend vor ihn hin. Sein Englisch ist gut genug, was wir ausnutzen, um zwischen den Zeilen ein Kompliment nach dem anderen zu verstecken. Während sich der Monteur mit immer größeren Hämmern und lauteren Schlägen am Fahrzeug zu schaffen macht, loben wir den Truck des Fahrers in den höchsten Tönen und fragen ihn nach seiner Herkunft und dem Ziel aus. Aber ob er uns mitnehmen würde, fragen wir nicht noch einmal.

Mit zufriedenem Gesicht krabbelt der Monteur mit dem großen Hammer nach geraumer Zeit unter dem Anhänger heraus, wischt sich die Hände an seinem schwarzen Blaumann ab, kommt dann auf uns zu und bespricht etwas mit unserem Gesprächspartner. Wie es scheint, ist, was auch immer kaputt war, wieder repariert. Ein paar Scheine wechseln den Besitzer, die der Saudi aus irgendeinem Winkel seiner weißen Robe hervorzaubert. Er erhebt sich, blickt uns noch einmal an und meint: »Kommen Sie.«

Zwischen Sattelschlepper und Tankwagen befestigen wir unsere Fahrräder mit Seilen, die der Fahrer mit brennender Zigarette im Mund herüberreicht. Um die Einfüllklappe sowie den Ablaufstutzen herum ist alles schwarz vom Öl, doch das beunruhigt mich gar nicht so sehr. Viel mehr Sorgen mache ich mir um die Tropfstelle unter dem Ablaufstutzen, auf die ich ihn unverzüglich hinweise. Im ersten Moment weiß er gar nicht, was ich von ihm will. Als ich meinen Finger unter die herabfallenden Tropfen halte, meint er mit einer abweisenden Handbewegung, immer noch die Zigarette im Mundwinkel: »Der Sprit ist hier nicht so teuer wie in Deutschland.« Dann wendet er sich wieder ab und befasst sich erneut mit dem Anbinden unserer Fahrräder. So hatte ich das auch nicht gemeint. Ich schaue ihm nach, dann auf den Tank und entdecke unter der schwarzen Patina die Lettern »Gott ist groß«.

Mit vereinten Kräften werde ich von Nagender und unserem saudischen Fahrer in die Kanzel gehoben. Sein Führerhaus gleicht dem Zimmer meiner Nichte: Die Farbe Rosa dominiert, überall baumeln Plüschbömmelchen, Häkeldeckchen und Stickereien bedecken die Ablagefläche an der Windschutzscheibe, und wo auch nur der geringste Platz dafür ist, kleben Postkarten mit Araberhengsten. Mit dieser Einrichtung würde er sich unter deutschen Truckern allerdings seltsam ausnehmen.

Der Fahrer schmeißt den Motor an, rührt an dem meterlangen Schalthebel, bis endlich ein Gang einspringt, und augenblicklich beginnt die Kanzel auf und ab zu springen wie ein ungeduldiger Hengst. Wir setzen uns mit 90 000 Liter Benzin im Nacken in Bewegung.

Er ist auf dem Weg nach Damaskus und wird uns unterwegs bei Zarqa absetzen. Von dort sind es nur ein paar Kilometer nach Jerash. Auf der Strecke von Azraq bis Zarqa, die wir in den Tagen zuvor befahren hatten, gibt es keine Kurve, und dennoch muss der Fahrer wegen der ausgeschlagenen Lager lenken, als gelte es, einen Slalom zu bewältigen. Die Bremse benötigt er wegen des geringen Verkehrs selten, und das ist allerdings ein Glück, weil er jedes Mal erst die Luft aus der Leitung pumpen muss. Von Nagender mit seiner fatalistischen Lebenseinstellung, die dem Motto folgt: Wenn ich tot bin, bin ich eben tot und vor dem Sterben habe ich keine Angst, kann ich hinsichtlich der explosiven Fracht und der technischen Mängel dieses Fahrzeugs keinen Trost erwarten. Nagenders schwere Augenlider sind im Begriff, jeden Moment zuzuklappen. Ich dagegen werde meine Sorgen und die Angst vor einer brenzligen Verkehrssituation keine Sekunde los. Lediglich die Gewissheit, dass das Ende im Fall eines Unfalls kurz und schmerzlos sein wird, beruhigt mich ein wenig. Und wieder empfinde ich es als glücklichen Umstand, dass Jordanien so ein kleines Land ist, es hat nur 25 Prozent der Fläche Deutschlands, weshalb solche halsbrecherischen Fahrten in jedem Fall nach wenigen Stunden zum Ziel führen. Für Nagender hat es nicht einmal dazu gereicht, sich ordentlich auszuschlafen. Glücklich, dieses Höllenfahrzeug unbeschadet zu verlassen, grüße ich unseren saudischen Freund, der mit einem beeindruckenden Hupen hinter der nächsten Kuppe verschwindet.

Wir wenden uns gen Norden auf einem Asphaltband, das mir gehörigen Respekt einflößt. Als hätte jemand einen Gürtel auf die Landschaft gelegt, folgt die Straße dem Berg bis zum Zenit. Die nicht enden wollende Steigung ist enorm und nagt gewaltig an meinem Durchhaltewillen. Allein der Anblick saugt alle Kräfte aus mir heraus.

Ich hefte meine Augen für den kommenden Kilometer auf den weißen Randstreifen, den ich befahre. Mein Kilometerzähler schwankt zwischen einem und zwei Kilometern pro Stunde, mitunter zeigt er auch gar nichts an. Ich konzentriere mich auf eine gleichmäßige Atmung, die mit meinen Kurbelbewegungen harmonisiert, und verdränge den Gedanken an den Berg vor mir. Nagender, der sein Fahrrad zeitweise schiebt, ist zu Fuß schneller und schon fast oben. Nach zwei Stunden fahre ich die letzten Meter bis zur Kuppe. Doch entgegen meinen Erwartungen werden wir nicht mit einer genüsslichen Talfahrt belohnt. Es ist einer dieser schrecklichen Berge, die nie enden wollen, die nach jeder Biegung mit einem weiteren Anstieg aufwarten.

Ich schaue hinunter zu der Kreuzung, an der wir abgesetzt wurden, sie ist zum Greifen nah und dennoch hat der Weg mir zwei Stunden Schwerstarbeit abverlangt. Mir ist schwindelig, meine Hände zittern, ich fühle mich merkwürdig schwach und verspüre einen Heißhunger auf egal was, ich könnte die Blätter von den Bäumen essen. Eindeutig ein Blutzuckerabfall.

Obwohl mir bewusst ist, dass Nagender schon ausreichend Rast einlegen konnte, sage ich zu ihm: »Lass uns Pause machen«, während ich in den Packtaschen gierig nach Bananen suche. Sie sind inzwischen schwarz und kaum noch genießbar, trotzdem schmecken sie mir wie eine Delikatesse. Fladenbrot, eingelegte Oliven aus der Plastiktüte und Schafskäse vom Krämer in Azraq bilden ein reichhaltiges Mittagsmenü.

»Da, setz dich doch«, dabei zeige ich auf einen Findling neben mir am Straßenrand. »Nein, ich kann nicht, danke, ich steh lieber«, stöhnt Nagender und zieht ein schmerzverzerrtes Gesicht. Dabei greift er sich ans Hinterteil. Mir geht ein Licht auf. Nagenders Pobacken sind das Fahrradfahren nicht gewohnt. Es musste so kommen, zur Premiere hat er sich seine zarte Haut an diesem billigen Sattel aufgescheuert. Ich weiß, wie sehr offene Stellen wehtun können, wenn zusätzlich auch noch der Schweiß darüber läuft. Unter meinen Achselhöhlen habe ich durch die Kurbelei das gleiche Problem, immerhin muss ich aber nicht auf ihnen sitzen.

»Ist es schlimm?«, frage ich Nagender mitleidig.

»Ja, auf beiden Seiten, ich kann kaum gehen. Hast du eine Creme dabei oder ein Hautfett zum Einreiben?«

»Kettenöl und Lagerfett sind das Einzige, was ich dir anbieten kann«, sage ich entschuldigend und ärgere mich darüber, dass ich das nicht vorhergesehen habe. »Moment mal!« Gerade will ich meine von den Oliven öligen Finger an der Hose abwischen. Ich halte ihm die Tüte entgegen, in der die eingelegten Früchte schwammen. »Vielleicht hilft das. Es ist rein pflanzlich, da kann man nichts falsch machen.«

Skeptisch greift Nagender nach der Tüte und hält seine Nase hinein. »Bist du sicher?«

»Ein Versuch ist es wert.«

Prüfend schaut Nagender die Straße entlang, stippt seinen Zeigefinger in die Tüte und fährt damit in die Hose. Seine entsetzte Reaktion verheißt allerdings nichts Gutes. Wütend gibt er mir die Tüte zurück und meint: »Da ist Pfeffer drin!«

Kleinlaut entschuldige ich mich für die schlechten Ratschläge.

An diesem Tag kommen wir an kein Gefälle mehr. Im Schritttempo schaffen wir in acht Stunden zwölf Kilometer, lassen bei unserer Ankunft in der antiken Stadt Gerasa das monumentale, 2000 Jahre alte Hadrianstor links liegen und stürzen als Erstes in die nächste Apotheke der nahe gelegenen Stadt Jerash.

Zusammen mit Palmyra in Syrien und einer Reihe weiterer Städte kontrollierte Gerasa den Handel im Osten des Römischen Reiches. Allein vier Kirchen und Kathedralen besaß die Stadt. Die Bewohner hatten die Auswahl zwischen zwei Theatern mit 4000 oder 2000 Sitzplätzen, einer Pferderennbahn mit 15 000 Plätzen, etlichen öffentlichen Bädern und natürlich einer geregelten Wasserver- und -entsorgung. Die Straßen, in denen heute noch die tiefen Fahrspuren der Wagenräder sichtbar sind, waren durchweg befestigt. Es herrschte ein Luxus, der in der damaligen Welt einzigartig war. Reiche Bürger sponserten der Stadt die Säulen am ovalen Forum, und ließen sich darin mit ihren Namen verewigen.

Trotz starker Erdbeben und des Plünderns von Baumaterial – die Beweisstücke findet man heute in den Hauswänden der modernen Nachbarstadt Jerash – bedarf es nicht vieler Fantasie, um sich auszumalen, welchen Eindruck die Stadt bei den eintreffenden Karawanen hinterlassen hat. Selbst Nagender, dessen Vorfahren eine alte und reiche Zivilisation hervorgebracht haben, ist begeistert. Vor allem ist es ihm unbegreiflich, wie damals tonnenschwere Säulenteile bis zu zwölf Meter hoch übereinander gestapelt werden konnten.

Jerash liegt auf einer Höhe von 1000 Metern über dem Meeresspiegel. Auf die Strecke zu unserem nächsten Ziel, dem Toten Meer, freue ich mich, seitdem ich mit Fritz in Syrien die erste Steigung gefahren bin. Denn eines ist sicher, ab jetzt geht es bergab, so tief hinunter, wie es sonst nirgends auf der Welt möglich ist.

Durch das Jordantal zum Toten Meer

Vor uns liegt der nördliche Ausläufer des großen ostafrikanischen Grabenbruchs, das Jordantal. Ich lasse Nagender die Vorfahrt und kann angesichts des eiernden Hinterrades, das in beiden Achsen unwuchtig ist und ihn bei jeder Umdrehung zu einem Hüftschlenker sowie dauerndem Kopfnicken zwingt, nur verzweifelt schimpfen. Bei solchen Sattelschlägen aufs Gesäß ist eine Wundheilung kaum möglich.

Wir gewinnen an Fahrt und schon bei einer Geschwindigkeit von 16 Kilometern pro Stunde bekommt das Schlenkern seines Rades eine heftige Eigendynamik, die sich auf das ganze Fahrrad überträgt und die er kaum noch kontrollieren kann. Ich lasse mich auf gleiche Höhe rollen und rufe: »Nagender, wir müssen dein Rad reparieren, das ist zu riskant!«

Berauscht von der Geschwindigkeit jubelt er: »Wozu? Es ist doch herrlich!« Als wundere er sich über meine unnötige Fürsorge, schreit er noch bekräftigend: »No Problem!« – und hätte bestimmt gern noch eine wegwerfende Handbewegung gemacht, aber er wagt es wohlweislich nicht, den Lenker loszulassen. Wahrscheinlich denkt er jetzt, Andreas mit seiner typisch deutschen Gründlichkeit, bei ihm muss immer alles perfekt sein. Auch ich hege meine Vorurteile und denke resigniert, typisch, ein Inder repariert sein Fahrzeug erst, wenn es unter seinem Hintern zusammenbricht.

Mein höheres Eigengewicht gibt mir am Berg mehr Tempo und ich lasse mich vorrollen, um das Elend nicht länger mit ansehen zu müssen. Die breite, wenig befahrene Straße mit weiten, übersichtlichen Kurven verlockt aber auch geradewegs zum ungehemmten Rollen. 20 – 40 – 50 – 55 – 60 Kilometer pro Stunde, wie schnell kann ein Rollstuhl eigentlich rollen? Noch immer steigt die Geschwindigkeit, aber mein Gespann bleibt stabil, kein Schlenkern, keine Unwucht. Bremsbereit halte ich beide Griffe der Kurbel und glaube meinen Augen nicht zu trauen: Der Tacho zeigt 70 an! Ich denke an den faltbaren Rollstuhlrahmen, der für eine solche Geschwindigkeit nicht gebaut ist, denke an die abnehmbaren Räder und daran, dass die kleinste Lenkbewegung mit Sicherheit zu einem heillosen Überschlag führen würde. Bin ich eigentlich wahnsinnig?, schießt es mir durch den Kopf. Bestürzt muss ich prompt feststellen, dass die mäßige Wirkung der Bremse und die hohe Geschwindigkeit ein kurzfristiges Anhalten unmöglich machen. Die zweite Bremse liegt zu Hause im Werkzeugkasten.

Behutsam reduziere ich das Tempo auf vertretbare 20 Kilometer pro Stunde, in der Hoffnung, dass die Bremsbacken nicht überhitzen. Über beide Wangen strahlend, holt Nagender mit dampfender Felgenbremse auf. In der ersten halben Stunde sind wir so weit gekommen, wie an dem ganzen gestrigen Tag nicht. Rechts der Straße öffnet sich das weite, grüne Jarmuk-Tal, ein Zufluss des Jordans. Angesichts der alles beherrschenden Trockenheit in Jordanien empfinden wir diesen Anblick als geradezu paradiesisch. Kleine Parzellen von Obstbaumplantagen folgen Äckern mit Feldfrüchten und umzäunten Gärten vereinzelt stehender Häuser.

Wir reisen durch biblisches Land: An einer Biegung im Länderdreieck Israel – Syrien – Jordanien entdecken wir im Norden eine silbern schimmernde Fläche: den See Genezareth und die dahinter aufragenden Golanhöhen. Bethlehem und Nazareth liegen keine 60 Kilometer entfernt. Nach Jerusalem, Nablus oder Hebron, zum Berg Nebo oder zur Einsiedelei Johannes des Täufers sind es weniger als 100 Kilometer. An einem Aussichtspunkt, der erstmals den Blick ins weite Jordantal und zu den auf der gegenüberliegenden Seite des Grabenbruchs aufragenden israelischen Bergflanken erlaubt, stehen wir vor einer wichtigen Landmarke: SEA LEVEL wir haben die Meeresspiegelhöhe erreicht. Vierhundert Höhenmeter, bis zum tiefsten Punkt der Erde, die mit einem stetigen Temperaturanstieg einhergehen, liegen noch vor uns.

Das Jordantal ist die einzige Gegend des Landes, in der ganzjährig Obst- und Gemüseanbau betrieben werden kann. Ohne das Wasser dieses so unscheinbaren Flusses, Lebensader der ganzen Region und Zankapfel der Anrainerstaaten, käme hier keine Pflanze aus. So wird abgepumpt, was möglich ist, denn spätestens bei der Mündung ins Tote Meer mit seinem 26-prozentigen Salzgehalt ist das Wasser verloren.

Jenseits von Umm Qais, dem ehemaligen Gadara, Mitglied des den Handel kontrollierenden Staatenbundes im Römischen Reich, werden wir auf der Nationalstraße 45 wieder mit einem hohen LKW-Aufkommen konfrontiert. Die Breite der Straße reicht für die LKWs nicht aus, um mich bei Gegenverkehr zu überholen. Da auch dies eine Straße ist, die ich wegen des stark abfallenden Seitenstreifens nicht verlassen kann, ohne mich zu überschlagen, bin ich auf Gedeih und Verderb darauf angewiesen, dass die von hinten heranrauschenden LKW-Fahrer alle ihre Sinne beisammenhaben und den Abstand sowie die Geschwindigkeit entgegenkommender Fahrzeuge richtig einschätzen.

Immer wenn sich bei Gegenverkehr hinter mir das quälende Geräusch der in den ersten Gang heruntergezwungenen Motoren bedrohlich nähert, bis ich das Gefühl bekomme, gleich überrollt zu werden, entfalten meine Arme ungeahnte Kräfte. Der Selbsterhaltungstrieb zwingt mich zur Flucht nach vorn. Nagender fährt häufiger in stehender Position, womit er vermutlich mehr Kraft auf die Pedale und weniger Last auf seinen Po übertragen will.

Wie erwartet nimmt der Verkehr an der Abzweigung nach Salt und Amman stark ab, womit sich unsere Konzentration wieder mehr auf die Landschaft richten kann. Auf vorbildliche Art und Weise wird hier in Gewächshäusern über Tröpfchenbewässerung und den Schutz vor Verdunstung eine maximale Wassernutzung erzielt.

Auch der Gemüsebauer, der winkend an der Straße steht, bestreitet damit seinen Lebensunterhalt. Er gestattet es uns, die Nacht auf seiner Terrasse zu schlafen. Doch ganz geheuer sind wir ihm nicht. Misstrauisch fragt er zunächst: »*Jahuu-dii?*« Aufgrund meiner Erfahrungen weiß ich, wie wichtig die richtige Antwort sein kann. »*Ana almâni*«, stelle ich klar und Nagender fügt sein »*Hind*« an, womit sich seine Miene deutlich entspannt. Er trägt das rot-karierte Tuch der Beduinen und einen würdevollen, strahlend weißen Umhang.

Im Nu eilen seine Söhne aus den umliegenden Gewächshäusern herbei, von denen einer gut englisch spricht und uns erklärt, warum wir für Juden gehalten werden: »Die Grenze über den Jordan ist offen und Juden können ungehindert einreisen. Und andere Fremde kommen hier sonst nie vorbei.«

»Sie mögen die Juden nicht«, stelle ich vorsichtig fest.

»Natürlich nicht«, entgegnet er unzweifelhaft, »sie beanspruchen immer mehr Land und graben uns das Wasser ab.«

»Glauben Sie, dass Juden es wagen, hier einzureisen?«

»Sie kommen zum Einkaufen, weil hier alles billiger ist. Gestern war einer im Dorf, aber sie haben sein Auto mit Steinen beworfen«, berichtet er mit Genugtuung, »der kommt bestimmt nicht mehr wieder.«

Während unserer Unterhaltung läuft im Fernsehen Agitation. Die einseitige Berichterstattung über Straßenkämpfe in Hebron am Vortag ist selbst für uns, die wir den Kommentar nicht verstehen können, offensichtlich. Gewalttätige Palästinenser werden nicht gezeigt. Stattdessen wiederholen sich auf dem Bildschirm die Gräueltaten israelischer Soldaten bis zur Unerträglichkeit.

Als wir abends vor dem Einschlafen den sternenübersäten Himmel bewundern, dringt dumpfes Grollen aus dem Westen herüber. Ein mir von den Truppenübungsplätzen der Lüneburger Heide wohlbekanntes Geräusch. Ich erörtere mit Nagender die Sicherheitslage für uns auf der Straße, und wir kommen zu dem Schluss, dass es nichts zu befürchten gibt, so lange es hier ruhig bleibt.

Ana Hind, Ana Almâni

Doch wir haben die Lage falsch eingeschätzt. Während wir unter dem schattigen Dach einer Garküche am nächsten Tag auf unser Shis Kebab warten und genüsslich an einer Cola nippen, machen wir erste Erfahrungen damit, wie gefährlich ein Missverständnis sein kann: Fast unmerklich füllen sich die freien Plätze mit Jugendlichen und jungen Männern, die eindeutig auf uns fixiert sind. Sie interessieren sich mehr für unsere Fahrräder und das Gepäck, als uns lieb ist. Ich nehme freundlich lächelnd Kontakt auf. Mein Lächeln wird aber nicht erwidert, sie schauen mich nur mit eisigen Minen an. Augenblicklich wird mir der Ernst der Lage bewusst.

Nagender ist von den anderen in ein Gespräch verwickelt, das ebenfalls keinen einhelligen Charakter erkennen lässt. Mich befällt eine Beklemmung, die mir fast die Kehle zuschnürt. Gerade will ich möglichst selbstsicher meine Herkunft erklären, als einer von ihnen aggressiv und laut, als hätte er seine Meinung über mich schon gebildet, »*Jahuudii!*« zu mir sagt. Die anderen beginnen wilde Reden zu führen, worin ich stets dieses Wort heraushöre.

»Nein«, übertöne ich mit lautem Rufen die aufgeheizte Stimmung, »ich bin Deutscher!« Auch Nagender scheinen sie für einen Juden zu halten. Er hat seinen Pass in der Hand, um seine Nationalität unter Beweis zu stellen. Ich lasse meine Papiere noch stecken und warte ab, wie sich die Situation entwickelt. Während der Budenbesitzer das Essen bringt, tritt eine spürbare Beruhigung der Szene ein. Betreten ziehen sich die Männer zurück, allerdings ohne Reue zu zeigen, gerade so, als trügen wir die Schuld an ihren Vorurteilen.

Mit Unbehagen nehmen wir wieder Fahrt auf, bleiben instinktiv eng beieinander und beobachten mit kritischen Augen die Jugendlichen an der Straße, die uns gefährlich erscheinen. Die Hoffnung, zwischen den Ortschaften entspannen zu können, erweist sich als trügerisch. Um ein Uhr mittags ist überall am Jordan Schulschluss. Energiegeladen stürzt eine Hundertschaft Primaner auf die Straße, von denen ein Teil laut krakeelend hinter uns her rennt.

Der erste Stein landet weit von mir entfernt im Gebüsch. Ich stoppe, um den Werfer ausfindig zu machen, und stehe einer auf mein Schimpfen mit Hohngelächter reagierenden Gruppe von Zehnjährigen gegenüber, die alle Steine in den Händen halten und im selben Moment stillstehen. Sobald ich ihnen den Rücken zukehre, fliegt der nächste Stein gefährlich nah zwischen Nagender und mir hindurch. Eine Flucht wäre jetzt die falsche Entscheidung, das würde bei den Kindern nur den Reiz anstacheln, uns mehr Steine hinterherzuwerfen, zumal wir mit unserem schweren Gepäck wenig Chancen auf ein Entkommen hätten, die Kinder sind zu Fuß die besseren Sprinter. Uns bleibt nur die geflissentliche Rettung in den nah gelegenen Ort in der Hoffnung, dass die Eltern der Kinder vernünftig genug sind, sie zurückzupfeifen.

»Fahr voraus«, raunt Nagender mir zu, »dann ist die Angriffsfläche kleiner.« Als wir die ersten Häuser erreichen, fliegt Nagender beim Umschauen ein Stein an die Schläfe. Er hat den Werfer gesehen, lässt sein Fahrrad fallen und rennt hinter der Bande her, bis er den Übeltäter am Handgelenk herbeizerrt.

»Lass ihn in Ruhe«, rufe ich Nagender warnend zu, »wenn der Vater sieht, dass Fremde seinen Sohn packen, kann die Situation eskalieren.«

Wutentbrannt schickt Nagender das Kerlchen fort und wischt sich das Blut von der Stirn. Während ich noch aus meiner Notfallapotheke ein Pflaster fische, eilen auch schon Männer aus den Häusern herbei, die den Rüpeln gehörig einheizen, sich überschwänglich bei uns entschuldigen und uns zum Tee einladen. Wir lehnen auch nach der dritten Wiederholung freundlich ab und halten am Krämerladen des Dorfes, um zu beraten, ob wir weiterfahren sollten.

»Ich glaube, das war keine Fremdenfeindlichkeit«, meint Nagender, »da sind nur ein paar Übermütige in der Gruppe und die anderen machen das nach.«

Sarkastisch entgegne ich: »Natürlich, die haben uns für eine Schafherde gehalten, die sie nach Hause treiben, und jetzt werden wir geschoren.« Wir lachen über unser Missgeschick und überlegen, was wir tun können, um in Zukunft nicht in ähnliche Schwierigkeiten zu geraten. »Unsere Nationalität müsste für alle schon von weitem erkennbar sein, wir brauchen eine Art Nummernschild hinten und vorne«, schlage ich vor.

»Aber die Nationalität sagt nichts über den Glauben aus, ich könnte ein indischer Jude sein und du ein deutscher.«

»Das ist richtig«, gebe ich zu, »aber offensichtlich beruhigen sie sich, sobald sie erfahren, woher wir stammen.«

Die ersten Neugierigen treffen ein, denen wir sofort ungefragt unsere Nationalität nennen: »*Ana hind* und *ana almâni.*« Verblüfft schauen sie uns an, als wunderten sie sich darüber, dass wir ihnen das erzählen. Der Ladenbesitzer, der seinen Verkaufsraum mit allem, was der Mensch so braucht, vom Klappspaten bis zu geschälten Tomaten in der Dose vollgestopft hat, steht mit erwartungsvollem Blick zwischen seinen Waren und wartet auf unsere Wünsche. Etwas enttäuscht schaut er drein, als wir von ihm nur einen alten Pappkarton wollen. Daraus schneiden wir Schilder, auf die er uns in Arabisch »Deutschland« und »Hindustan« schreibt.

Inzwischen hat sich unser Malheur bis zum Dorfpolizisten herumgesprochen, dessen Ehre es ihm wohl gebietet, uns zu beschützen. Die Schilder gefallen ihm nicht, schließlich sind sie ein klares Armutszeugnis für die Sicherheitslage seines Bezirkes, und er verspricht uns eine Eskorte, wenn wir sie nur wieder abnehmen. Nach fünf Kilometern entsprechen wir seinem Wunsch, nach zehn Kilometern ist er des Eskortierens müde und urplötzlich verschwunden.

Statt Steine werfender Kinder sind wir nun mit einem anderen Problem konfrontiert. An einer Wegkreuzung werden wir im Schatten von Tamarinden von Millionen von Fliegen befallen, als hätte in der Nähe jemand seinen riesigen Kuhstall geöffnet. Alles, was sie für essbar halten, wird von den Viechern belagert: Dreist und größenwahnsinnig begnügen sie sich nicht mit Fladenbrot, sondern machen sich an unseren Augen, Nasen und Ohren, selbst am Mund zu schaffen, was uns wild mit den Armen fuchteln lässt. Doch die kleinen Plagegeister scheinen ein bekanntes lokales Problem zu sein, denn wie gerufen fährt der Kammerjäger in Form eines mit einer überdimensionalen Spraydose beladenen Pick-up die Straße entlang. Der gelblich weiße Nebel, der sich aus dem armdicken Zerstäuberrohr auf die ganze Straßenbreite verteilt, riecht extrem ungesund und erinnert mich an Paral, womit meine Mutter früher das ganze Haus ungezieferfrei hielt.

Mit zugehaltener Nase und zusammengekniffenen Augen sage ich zu Nagender: »Da sind uns die Fliegen aber fast lieber!«

»Hmm!«, bestätigt Nagender mit Kopfnicken, ohne den Mund zu öffnen.

Die Fliegen haben sich immerhin für die kommende halbe Stunde zurückgezogen, bis der Nebel sich gelegt hat.

»Hier muss es hineingehen, hast du das Schild gesehen? Bethanien stand da.«

»Was, glaubst du, gibt es dort zu sehen?«, fragt Nagender. Er zweifelt wohl an meinem Vorhaben.

»Ich weiß es nicht, aber wenn es stimmt, was die Historiker sagen, ist Jesus dort getauft worden.«

»Na und? Das ist zweitausend Jahre her! Du bist doch sonst nicht so christlich gestimmt.«

»Jetzt lass uns einfach mal gucken«, fordere ich ihn auf.

Uns empfängt eine riesige Baustelle, Bulldozer schieben Erde hin und her, LKW-Fahrer kippen Sand ab. Von ihnen erfahren wir, dass hier ein Hotel errichtet werden soll, um den Ort für christliche Pilger attraktiver zu machen.

»Dort drüben«, einer der Fahrer weist mit dem Finger Richtung Jordan, »in der Senke ist der Taufplatz Jesu.« Zwei Dattelpalmen ragen schief aus dem Grün des undurchdringlichen Schilfrohres heraus, der Rest der Umgebung ist Steinwüste. Grinsend schaut Nagender mich an, als wolle er sagen, siehst du, hab ich doch gewusst.

Bevor er auch nur den Mund aufmachen kann, winke ich rasch ab und meine: »Ja, ja, ist schon gut, du hattest Recht«, lege den ersten Gang ein und fahre Richtung Hauptstraße.

»Sag mal Nagender«, frage ich ihn nach Revanche trachtend, »warum fährst du eigentlich immer im Stehen?«

Jedes Wort seiner Antwort spricht er überdeutlich, als hätte ich einen Hörschaden: »Weil – ich – auf – diesem – Fahrrad – keinen – Meter – mehr – sitzen – kann!«

Ihm zu sagen, dass ich das schon in Amman hätte prophezeien können, erübrigt sich. Wir brechen in Gelächter aus. Zum tiefsten Punkt der Erde lässt Nagender sich im Stehen herunterrollen.

Ich strecke mich, genieße es, vom Wasser getragen zu werden, verschränke die Arme hinter meinem Kopf und blicke auf die Bergkette des Westjordanlandes, hinter der, keine 80 Kilometer entfernt, das Mittelmeer, 400 Meter über dem Niveau meines Aufenthaltortes liegt, ein schwer vorstellbarer Gedanke. Der 26-prozentige Salzgehalt des Toten Meeres trägt nicht nur mich mühelos, auch meinen Cocktail, an dem ich hin und wieder nippe, kann ich auf der Wasseroberfläche abstellen.

Nagender steht am Ufer und macht begeistert Fotos. Während ich über das steinige Ufer wieder zu meinem Rollstuhl robbe, frage ich ihn: »Willst du nicht auch rein? Es ist toll!«

»Ich kann nicht sehr gut schwimmen, eigentlich gar nicht«, meint Nagender zurückhaltend.

»Du kannst nicht untergehen«, beruhige ich ihn. Er zieht sich bis auf die Unterhose aus und steigt vorsichtig hinein. Als das Wasser hüfthoch steht, geht ein Zucken durch seine

Gesichtszüge, die wunden Stellen an seinem Po sind offenbar noch nicht verheilt. Aber Nagender ist leidensfähig, tapfer legt er sich auf die Oberfläche, nimmt sein Buch zur Hand und fordert mich auf, ein Foto zu machen. »Das glaubt mir sonst in Indien keiner«, ruft er mir zu. Der Blick durch den Sucher lässt mich schmunzeln. Durch seine ungeheure Körperbehaarung könnte man meinen, da läge ein Bär im Wasser. »Ich sehe nur Haare«, rufe ich lachend zu ihm hinüber.

Angesichts Nagenders Leiden und der Tatsache, dass die Straße vom Toten Meer nach Petra, unserer nächsten Etappe, um über 1000 Meter ansteigt, gestalten wir die Weiterreise weniger mühselig und fahren per Anhalter.

Petra

Vielleicht hat der Schweizer Forscher Johann Ludwig Burckhardt 1812 auf seiner Reise durch den Orient auch dieses Panorama vor Augen gehabt. Wir stehen an der Straße zwischen Wadi Musa und Taybet Zaman und blicken in ein unübersichtliches Gewirr von Schluchten und Felstürmen hinab. Burckhardt war davon überzeugt, zwischen diesen schroffen Klippen auf die versunkene Nabatäerstadt Petra zu treffen. Verkleidet als Moslem und unter dem Vorwand, in der Stadt beten zu wollen, erlangte er das Vertrauen der ortskundigen Beduinen, die ihn durch die geheime Schlucht ins Herz der Stadt führten. Das Vertrauen ihrer Nachfahren an der Kasse des Visitors Centers, lässt sich heute nicht mehr so leicht erschleichen. Nur das Prinzip Dreistigkeit ist das gleiche geblieben.

Wir behaupten nicht, Moslems zu sein, sondern Fotografen, denen der horrende Eintrittspreis von 40 Euro erspart bleiben sollte. Schließlich fördern wir die Tourismusindustrie. Nach

Vorlage unserer Empfehlungsschreiben bekommen wir grünes Licht.

Das Bike am Rollstuhl erlaubt nicht nur höhere Geschwindigkeiten, auch extrem unwegsames Gelände lässt sich ohne großen Kraftaufwand meistern. Die zwei Kilometer lange Schlucht, der Siq, der Zugang nach Petra, verlangt mir größte Konzentration ab, damit ich nicht an einer Felsspalte oder tiefen Fuge zwischen den Steinplatten umkippe. Die Lebensader der Stadt, die Wasserleitung, wurde von den Nabatäern beiderseits der Schlucht in Form muldenartiger Rinnen in den Fels geschlagen.

Dem Rest der Schlucht hat die Natur hier durch tektonische Verschiebungen ihre eigene Dramaturgie gegeben. Kontinuierlich verjüngt sich die Schlucht auf einen Durchgang von vier Metern Breite, deren Felswände 70 Meter senkrecht in die Höhe ragen. Trotz der Enge herrscht ein Verkehr in der Schlucht wie vor 2000 Jahren. Kulturbeflissene Reisegruppen nehmen die ganze Breite in Anspruch. Bemitleidenswerte Klepper zerren Kutschen voller fußlahmer Touristen in die Stadt. Diesen Fuhren kann ich häufig nur mit einem gewagten Schlenker ausweichen.

Am Ende des Nadelöhrs stehen wir urplötzlich auf einem lichtdurchfluteten Platz, dominiert von dem Schatzhaus, das meinen Atem stocken lässt. Vierzig Meter hoch ragt das von sechs Säulen getragene Monument, das doch nicht viel mehr als eine Fassade ist, in die Höhe. Die Proportionen sind perfekt und werden von einem unterbrochenen Giebel gekrönt, in dessen Mitte auf vier Säulen die »Urne« thront. Die Beduinen vermuteten lange Jahre irrtümlicherweise, der Schatz des Pharao werde in diesem vermeintlichen Gefäß verwahrt, wodurch das Gebäude zu seinem Namen kam. Doch für dieses Bauwerk hat niemand Stein auf Stein gesetzt. Mit Hammer und Meißel wurde das Gebäude und die dahinter liegenden Säle vielmehr aus dem Fels geschlagen.

Auf dem großen Platz vor dem Schatzhaus herrscht eine

multilinguale Geräuschkulisse, erzeugt von Fremdenführern, die ihre Gruppen in akustischem Sicherheitsabstand zueinander positioniert haben. Da macht es sich so mancher japanische Tourist einfach: Er fotografiert das Schatzhaus von einer Kutsche aus und verlässt Petra wieder, ohne je einen Fuß auf den Boden gesetzt zu haben. Dabei ist diese Stadt 20 Kilometer lang und selbst in drei Tagen nicht umfassend zu entdecken.

Dreihundert Jahre vor Christus tauchten die Nabatäer als Viehzüchter und Nomaden aus dem Dunkel der Geschichte auf. Die günstige Lage an der Weihrauchstraße nutzten sie, um sich durch Erpressung von Schutzgeldern ihren Anteil am Handel zu sichern. In kürzester Zeit wurden sie zwar steinreich, besaßen jedoch keinerlei Kenntnisse vom Städtebau. Ähnlich wie die Saudis in der heutigen Zeit, waren die Nabatäer auf das Fachwissen von Gastarbeitern angewiesen, die hier ein einzigartiges architektonisches Stilsammelsurium schufen. Sie brachten auch ihre Götter mit, für die eigens auf einem Hochplateau ein Opferplatz errichtet wurde. Wie nahezu alles in Petra ist auch das Amphitheater für über 7000 Zuschauer aus dem Fels gemeißelt worden, zur Belustigung der wohlhabenden Bürger, deren Vorfahren noch als Viehzüchter und Nomaden durch die arabischen Wüsten gezogen sind.

Während Nagender in die Klippen zum großen Opferplatz klettert, erkunde ich im Äußeren Siq die Wohnhöhlen und für mich erreichbaren Gräber. Es gibt dort eine Menge Treppen und steile Wege, deswegen sind für mich nur wenige zugänglich. Daher bin ich froh, abseits der Hauptschlucht eine kleine Grabhöhle zu entdecken, die barrierefrei, aber mit einer Kette zugehängt ist. Ich nehme die Kette aus dem Haken, fahre durch eine rechteckige Öffnung im Fels, die nicht viel breiter als mein Rollstuhl ist, und stehe plötzlich in völliger Dunkelheit.

Nach einigen Augenblicken beginnen sich meine Augen an

die Lichtverhältnisse zu gewöhnen, und ich entdecke, dass der Boden Absätze aufweist. Ich lehne mich nach links, um besser sehen zu können, wo die Stufen beginnen. Doch ich stehe so knapp auf einer Kante, dass ich durch die Gewichtsverlagerung die Balance verliere und im selben Moment hinabstürze. Mit beiden Händen versuche ich, den Sturz ins Dunkle abzufangen, ohne auch nur im Geringsten sehen zu können, wie tief der Absatz ist. Krachend lande ich samt Bike, Fotokoffer und Rollstuhl auf der Seite. Zuerst spüre ich den Schmerz im Handgelenk, dann den Sand im Mund, weil ich auch mit dem Kopf aufgeschlagen bin. Einen Moment liege ich da und warte auf weitere Schmerzmeldungen, aber sie bleiben aus, nur meine Beine, die zwischen Rollstuhl und Handbike klemmen, sehen in dem diffusen Licht merkwürdig verbogen aus. Es ist durchaus möglich, dass sie gebrochen sind, spüren würde ich es nicht. Sie sind derart verklemmt, dass ich sie nur befreien kann, indem ich das Bike vom Rolli abschraube.

Der Absatz, den ich hinabgestürzt bin, ist mindestens 80 Zentimeter hoch und erscheint mir unerreichbar. Ich vermute, dass Archäologen hier gegraben haben, hinter mir befinden sich weitere Stufen. Wie soll ich hier bloß jemals wieder herauskommen, überlege ich, wer weiß, wann der nächste Tourist hier hineinschaut. Für jeden Fußgänger wäre das Überwinden der Stufe eine einfache Übung, ich werde hier verhungern, wenn mir nichts einfällt, schießt es mir durch den Kopf. Aber ich gedenke nicht als Mumie in einem Grab der Nabatäer zu enden.

Ich könnte um Hilfe rufen, doch mir ist mein Missgeschick fast zu peinlich, und außerdem ist diese Höhle so weit von den anderen Sehenswürdigkeiten entfernt, dass ich dieser Maßnahme ohnehin wenig Hoffnung gebe. Fieberhaft arbeitet es in meinem Kopf, wie ich die Stufe erklimmen könnte. Zunächst muss ich in den Rollstuhl zurück. Wie ich es damals im Krankenhaus gelernt hatte, ziehe ich mich in die Hockstellung davor, senke den Kopf und stemme mich mit den Armen und viel Schwung hoch. Schon will ich frohlocken, denn ich könnte mit einem weiteren Kraftakt die Kante, die jetzt in Schulterhöhe ist, erklimmen, auch wenn der Rollstuhl dadurch noch lang nicht oben wäre. Den Fotokoffer und das Bike bekomme ich ohne große Mühe hinauf. Lediglich mein linkes Handgelenk bereitet mir dabei große Sorgen. Mit der gleichen Technik setze ich mich nun aus dem Rollstuhl auf den Absatz. Jetzt muss nur noch der Stuhl hoch. Bäuchlings liege ich an der Kante, wobei ich aufpassen muss, nicht gleich wieder herunterzurutschen. Ich nehme den Rolli unten auseinander und ziehe alle Teile einzeln hoch. Mit einer Schramme am Kopf, einem schmerzenden Handgelenk und vollkommen verdreckt rolle ich erhobenen Hauptes aus dem Grab und schließe die Kette wieder hinter mir.

Durch das Wadi Rum

Nagender das Fahrradfahren schmackhaft zu machen, ist mit dieser Mähre gründlich danebengegangen. Dabei soll er doch mit mir auch noch durch den Iran radeln. Den Sattel zu erhöhen würde jetzt auch nichts mehr helfen. Das Hinterrad schleift bei jeder Umdrehung am Rahmen, die Kette fällt unentwegt ab und bremsen lässt das Gefährt sich schon lang nicht mehr. Es ist zu einem Klotz am Bein geworden, den wir von einem Pick-up auf den nächsten laden müssen, und einzig deshalb, weil das Ding nicht unser Eigentum ist, haben wir den irreparablen Schrott nicht schon längst in den nächsten Mülleimer gestopft. Nagender freut sich schon auf die Nachverhandlungen mit Rahman, dem Besitzer des Ärgernisses.

Wie ein Fremdkörper liegt der Ort Rum, dem beim besten Willen nichts Schönes abzugewinnen ist, im weichen Wüstensand zwischen 1700 Meter hohen Felswänden. Die in Millionen Jahren von der Erosion zersägten, durch Schrunden und tiefe Einschnitte gealterten Felstürme besitzen eine Würde, die ein solch liebloses Übereinanderstapeln von Mauersteinen zu ihren Füßen nicht verdient haben. Sesshaft gewordene Beduinen wissen es vielleicht nicht besser. Rum besteht aus etwa 50 unverputzten, antennengespickten Flachdachhäusern, eingefasst mit scherbenbewehrten Mauern und schweren Eisentoren, als sei die Welt voller Verbrecher. Vor sich hin rostende Schrottautos, Plastiktüten an jedem Dornengestrüpp und eine Vielfalt hingeworfenen Unrats verstärken den Kontrast zu dieser grandiosen Landschaft. Es ist ihr Land und sie bestimmen, wie sie damit umgehen.

Die Entscheidung der Beduinen, hier keinen Hotelbau zuzulassen, entsprang wohl eher der Angst, das Geschäft mit dem Tourismus ansonsten an die kapitalstarke Konkurrenz, die Bauprojekte finanzieren kann, abgeben zu müssen. Der Umweltschutz spielte bei dieser Entscheidung keine Rolle. Wer heute hier übernachten will, muss das in bereitgestellten Zweipersonenzelten tun, die am Fuße des 754 Meter aufragenden Jabal-Rum-Felsens in Reih und Glied aufgestellt sind. Touristen mögen keinen Abfall und keine Schrottautos, sondern lieben die Romantik. So schlafen die Beduinen in ihren Mauern und die Touristen im Zelt.

Doch mit immer schnelleren Verkehrsmitteln und besseren Straßen, gelingt es ihnen, das Wadi Rum als Tagestour abzuhaken und abends wieder im klimatisierten Hotel von Aqaba oder Amman zu sein. Weil das dekadent ist, kompensiert man das mit einem zünftigen Kamelritt, einem Beduinentuch über dem Kopf, oder einer Verkleidung à la Lawrence von Arabien (er würde sich bei dem Anblick gewiss im Grabe umdrehen).

Pünktlich um elf Uhr vormittags, wenn die Sonne beginnt, alles niederzubrennen und jeder Beduine ein schattiges Plätzchen aufsucht, treffen die schwarz verglasten, klimatisierten Busse ein, aus denen sich wüstenhungrige Touristen ergießen, um unverzüglich auf die bereitstehenden Kamele umzusatteln.

Nach drei Stunden kehrt die seltsame Karawane, schweißgebadet und vom Wüstenfieber geheilt, wieder zurück. Das Mittagessen steht bereits auf dem Tisch. Im Besucherzentrum, einer überdachten Kantine, wird eilends – der Fahrer wartet schon – das im Preis eingeschlossene Menü verspeist. Um drei Uhr nachmittags, wenn die Kraft der Sonne langsam nachlässt und man sich wieder ins Freie wagen kann, sind alle längst in die wohl tuende Kühle des Busses desertiert.

Touristen sind ein merkwürdiges Volk. Seit drei Tagen machen wir uns über sie lustig, schließlich müssen wir uns von ihnen distanzieren.

Wir warten unterdessen auf besseres Wetter. Es ist dunstig, schlechte Sicht für Fotografen. Ein kleines Lüftchen könnten wir gebrauchen, grad so, dass der Staub nicht aufgewirbelt aber der Dunst weggeblasen wird.

Das Wadi Rum im Süden des Landes soll den krönenden Abschluss unserer Reise bilden, aber ich ahne, welche Probleme noch auf mich zukommen werden, denn nichts ist schwerer als Rollstuhlfahren im Wüstensand. Was also liegt näher, als den Rollstuhl mit einem Kamel zu tauschen. Mezied, ein ortsansässiger Beduine in würdevoller Robe mit obligatorischem Kopftuch, bietet uns seine Dienste an. Er besitzt ein Tier, das alles mit sich machen lässt, keine Angst vor Rollstühlen hat, allerdings zu jedem Schritt gezwungen werden muss. Während ich mein linkes Bein auf den Sattel schwinge, grunzt mich das Kamel so gequält an, dass ich im ersten Moment glaube, ihm wehgetan zu haben. Da ich ahne, was auf mich zukommt, bitte ich Nagender, mein Fahrrad und den Rollstuhl zu entfernen. Wenn ich falle, will ich im Wüstensand landen.

Voll konzentriert, beide Hände in den Sattel gekrallt, gebe ich Mezied grünes Licht. Wie ein Rodeoreiter werde ich hoch geworfen und benötige alle meine Kraft, um nicht über das Hinterteil abzurutschen. Im nächsten Moment fliege ich fast vornüber und kann mich gerade noch an dem muskulösen Kamelhals abstützen. Ohne Atempause wiederholt sich der ganze Vorgang, weil mein Reittier so furchtbar lange Beine hat, dass es sich nur in zwei Etappen erheben kann. Es ist für mich unbegreiflich, warum ich nicht abgestürzt bin. Meine Kopfhöhe beträgt im Rollstuhl die eines neunjährigen Kindes. Jetzt sitze ich in einer für mich Schwindel erregenden Höhe. Unfähig, die Bewegungen des Kamels mit den Beinen oder Füßen auszugleichen, bin ich mit meiner eingeschränkten Balance ausschließlich damit beschäftigt, nicht wie ein Mehlsack herunterzuplumpsen. Überrascht stelle ich fest, dass mit etwas Übung ein ansehnlicher – wenn auch Lichtjahre von Eleganz entfernter – Ausritt möglich sein könnte. Freilich auch nicht mehr als das. Für eine intensive Tour ins Wadi käme ich eine Woche lang nicht aus dem Sattel. In dem Falle müssten wir noch vier weitere Kamele für Nagender, Mezied, den Rollstuhl und unser Gepäck engagieren. Was mich letzten Endes umstimmt, ist die Tatsache, dass ich vom Rücken des Wüstenschiffes kein einziges vernünftiges Foto machen könnte, ohne abzustürzen. Schweren Herzens verzichten wir auf die Romantik und machen es, wie ein moderner Beduine es tun würde: Wir bitten Mezied, uns mit seinem allradgetriebenen Pick-up seine Heimat nahe zu bringen.

Jedes Mal, wenn wir in den frühen Morgenstunden lange vor Sonnenaufgang im Freien aufwachen, bin ich von der totalen Stille und Dunkelheit der Nacht überwältigt, etwas, das man im dicht besiedelten, vom Streulicht und Lärm verseuchten Deutschland vergeblich sucht. Ich liege im Schlafsack, gebettet auf weichen Sand, weitab jeglicher Zivilisation und kann meine Augen nicht von den Sternen lassen, die einen kaum merklichen Schimmer auf den Wüstenboden zu werfen scheinen. Satelliten, die während meiner Kindheit noch zu den Raritäten am Himmel zählten, drehen still ihre Runden, und wenn ein Meteorit in der Atmosphäre wie ein Feuerwerkskörper verglüht, bin ich für einen kleinen Moment verblüfft, dass es lautlos geschieht.

Kaum bemerke ich, dass am Horizont eine Idee von Morgenröte erscheint, regt sich Mezied auf der Sitzbank des Fahrzeuges, öffnet die Fahrertür und macht sich mit seinem durch wenig künstliches Licht geschulten Orientierungssinn an den Proviantbehältern auf der Ladefläche zu schaffen. Das mitgebrachte Dornengestrüpp und Brennholz schichtet er auf und entfacht daraus im Nu ein kleines Feuer, das auf unsere Gesichter einen rötlichen Schein wirft. Mit einer Geschicklichkeit, als hätte er sein ganzes Leben nichts anderes getan, knetet er in einer Schale Mehl, Wasser und Salz zu einem Teig, den er in der Glut des Feuers vergräbt. Während das Brot backt, erhitzt er darüber das Wasser für den Tee.

Mezied trägt eine Anzugjacke über dem traditionellen Umhang und hat Tag und Nacht sein rot-weiß kariertes Tuch dabei. Zwei goldene Kugelschreiber in der Brusttasche und ein Mobiltelefon verleihen ihm zusätzliche Souveränität. Mezied ist Angehöriger der Howeitat, eines Beduinenstammes, der im Wadi Rum tief verwurzelt ist.

»Wo hast du so gut Englisch gelernt?«, beginne ich neugierig zu fragen.

»Mein Vater hat mich zur Schule nach Aqaba geschickt, als ich zehn Jahre alt war. Ich konnte bei meinem Onkel wohnen.« Mezied sitzt in der Hocke und starrt in die Glut, als blicke er durch einen Zeittunnel: »Er war sehr weitsichtig und ahnte, dass die Schafherde seine Söhne nicht mehr würde ernähren können. Obwohl wir dreihundert Tiere und fünf Kamele hatten, mussten wir alle zur Schule.«

»Was ist aus deiner Familie geworden?«, will ich wissen.

Als hätte er ihn aus einem Traum geweckt, blickt er mich an und erklärt: »Oh, die ziehen noch immer umher. Mein ältester Bruder hat alles übernommen, die anderen leben vom Tourismus in Rum.«

»Besuchst du deine Eltern manchmal?«

»Natürlich, ich weiß immer genau, wo sie lagern. Jetzt sind sie am Jabal Khash, an der saudischen Grenze.«

»Solltest du sie nicht einmal wieder besuchen?«, frage ich nicht ohne Hintergedanken. Mezied lächelt, greift den unausgesprochenen Vorschlag auf und meint wohlwollend: »Natürlich, warum nicht.« Dann schiebt er mit einem Stock die Glut beiseite, bis ein runder, schwarzer, völlig verkohlter Fladen erscheint. Er klopft darauf herum, was sich anhört, als schlage man ein Kissen aus, bricht es in drei Teile und reicht jedem von uns ein Glas Tee dazu. Selten habe ich ein Frühstück so genossen.

Allmählich erscheint die Sonne am Horizont und mit ihrem Licht gelangt Farbe in die Landschaft. Sie malt die herrlichsten Pastelltöne auf die gigantischen Felswände, verleiht dem Wüstensand ihren roten Schimmer und zeichnet harmonische Kurven, Silhouetten und kleine Wellen in die Dünen. Bäumchen im Bonsaiformat halten sich tapfer im trockenen Boden und werfen einen meterlangen Schatten, dem man dabei zuschauen kann, wie er kürzer wird. Der flache Winkel des Lichts macht Spuren des Lebens in der Wüste sichtbar. Insekten haben winzigste Vertiefungen hinterlassen, die schon einen Moment später ausgeleuchtet und damit unsichtbar werden.

»Was ist hier entlanggekrabbelt?«, frage ich Mezied, froh einen Ortskundigen dabeizuhaben.

Er schaut sich die Spuren an und meint beiläufig: »Vielleicht Käfer. Das da«, dabei zeigt er mit dem Finger auf eine breitere Spur, »stammt von einem Skorpion.« Ich schaue mich besorgt um, doch zum Glück führt keine Spur zu meinem Schlafsack. Entgegen meinen Vorstellungen gibt es Bereiche im Wadi Rum, die durchaus meine Rollstuhlräder tragen, ohne sie im weichen Untergrund zu verschlucken. Von den Stollenrädern mit konventioneller Bereifung lasse ich den größten Teil der Luft entweichen, womit sich die Auflage verdoppelt und ich nicht so schnell einsinke. Trotz allem ist es eine Illusion anzunehmen, dass ich mich frei bewegen könnte. Nur da, wo der Wind jeglichen losen Sand auf die Dünen gepustet und Schiefergestein freigelegt hat, kann ich bescheiden rollen. Auf allen übrigen Distanzen sitze ich auf der Ladefläche von Mezieds Pick-up.

Es passiert nur noch selten, dass ich das Fotografieren schlicht vergesse, aber diese einzigartige Landschaft zieht mich vollkommen in ihren Bann. Wir fahren durch ein überdimensionales Labyrinth von Tafelbergen und spitzen Domen, vom Zahn der Zeit angenagten Säulen, die aus dem flachen, rötlichen Sandboden geradezu herauszuwachsen scheinen. Diese massiven, von Sonne und Wind erodierten, mit Rissen und Furchen durchzogenen Klippen sind Zeugen der Ewigkeit, die wie ein Bildhauer Felsbrücken, Altäre, Apsiden und die skurrilsten Formen hervorgezaubert hat. Schon Lawrence von Arabien, der hier seine zweite Heimat fand, notierte in seinen Aufzeichnungen: »ein Prozessionsweg, gewaltiger, als ihn die Fantasie sich vorzustellen vermag«.

Auch die Nabatäer, die sich hier mit vielen Felszeichnungen verewigten, zogen durchs Wadi Rum. Mezied, der sie zu seinen Vorfahren zählt, kennt dieses Land wie seine Westentasche. Er weiß, wo Sandlöcher umfahren werden müssen und wo sie ungefährlich sind, er spürt Kräuter an den Felsen und in Nischen auf und weiß immer, wo es frisches Wasser gibt. Schon seine Urahnen hatten am Fuße der riesigen Felsspalten Tropfstellen entdeckt, die bis heute jeder Beduine im Schlaf wieder findet.

Zu Gast bei Salmans Familie

Nach Süden verändert sich das Wadi. Es wird breiter, die Felsen sind geduckter, stehen weiter auseinander und ihre Farbe wird weicher, cremiger. Auf einer Anhöhe eröffnet sich vor uns ein so weites Panorama, dass ich die riesige Schafherde zunächst für eine Ansammlung von niedrigem Buschwerk halte.

Sie bewegen sich voran, wie von einer unsichtbaren Hand gezogen. »Stopp, Mezied!«, rufe ich durch das Fahrerfenster und zeige – ganz stolz, etwas Besonderes entdeckt zu haben – auf die Herde.

»Ja«, bestätigt er fast gleichgültig, »meine beiden Nichten.«

Die Schafhirtin, die die Tiere führt, hatte ich noch gar nicht entdeckt. Mezied steuert auf sie zu und beginnt an einem Felsvorsprung eine Teepause vorzubereiten. Etwas umständlich erklärt er uns, dass seine Nichte 21 Jahre alt und noch unverheiratet ist, und da sie nur mit ihrer kleinen Schwester unterwegs sei, sollten wir Distanz zu ihr halten, kein Foto aus der Nähe machen und sie bitte nicht ansprechen. Selbst Mezied unterschreitet während des ganzen Aufenthaltes den Sicherheitsabstand von mindestens zwei Metern nicht. Schon allein diese erzwungene Unnahbarkeit macht sie für uns zu einem geheimnisvollen Wesen. Vollends märchenhaft wirkt sie durch ihre Erscheinung. Sie hat eine stattliche Größe, trägt ein bordeauxrotes, knöchellanges Kleid und eine figurbetonte, rotweiße Jacke darüber. Mit anmutigen Bewegungen, die mit dieser wilden und schönen Umgebung harmonieren, schwebt sie fast über den Wüstenboden. Ihre Hände sind ebenmäßig und schlank, ihr Kopf zur Gänze in ein tiefschwarzes Tuch gehüllt, das lediglich einen schmalen Sehschlitz frei lässt. Das wirklich Geheimnisvolle an ihr sind die kajalummalten Augen, über die wir versuchen, einen Blick in ihr Inneres zu erwischen. Staunend schaut mich Nagender mit hochgezogenen Augenbrauen an und flüstert ergriffen: »Welch eine Wüstenblume.«

Die junge Frau ist die Tochter von Mezieds Bruder. Ihre Familie hat ihren Lagerplatz im Schutz von Felsformationen errichtet, in denen weicheres Gestein als Schächte, Mulden und Becken herauserodiert sind. Sie werden als natürliche Tränken, Vorratslager für Stroh oder als Unterstände für die Tiere genutzt. Vier Kamele gehören zum stolzen Besitz der Familie. Die Tiere werden zum Heranschaffen der Vorräte aus größeren Entfernungen und beim Umzug zu einem neuen

Lagerplatz gebraucht. Motorengeräusche sind hier höchst selten, weshalb Mezieds Pick-up schon frühzeitig von sämtlichen Familienmitgliedern wahrgenommen wird. Vor dem breiten, nach vorn geöffneten Zelt, steht Salman, Mezieds Bruder, seine Frau, seine Eltern, und vier Kinder unterschiedlichen Alters. Obwohl Händedrücken nicht üblich ist, werden wir mit der europäischen Begrüßungsform aufs Herzlichste willkommen geheißen.

Mezied dagegen tauscht mit seinem Bruder und den Eltern mehrfache Wangenküsse. Er erklärt ihnen die besonderen Umstände, unter denen ich reise, und augenblicklich ist Salman, getrieben von seinen gastgeberischen Pflichten, zur Stelle, mir in allen erdenklichen Situationen behilflich zu sein. Auf Unterstützung bin ich hier tatsächlich vollkommen angewiesen, denn zwischen den hoch aufragenden Felsblöcken liegt weicher, tiefer Sand, in dem ich selbst unter Zuhilfenahme sämtlicher Tricks eigenhändig keine drei Meter rollen kann. Das bedeutet, wo man mich hinstellt, bleibe ich stehen. Dazu kommt es aber gar nicht. Salman ist es eine Freude, mich herumzuführen, mir alles zu erklären (auch er hat vor langer Zeit die englische Sprache erlernt) und rundum für mich da zu sein.

Nagender und Mezied lassen sich derweil von den Frauen bedienen. Wie Paschas liegen sie im Zelt, gebettet auf weiche Teppiche, mit Kissenrollen im Rücken und einem Gläschen Tee in der Hand.

»Wir haben auf dem Weg hierher deine Töchter getroffen«, sage ich zu Salman, der mich zum Zelt schiebt.

»Ja, sie werden bald wieder zurück sein.«

Um beim Thema zu bleiben, bohre ich etwas nach: »Hast du keine Angst, sie allein in die Wüste zu schicken?«

»Oh«, winkt er ab, »hier halten sich keine Fremden auf und außerdem ist Nadia sehr selbstbewusst und kann sich gut durchsetzen.«

Es beginnt eine ausgedehnte Kaffeezeremonie, nach der Salman erzählt, dass die Weidegründe, die innerhalb eines Tages erreicht werden können, gut für ein halbes Jahr ausreichen. Doch sobald die Herde zum Sonnenuntergang nicht mehr zurückkehren kann, werden sie einen neuen Lagerplatz aufsuchen. »Dann wird alles auf die Kamele geladen?«, frage ich ihn, als ich versuche, mir einen solchen Umzug vorzustellen. »Ja«, bestätigt er, »aber für die Schafe leihen wir uns einen LKW, das geht schneller.«

Dass Salman und seine Familie die alten Traditionen aufbrechen, spüre ich auch an der Behandlung der Frauen, die sich nicht hinter Vorhängen verstecken müssen, sondern bei uns sitzen. Nur von Nadia, die die Schafe in einem Behelfsgatter zusammengetrieben hat, sehen wir auch jetzt nicht mehr als ihre Augen. Sie hält sich unauffällig, abseits der Gesprächsrunde auf. Schade, denke ich. Ihre Mutter dagegen, mit einem schwarzen Kopftuch gekleidet, aber nicht verschleiert, spricht mich in Arabisch direkt an, was zunächst von Mezied übersetzt werden muss. Die ganze Zeit über spüre ich ihre Neugier. Ob ich verheiratet sei und ob es Kinder gebe, will sie wissen, wie viele Geschwister ich habe und wie wir in Deutschland leben, muss ich ihr erklären. In ihren Augen sehe ich, wie sie mit ihrer Vorstellungskraft versucht, sich in eine andere Welt zu versetzen. Aber sie ist noch nicht zufrieden und will es genauer wissen. Überrascht stellt sie fest: »Dann hast du deine Frau ja nach dem Unfall geheiratet?«

»Ja«, sage ich, »das ist wahre Liebe.« Schließlich weiß ich, dass bei Eheschließungen unter Beduinen die Zuneigung des Paares vor der Verbindung der Clans zurückstehen muss und dass ein Mann mit einer starken körperlichen Behinderung wenig Chancen auf dem Heiratsmarkt hätte. Man unterstellt ihm, nicht in der Lage zu sein, eine Familie zu ernähren. Auch wenn von Nadia nur ihre mich nachdenklich musternden Augen sichtbar sind, kann sie ihr gesteigertes Interesse am Thema nicht verbergen. Ich ahne, dass die Frage nach der Berufstätigkeit meiner Frau an nächster Stelle steht. Auf die

Gefahr hin, einen totalen Gesichtsverlust zu erleiden, oute ich mich als Hausmann, wenn ich nicht gerade in arabischen Beduinenzelten hocke. Nachdem Mezied alles übersetzt hat, blicken mich fünf Augenpaare gedankenversunken an.

Begegnung mit Ariga

Als wir uns am nächsten Morgen von Mezieds Familie verabschieden, bittet Salman uns bei Ariga, jenseits des Jabal Khash, nach dem Rechten zu sehen, dann könne er sich den Ritt dahin sparen. Mezied erklärt mir, dass dort jemand hinter den Bergen lebt, der von der Versorgung durch die Beduinen abhängig ist, dass der Umweg eine Tagesfahrt ausmache und wir eine weitere Nacht in der Wüste verbringen müssten. Etwas verwirrt über die Geschichte, aber neugierig gemacht, willige ich ein. Um wen es sich bei Ariga handelt, werde ich erst am späten Abend am Lagerfeuer begreifen.

Die Kulisse könnte grandioser nicht sein: Felsendome, vom letzten Licht der untergehenden Sonne in Szene gesetzt, so hoch, so majestätisch, dass mir nur noch Ehrfurcht bleibt, stehen Pate für diese Begegnung der besonderen Art.

Wir werden von einer 65-jährigen Frau aus New York in einer Art Kimono mit kurz geschnittenem, graublondem Haar begrüßt. Die Frau wirkt in dieser Umgebung ebenso irreal wie ich mit meinem Rollstuhl. Ein paar Schritte vor ihrem Unterschlupf, einem schmalen Felsüberhang, empfängt sie uns mit amerikanischem Akzent: »Herzlich willkommen in meinem bescheidenen Heim. Ich bin wirklich erstaunt, mit dem Rollstuhl in die Wüste, alle Achtung.«

Selbst ganz perplex, entgegne ich: »Die Überraschung ist durchaus meinerseits. Was, um alles in der Welt tun Sie hier?«

»Das ist eine lange Geschichte, bitte, setzen Sie sich.« Als verkehrten wir hier in gehobenen Kreisen, bietet Ariga mir einen Platz am Feuer an, in dem ein schwarz verkohlter Teetopf steht. Der Fels, in dessen Schutz wir sitzen, ist in seinen herauserodierten Taschen und Winkeln gespickt mit Gegenständen, einem Schlafsack, Töpfen und gefüllten Plastikkanistern. Im Sand liegt ein reich verzierter Kamelsattel und das Grunzen des dazu gehörigen Tieres hinter dem Felsen ist deutlich hörbar.

Ohne Umschweife beginnt Ariga: »Als mein Mann vor fünf Jahren starb, habe ich New York endgültig verlassen. Ich hatte den Konsum, die Gier nach immer mehr und die kriegstreibende Politik gründlich satt. Ich wollte nach Palästina, wollte wissen, wo unsere britischen Vorfahren gesiedelt hatten, und habe mich auf die Suche nach meinen Wurzeln gemacht.« Während sie das Feuer mit neuem Dornengestrüpp füttert, senkt sich ihre Stimme: »Aber der Hass, der diesen ganzen Landstrich beherrscht, hat mich vertrieben. Eine Zeit lang war ich in Portugal, weitab in den Bergen, aber auch da fehlte mir etwas. Als ich wieder in den Nahen Osten kam und einen Ausflug ins Wadi Rum machte, spürte ich, hier gehörst du hin.«

Mit fester Stimme berichtet sie, wie sie ihren gesamten Besitz verkauft, ein Konto in Aqaba angelegt und ein Jahr mit Salmans Familie durch die Wüste gezogen ist. Dabei hat sie den Umgang mit Kamelen und Schafen erlernt, weiß jetzt, wo sich die Quellen befinden, kann heilende Kräuter von giftigen Pflanzen unterscheiden und anhand der Spuren im Sand die Reviere giftiger Schlangen erkennen. »Manchmal verbergen sich Skorpione unter meiner Matratze«, erzählt sie unbekümmert, als ich nach den Gefahren frage, »ich stülpe ein Glas darüber und trage sie einfach weg.«

Seit zwei Jahren lebt sie das Leben von Beduinen und zieht regelmäßig von einem Platz zum nächsten.

Als ich sie frage, ob es nicht schwer war, ihre materiellen Bedürfnisse aufzugeben, schließlich sei es doch ganz angenehm, ein festes Dach über dem Kopf zu haben, antwortet sie in einem Ton, als sei sie Scheherazade, die ihrem König eine geheimnisvolle Geschichte erzählt: »Es war hier, an diesem Ort, ich hatte gerade neue Vorräte angelegt, Reis und Trockenobst, Mehl, Salz, Zucker, Tee und Wasser. Ich hatte frisches Brot gebacken und es zum Abkühlen auf die Felsen dort gelegt. Wie immer machte ich einen Abendspaziergang, doch bei meiner Rückkehr erschrak ich zu Tode. Das Brot, all meine Lebensmittel waren aufgefressen, die Tüten zerrissen, das Wasser verschüttet. Zwei entlaufene Schafe lagen im Sand und kauten noch seelenruhig. Ich hatte nichts mehr. Gerade wollte ich sie verfluchen, sie mit Steinen verjagen. Im selben Moment war es mir, als legte jemand einen Schalter in mir um, und ich sah alles mit anderen Augen. Was wir besitzen, müssen wir festhalten, aus Angst, es könnte uns genommen werden. Erst wenn du nichts mehr besitzt, bist du frei.« Sie lässt ihrem Schlusssatz ein solch bedeutungsvolles Schweigen folgen, dass ich meine dumme Frage, wie sie ohne Lebensmittel überlebt hat und an neue gekommen ist, lieber herunterschlucke. Stattdessen will ich wissen, was sie den ganzen Tag so tut.

»Die meiste Zeit«, so erklärt sie, »nimmt die Nahrungsaufbereitung in Anspruch. Und sonst schreibe ich an einem Fantasyroman.« Dabei zieht sie aus einer alten Umhängetasche einen Stapel dicht bekritzelter, mit Randnotizen und Einschüben übersäter Blätter heraus. Immerhin sind schon 200 Seiten fertig, nur sei es von hier aus schwierig, einen Verleger zu finden.

»Sind Sie nie wieder in New York gewesen?«

»Doch, einmal«, antwortet sie, »aber ich kann dort nicht mehr leben, Häuser erdrücken mich. Meine Kinder in den Staaten halten mich für verrückt, nur die Beduinen können mich verstehen.« Weit nach Sonnenuntergang, die Dunkelheit hat inzwischen alles um uns verschluckt, meint sie nachdenklich: »Ich werde den Rest meines Lebens hier in der Wüste verbringen, ich brauche nichts weiter als den Sand unter den Füßen und den Himmel über mir.«

Viele Beduinen werden sesshaft und leben heute in festen Häusern, Ariga hat den entgegengesetzten Weg gewählt.

Ich werde das Bild am frühen Morgen, als wir unsere Abreise antreten nicht mehr vergessen: Ariga steht in einem schwarzen Kimono vor ihrer Eremitage, allein und unscheinbar, bewacht von gigantischen Felsen, die aus ihr ein winziges, zerbrechliches Wesen machen. So schaut sie uns regungslos hinterher, bis sie nur noch ein Punkt in der Landschaft ist, der im Wüstensand verschwindet.

Obwohl ich mich während der folgenden Tage, in denen mir der Abschied von Jordanien und die Ankunft im Iran bevorstehen, mit ganz anderen Problemen herumschlagen muss, wandern meine Gedanken immer wieder zu ihr.

TEIL DREI

Iran

Auf dem Weg nach Teheran

In der Abflughalle des Flughafens von Amman herrscht reges Treiben. Nagenders Maschine ist gerade nach Delhi gestartet, ich verlasse Amman in ein paar Stunden und erreiche noch heute Teheran. Nagender wird dann nächste Woche nach Erledigung seines Fotoauftrages in Mumbay ebenfalls in Teheran eintreffen. Meine Notlüge am Check-in-Schalter trage ich mittlerweile so glaubhaft vor, dass ich vom Bodenpersonal ohne Skepsis als ein im Rollstuhl sitzender Fußgänger durchgewinkt werde.

Viele der weiblichen Passagiere tragen schon beim Betreten der Maschine einen Tschador, andere dagegen sind mit knielangen Röcken, knappen Tops und tiefen Ausschnitten nach jordanischen Maßstäben geradezu aufgestylt. Doch während des Fluges nach Teheran verschwinden sie nacheinander in der Damentoilette, um, in Mantel und Kopftuch gehüllt, wieder zu erscheinen. Was für Menschen sind die Iraner? Welche Mentalität haben sie? Wie denken sie politisch? Wie werde ich Zugang zu ihnen finden? Schließlich bin ich auf ihre Hilfsbereitschaft angewiesen.

Ich fühle mich wie ein Fisch, der in ein Aquarium voller unbekannter Artgenossen geworfen wird. Am liebsten würde ich mit jedem Einzelnen ein Gespräch anfangen, aber ich zügele meine Neugierde, sicher werde ich in den kommenden Monaten noch genug Gelegenheit dazu bekommen.

Nach der Landung muss ich als Letzter in der Maschine sitzen bleiben und habe mehr Zeit als mir lieb ist, der Putzkolonne bei der Arbeit zuzusehen, da mein Rollstuhl verschollen ist. Zum wiederholten Male werde ich von der Stewardess, die meinetwegen um ihren pünktlichen Feierabend gebracht wird, vertröstet: »In Teheran ist leider niemand benachrichtigt worden, dass Ihr Rollstuhl sofort bereitgestellt werden soll, aber es wird sicher nicht mehr lange dauern.« Ihre Beteuerungen können meine Sorgen nicht ganz zerstreuen. Mein Rollstuhl wurde angeblich bereits ausgeladen, aber das glaube ich erst, wenn ich ihn sehe.

Endlich kommen zwei Männer vom Bodenpersonal, die mich auf dem Arm zum Lift des Catering Service tragen, wo ich in einen Sitz mit vier Rollen gepackt werde. Das nervt mich höllisch. Rollstühle, mit denen ich mich nicht selbstständig fortbewegen kann, hasse ich. Meinen Unmut können die beiden Arbeiter, deren Schuld das nicht ist und die mich grinsend durch die Flughafenhallen schieben, nicht verstehen. Immerhin passiere ich alle Kontrollen durch den VIP-Bereich und bin ungeachtet meiner anfänglichen Verspätung einer der Ersten am Gepäckband. Wie befürchtet lassen die Männer mich stehen, um am Sperrgutschalter auf die Suche nach meinem Rollstuhl und dem Bike zu gehen. Wie schön Mobilität sein kann, spüre ich jetzt besonders, da sie mir abhanden gekommen ist. Auf Gedeih und Verderb bin ich von fremder Hilfe abhängig. Endlich kommen sie und ich kann wieder aktiv werden. Verblüfft schauen die beiden zu, wie ich aus dem Bike und meinem Rollstuhl ein bewegliches Gefährt mache, das Gepäck befestige, ihnen ein Trinkgeld herüberreiche und mich mit »*choda hafez*, auf Wiedersehen«, verabschiede.

Vermutlich bin ich der erste Millionär auf der Welt, der sich über seinen Reichtum nicht freut, denn es gibt keinen sicheren Platz für die Geldstapel, die mir am Bankschalter gegen ein paar hundert Euro ausgehändigt werden. Eine Million stopfe ich in den Geldgurt unter der Hose, bis sie sich verdächtig ausbeult, eine weitere landet im Kulturbeutel und die dritte wandert in ein Fach unter dem Rolli.

Schon beim Landeanflug hatte ich erkannt, dass Teheran

ein anderes Kaliber ist als Damaskus. Ein Ende des Häusermeeres, über dem ein giftgelber Schleier hängt, war nirgendwo abzusehen. Und beim Blick in die Straßenschluchten entdeckte ich, dass die Fahrzeuge schneller sind und der Verkehr überwiegend auf vier- und achtspurigen Straßen verläuft. Jetzt, auf dem Beifahrersitz in einem Paykan-Taxi, in dem es entsetzlich nach ungesunden Abgasen riecht, tränen meine Augen so sehr, dass ich von der Stadt wenig mitbekomme. Wann immer ich durch den Dunstschleier etwas sehen kann, muss ich feststellen, dass wir um ein Haar einer Kollision entgangen sind. Es bestätigt sich: Dieser Stadt kann ich mich nicht so ungestüm nähern. Hier scheinen die Gesetze des Dschungels zu herrschen. Vor jeder Kreuzung überzeugt sich der Fahrer, ob Polizeigewalt präsent ist, um die rote Ampel dann geflissentlich zu ignorieren. Auch Blinker führen ein bemitleidenswertes Dasein, niemand benutzt sie. Würden Linksabbieger nach europäischen Maßstäben handeln, sie müssten in Teheran mitten auf der Kreuzung verhungern.

Iraner sind, so habe ich mir sagen lassen, berühmt für ihre Rücksichtnahme. Mit Ausnahme am Lenkrad, da vergessen sie alle Regeln des Anstandes und kennen nur ein Ziel, so schnell, wie es geht, von A nach B zu kommen. Wer auf mehrspurigen Straßen links abbiegt, kann sich nur Meter um Meter vorarbeiten und todesmutig den Gegenverkehr zu Vollbremsungen nötigen. Auch Fußgänger können nur nach diesem lebensgefährlichen Prinzip die Fahrbahn überqueren. Als hätten sie den römischen Legionären die Kriegstaktik abgeschaut, bilden sie einen Pulk, um den Blechkarossen etwas entgegenzusetzen. Wie auch in Damaskus, werde ich mit meinem Bike die hier ortsüblichen, ungeschriebenen Regeln übernehmen müssen, wenn ich nicht zermalmt werden will.

Sich einfach bei Taxifahrern nach ebenerdigen Hotels zu erkundigen, ein meist gutes Rezept für eine schnelle Quartiersuche, funktioniert in Teheran nicht. Ihnen sind einfache Unterkünfte fremd. Touristen werden zu den Viersternehotels kutschiert. *Mosaferkhunehs*, Pilgerherbergen der unteren Preisklasse, haben häufig keine Lizenz, Nichtmoslems aufzunehmen. Erst weit nach Mitternacht finde ich ein Hotel, das über ein freies Zimmer mit erreichbarer Toilette auf dem Flur verfügt.

Am Flughafen hatte mir der Taxifahrer einen Preis von 3000 genannt. 3000 wovon konnte ich nicht verstehen, hielt die Bezeichnung aber für Rial, was hier schließlich die Währung ist. Schön billig, dachte ich, umgerechnet nur 30 Cent für eine Taxifahrt, liegt wohl am Spritpreis. Doch am Ende der Fahrt, vor dem Hotel, kommt das böse Erwachen: »Was wollen Sie?«, frage ich verwirrt nach, »Thoman? Ich habe keinen Thoman, ich habe nur Rial, hier.« Dabei halte ich dem Fahrer 3000 Rial hin.

»Das sind nur dreihundert Thoman, ich bekomme dreitausend, okay!?«, entgegnet er.

Ich schüttele den Kopf, als könnte ich damit meine Gedanken ordnen. Vermutlich liegt es an dem anstrengenden Tag. Erneut beginne ich und ziehe eines der Geldpakete heraus: »Ich habe am Flughafen nur eine Währung bekommen und das ist Rial, hier.«

Der Fahrer nimmt mir den Stapel aus der Hand, hält ihn hoch und erklärt, als käme ich vom Mond: »Das sind Thoman! Zehntausend Rial sind eintausend Thoman, okay? Und ich bekomme dreitausend Rial...äh dreitausend Thoman, okay? Also dreißigtausend Rial, okay?«

Das ständige »Okay« am Ende eines jeden Satzes macht das System nicht durchschaubarer.

Ich ziehe einen Zehntausendrialschein heraus, halte ihn dem Mann vor die Nase und frage: »Was ist das?«

»Das? Natürlich ein Khomeini, tausend Thoman, okay?«

Ich resümiere: »Dies ist ein Khomeini oder tausend Thoman oder zehntausend Rial, okay?«

»Okay.«

»Also, Sie bekommen jetzt dreißigtausend Rial von mir?«

»Ja, dreitausend Thoman oder drei Khomeini, okay?«

Ich bezahle dem Fahrer, was er verlangt, und schicke ihn fort. Erschöpft lasse ich mich ins Bett fallen.

Ein erster Eindruck von Teheran

Auf das Frühstück, ein Mix aus Schafskäse, Tomaten, Salatgurken und Fladenbrot, das schon in der Nacht bei meinem Eintreffen unter Frischhaltefolie geschwitzt hat, verzichte ich. Irgendwo in der Stadt werde ich sicher etwas bekommen. Wie eine junge Katze, die ihre ersten Gehversuche macht, ertaste ich die nähere Umgebung des Hotels ohne festes Ziel.

Unwillkürlich folge ich den wenigen Fußgängern, die zielstrebig einer Parkanlage zusteuern. Es bedarf keiner großen Kombinationsgabe: Frühsportler sind unterwegs. Aber verschleierte Frauen? Wo ihnen doch die meisten Sportarten von den Mullahs untersagt sind! Neugierig schleiche ich hinterher. Doch ich entdecke nichts Ungewöhnliches: Frauen stolzieren in Tiefschwarz umher, Männer laufen im Jogginganzug. Erst auf den zweiten Blick entdecke ich, dass die Frauen ungewöhnlich ziellos und doch schnellen Schrittes gehen, wobei jedes Mal ein weißer Turnschuh unter dem Tschador hervorblinzelt. Gerade so, als wollten sie den Sittenwächtern eine Nase drehen. Dazu bewegen sie ihre Arme wie olympische Geher.

Als ich meine Kamera hebe, geschieht etwas, womit ich nicht gerechnet habe: Eine der Frauen lächelt mich an und formt Daumen und Zeigefinger zu einem Kreis, das Symbol um ein Okay zu signalisieren. Ohne ein Wort zu sagen, huscht sie vorbei. Ich bin völlig überrascht. Da der Park nur einen Zugang besitzt, gibt es weniger belebte Ecken, in denen Frauen das Unmögliche wagen: Sie laufen mit wehendem Mantel und Kopftuch! Sie machen Streckübungen und Kniebeugen, alles im Tschador, alles in der Gefahr, im nächsten Moment von übermäßig pflichtbewussten Sittenwächtern gestoppt zu werden. Doch die scheinen zu dieser frühen Morgenstunde noch zu schlafen.

Im westlichen Bereich des Parks wird tatsächlich geschlafen, auf den Parkbänken, zugedeckt mit Zeitungspapier. Es sind obdachlose und drogenabhängige ältere Männer, die von einer Polizeistreife gerade vertrieben werden, nachdem sie den Inhalt ihrer Taschen vorlegen mussten. Schimpfend ziehen sie davon. Jetzt stiefeln die Staatshüter in den Rabatten herum und fischen ein Beutelchen nach dem anderen, gefüllt mit braunen Klümpchen, heraus. Der Besitz von Drogen jeglicher Art ist im Iran streng verboten, Alkoholgenuss wird immer noch mit Stockhieben bestraft. Also verstecken die Abhängigen ihren Drogenbesitz im Grünen und können nicht belangt werden. Mit der Kamera in der Hand frage ich einen der Polizisten, ob ich ein Foto machen könne. Mir ist klar, es ist ein aussichtsloses Unterfangen, aber vielleicht habe ich Glück. Als hätte ich einen Angriff auf die Staatssicherheit vor, stürzen sie schimpfend auf mich zu, halten die Hand vor das Objektiv und verweisen mich barsch des Platzes. Mit Polizisten im Iran ist nicht zu spaßen.

Auf dem Weg zum Hotel sehe ich am Fenster eines Bäckers Männer, Frauen und Kinder Schlange stehen. Bevor auch ich mich dazustelle, versuche ich einen Blick in die Bäckerei zu werfen. Da ist ein großer runder Lehmofen mit einer Öffnung, in der es rot glüht. Der Bäcker klebt den Teig an die Innenwände des Ofens und schabt das fertige Fladenbrot nur Minuten später wieder ab. Jeder Kunde verlässt den Ort mit einem Stapel der riesigen Fladenbrote auf der Schulter. Gerade will ich mich hinten anstellen, da macht der Verkäufer mir ein Zeichen, näher zu treten. Er beschenkt mich mit einem Brot und reicht mir ein Glas Tee herüber, als hätte er gewusst, dass ich noch nicht gefrühstückt hatte.

Die Telegani-Straße, in der mein Hotel liegt, ist jetzt gesperrt und dient als Parkplatz für Hunderte von Bussen, die in mehreren Reihen abgestellt sind. Auf den Windschutzscheiben kleben Plakate mit Aufschriften wie »Down with USA« und »Bush and Sharon, your death is close to our hand.« Offensichtlich sind hier Demonstranten herantransportiert worden. Von den Busfahrern erfahre ich, dass sie aus Hamadan und Semnan kommen und ihre Passagiere ein paar Straßen weiter mit Demonstrieren beschäftigt sind. Als ich am Ort des Geschehens eintreffe, löst sich der Zug gerade auf. Es sind sicher mehr als 1000 Männer, die sich jedoch nicht zornig oder aufgebracht verhalten, sondern seelenruhig zu ihren Bussen zurückschlendern. Hinter sich lassen sie einen mit Papptellern übersäten Platz zurück. Ich hebe einen der Teller auf. Alle tragen die gleiche Parole: »Down with USA«. Hier verdienten sich anscheinend Leute aus den ländlichen Gegenden ein kleines Zubrot.

Die Straßen verstopfen langsam und auf den Bürgersteigen schieben sich Menschenmassen voran. Teheran hat 14 Millionen Einwohner, damit lebt jeder sechste Iraner in der riesigen Hauptstadt. Von den Elendsquartieren im Süden bis zur modernen, wohlhabenden Oberstadt an den Hängen des Elburs-Gebirges zieht sich das pulsierende Herz Irans über 60 Kilometer in die Länge. Die Rolltore vor den Läden sind hochgeschoben, Gitter vor den Eingängen der Shoppingcenter geöffnet, um dem Strom kaufsüchtiger Frauen freien Lauf zu lassen. Sie sind ausnahmslos und wie es vorgeschrieben ist mit Kopftüchern und Mänteln gekleidet. Es sind schwarze Gestalten, von denen nur das Gesicht und die Hände in Erscheinung treten. Manche tragen sogar Handschuhe. Ihre Handtäschchen verbergen sie unter dem Tschador, um über dieses modische Accessoires keine Männerblicke auf sich zu ziehen.

Beim genaueren Hinsehen entdecke ich aber doch große Unterschiede. Die konservative Kleidung der älteren Frauen wird von den jungen nicht übernommen. Das Kopftuch schrumpft bei vielen zu einem Tüchlein, das modisch frisiertes Haar sichtbar werden lässt, sie tragen Schminke und ihr Handtäschchen elegant über dem Mantel. Auch der ist bei vielen nur noch knielang und entblößt eine Jeans. Am unteren Ende geben lackierte Fußnägel in Sandalen das i-Tüpfelchen. Vor zehn Jahren mussten diese Frauen noch mit einer Verhaftung rechnen. Mutig und in kleinen Schritten, wagen sie sich immer weiter vor, bis sie die Toleranzgrenze der Mullahs wieder einmal überschritten haben und die Sittenwächter die Order erhalten, härter durchzugreifen. Was ich jedoch in den Auslagen der Geschäfte im Shoppingcenter entdecke, verwirrt mich. Die Schaufensterpuppen sind zwar gesichtslos oder gänzlich kopflos, weil schon zu Mohammeds Zeiten menschliche Darstellungen verboten wurden, um der Götzenanbeterei für immer ein Ende zu bereiten, dafür sind sie mit gefährlichen Miniröcken, Stringtangas, nabelfreien Trägerhemdchen und Stöckelschuhen gekleidet. Vollends grotesk wird die Szene vor dem Schaufenster, als sich zwei tief schwarz verschleierte Frauen die spärliche Kleidung interessiert betrachten. Ich frage mich, wer trägt so etwas und vor allem: wo? Einen Moment überlege ich, die beiden direkt zu fragen, doch ich zögere, schließlich will ich sie nicht in Verlegenheit bringen. Stattdessen gehe ich in den Laden und spreche den Verkäufer an: »Können Sie mir sagen, wo Frauen diese Sachen tragen?« Dabei greife ich den Saum eines Minirockes mit spitzen Fingern.

»Nur zu Hause«, antwortet der Mann knapp, »auf der Straße müssen Frauen sich bedecken.« Die Antwort auf die Frage, ob die Frauen unter ihrem Tschador Miniröcke und Stringtangas tragen, erspare ich ihm lieber.

Zu Gast bei Vali Askarian

Zurück im Hotel, greife ich zum Telefon und wähle die Nummer von Vali Askarian. Wir hatten uns im Jahr zuvor am Leica-Stand auf der Photokina in Köln kennen gelernt. Das Fotografieren sei auch sein großes Hobby, erklärte er damals, und gab mir seine Adresse mit der Aufforderung, wenn ich in Teheran sei, solle ich ihn umgehend anrufen. Iraner soll man nicht beim ersten Wort nehmen, wenn es um Einladungen geht, erst nach der dritten Wiederholung weiß man, dass es ernst gemeint war. In Syrien und Jordanien hatte ich gelernt, die Worte richtig zu deuten. Bei Vali bin ich mir sicher, dass seine Offerte echt ist: »Lieber Andreas, ich möchte dich gern heute einladen, wir haben eine kleine Familienfeier. Kannst du um sechs Uhr hier sein?«

»Ja gerne«, antworte ich.

Die Adresse, die er mir gibt, liegt im Norden Teherans, und er warnt mich schon einmal vor: »Wenn du dir um sechzehn Uhr ein Taxi nimmst, brauchst du nur zwei Stunden.«

»Heißt das, mittags dauert die Fahrt noch länger?«, frage ich verwundert.

»Ja, um diese Zeit würdest du sicher drei Stunden benötigen.«

Ich ahne, die Stadt ist noch viel größer, als ich vermutet habe. Die marmorverkleideten Eingangstore, unter denen der Taxifahrer die Adresse sucht, passt ganz und gar nicht zu meinem Outfit. Im Hotel war die Entscheidung schnell getroffen, welche der beiden Jeans für die Einladung die geeignetere ist. Beim Sweatshirt ging es noch schneller – ich besitze nur eines. Ich hatte mich auf Outdoorreisen eingestellt und nicht auf adäquate Kleidung bei Empfängen der wohlhabenden Klasse.

Wenn Vali hier wirklich wohnt, muss er Dollarmillionär sein. Das schmiedeeiserne Eingangstor öffnet sich wie von

Geisterhand, nachdem der Taxifahrer mich an der Sprechanlage angekündigt hat. In einer Tiefgarage für mehr als 20 Autos, die rundum mit Marmor verkleidet ist, wartet Vali, der den Taxifahrer auszahlt, bevor ich reagieren kann.

Jedes Mal, wenn Vali mich anspricht, nennt er mich zunächst beim Vornamen: »Andreas, du hast großes Glück, heute heiratet meine Tochter, und ich freue mich, dass du dabei bist. Es gibt eine Zeremonie mit dem Mullah bei der Familie meines zukünftigen Schwiegersohnes und danach ein kleines Abendessen bei uns.«

Ich weiß nicht, ob ich mich darüber freuen soll, denn für solche Anlässe bin ich gänzlich falsch gekleidet. »Vali«, sage ich warnend, »schau mich an, so kann ich unmöglich bei euch auftreten.«

Er klopft mir auf die Schulter und meint: »Alle wissen von deiner Unternehmung, die Kleidung sei dir erlaubt.« Während aus dem Aufzug viele Hochzeitsgäste kommen, mit denen ich bekannt gemacht werde, meint Vali: »Wir können zu Fuß hingehen, es ist nur zwei Häuser weiter, der Mullah wartet dort schon.«

Eine islamische Hochzeit hat mit den Zeremonien einer christlichen Vermählung vieles gemein. Die Braut mit einem weißen Kleid samt Schleppe sowie der Bräutigam im Smoking sitzen auf der Erde vor dem Mullah und hören ihm zu, wie er aus einem uralten, abgegriffenen Buch, etwas zu laut, Regeln fürs Leben zitiert. Die Hochzeitsgäste mit den Eltern in vorderster Reihe sitzen als Zeugen dabei. Am Ende wird fotografiert und gegen den bösen Blick Weihrauch geschwenkt. Der Mullah bekommt sein Geld und ist damit entlassen.

Nach einer Stunde kehren wir zu Valis Haus zurück. Als ich ihn frage, womit er sein Geld verdient, meint er kurz angebunden und mir damit signalisierend, dass er das Thema nicht vertiefen möchte, er sei im Exportgeschäft tätig. Er muss, womit auch immer, viel Geld verdienen, denn sein Haus ist extravagant und technisch auf dem neuesten Stand. Die Einbauküche, in der das Hausmädchen Snacks für die Gäste vorbereitet, steht der eines deutschen Haushaltes in nichts nach. An der Wand hängt ein Flachbildschirm, der dazugehörige DVD-Player ist irgendwo versteckt.

Als alle im Haus sind und die Tür geschlossen ist, glaube ich plötzlich meinen Augen nicht zu trauen. Die Frauen legen ihren Tschador oder Mantel sowie das Kopftuch an der Garderobe ab, und damit auch die prüden Vorschriften der religiösen Führer. Sie tragen schicke, figurbetonte Kleider mit tiefen Ausschnitten und aufgestyltes Haar. Sie rauchen Zigaretten und benehmen sich nicht zurückhaltender als europäische Frauen.

Vali reicht mir zur Begrüßung ein Glas Sekt herüber. »Woher hast du das? Ich dachte, Alkohol sei im Iran verboten?«, frage ich verblüfft.

»Ist er auch, aber hier erfährt niemand davon, wenn du es nicht weitererzählst. Du musst wissen«, fährt er fort, »es gibt im Iran alles, was verboten ist. Der Alkohol kommt aus der Türkei, Opium aus Afghanistan und Elektronik über den Persischen Golf aus Dubai, Pornofilme aus dem Internet und Prostitution an ganz bestimmten Straßenecken.«

Ich hebe mein Glas und gebe zu bedenken, dass es dafür Peitschenhiebe gibt. »Was passiert mit uns, wenn dein Haus kontrolliert wird?«. »Nichts«, lautet Valis lakonische Antwort, »es gibt Schweigegeld.«

Beim Abendessen, das einem kulinarischen Streifzug durch die orientalische Küche gleicht, gerate ich mit meinem Tischnachbarn, Valis Vater, in ein politisches Gespräch. Behutsam taste ich mich vor, bis ich mir sicher bin, eine Frage stellen zu können, die schon in ihrer Art Zweifel am Führungsstil der Mullahs zulässt: »Meinen Sie, dass dem Iran eine Demokratie besser bekäme?«

Valis Vater antwortet in gleichbleibender Lautstärke, sodass es jeder hören kann: »Natürlich, wir werden doch seit zwanzig Jahren von Eseln regiert, wir wollen endlich Freiheit!«

Ich muss zweimal schlucken und blicke in die Runde, doch niemand reagiert überrascht. Diese Meinung scheint hier Usus zu sein. Alle Achtung, er hat Vertrauen zu mir. »Würden Sie mir das auch aufs Band sagen?«

»Warum nicht, aber nur ohne Foto und keine Namen nennen!«

Es sind auch zwei Studenten unter den Gästen, die schon die ganze Zeit auf eine Gelegenheit warten, mit mir zu reden. Die oppositionellen Studentenproteste sind immer von der Universität ausgegangen. Ich will von ihnen wissen, ob es für mich möglich ist, die Universität zu besichtigen.

»Kein Problem, ich muss nur eine Erlaubnis von der Leitung einholen«, antwortet Behros bereitwillig.

»Würdest du das für mich tun?«

»Klar, ruf mich morgen an, dann machen wir ein Treffen aus.« Valis Familie ist möglicherweise nicht repräsentativ, aber ich bekomme mehr und mehr den Eindruck, als rieche es in der Gesellschaft dennoch ganz nach Umbruch.

Ali

Am Morgen werde ich von lautem Klopfen an meiner Zimmertür geweckt.

»Einen Moment bitte«, rufe ich. Wer mag das nur sein? Den kurzen Gedanken, es könne die Sittenpolizei sein, weil ich gestern Abend leicht berauscht ins Hotel zurückkam, verwerfe ich wieder. Ich schließe die Tür auf und ein junger Mann mit schmalem Gesicht, buschigen Augenbrauen und einem freundlichen Lächeln steht vor mir.

»Guten Morgen, ich wollte Sie nicht stören. Haben Sie einen Moment Zeit?«

»Ja, kommen Sie, wir gehen in den Frühstücksraum runter.«

Während ich das pappige Fladenbrot zermalme, beginnt Ali zu erzählen: »Ich bin Student und belege gerade einen Englischkurs. Nur fehlt mir die Praxis und daher würde ich Ihnen gern Teheran zeigen. Mit meinem Geschichtsstudium will ich später als Fremdenführer arbeiten.«

»Wie kommen Sie gerade auf mich?«

»Ich kenne den Nachtportier und der hat mir gesagt, hier sei ein Tourist abgestiegen. Die meisten kommen in Gruppen und haben ihren eigenen Führer. Einzelreisende sind selten.«

Ali drückt sich so gewählt aus, dass ich zweifle, wer von wem noch etwas lernen könnte. »Ich glaube, Sie sprechen besser Englisch, als ich«, gebe ich zu bedenken.

»Danke, dann bringen Sie mir eben Deutsch bei.«

In unserer angeregten Unterhaltung, in der wir auch kurz das Thema Verhüllung der Frauen streifen, macht mich eine Bemerkung Alis stutzig. Als ich erwähne, wie mutig und kreativ die Frauen mit den strengen Kleidervorschriften umgehen, entgegnet er ungerührt und allen Ernstes: »Kopftücher müssen sein, damit den Männern keine sündigen Gedanken kommen.« Verdutzt schaue ich ihn an, weil ich im ersten Moment an einen Scherz glaube. Hätte Vali mir das gestern Abend in diesem Ton gesagt, wir wären sofort in lautes Gelächter ausgebrochen. Doch Ali war es ernst. Dessen ungeachtet gehe ich auf sein Angebot ein, für vier Tage als mein Fremdenführer zu fungieren. Kaum habe ich das gesagt, zückt er aus seiner Jackentasche ein fertiges Besuchsprogramm, das schon strategisch nach Distanzen und ruhigen Verkehrszeiten ausgearbeitet ist. Erstaunt blicke ich auf seine Liste. Er hat tatsächlich nichts ausgelassen.

»Also, bis morgen früh dann«, verabschiede ich mich von ihm.

»Kann ich Behros sprechen?«

»Oh, Herr Andreas, Sie sind das, Behros ist schon unterwegs zu Ihnen. Er müsste eigentlich schon da sein.« »Danke.«

Behros kommt mit langem Gesicht auf mich zu, hält mir einen Zettel hin und meint: »Dein Wunsch ist leider abgelehnt worden.«

Im Namen Gottes, hiermit erbitte ich für den Journalisten und Fotografen Andreas Pröve eine Besuchserlaubnis für die Azadi-Universität Teheran.
Behros Askarian

Als ich das Schreiben überfliege, verliere ich für einen Moment die Fassung: »Behros!« rufe ich vorwurfsvoll, »du darfst mich doch nicht als Journalisten und Fotografen bezeichnen! Ich habe ein Touristenvisum. Journalisten werden überhaupt nicht ins Land gelassen! Wie kannst du das hier schreiben?« Dabei halte ich ihm den Zettel hin. Bei der Einreise war ich froh, dass mein Gepäck mit 100 Filmen, drei Kameras, fünf Objektiven und einem DAT-Recorder samt Mikrofonen nicht kontrolliert wurde. Es wäre schwierig geworden, alles nur als Hobby darzustellen. Und nun das. Er versucht ein unschuldiges Gesicht zu machen. Ich muss einsehen, dass ich ihn darauf hätte hinweisen müssen. »Weißt du, ob das kopiert wurde?«, frage ich ihn.

»Nein, ich habe das Schreiben heute Morgen eingereicht und eine halbe Stunde später zurückerhalten.«

»Na ja«, sage ich resigniert, »jetzt kann man sowieso nichts mehr machen, trotzdem danke für den Versuch.«

Dieser Vorfall sollte mir in den kommenden Monaten noch viel Kopfzerbrechen bereiten.

»Also, wir fangen mit dem Nationalmuseum an«, Ali steht tatendurstig mit mir vor den 30 Stufen am Eingangsportal des Museums, blickt auf den Rollstuhl und meint: »Kannst du laufen?«

»Nein, tut mir Leid, du musst mich rückwärts hochziehen. Mit der richtigen Technik ist das nicht schwer.« Ich stelle mich entsprechend vor die Stufen, kippe den Rolli an und erkläre:

»Jetzt Stufe für Stufe ziehen.« Anfangs bin ich über seine starken Züge überrascht, doch bei der Hälfte schwinden seine Kräfte, er muss bei jeder Stufe zweimal ansetzen. In wessen Hände habe ich mich begeben? Alis Elan übertrifft seine körperlichen Fähigkeiten bei weitem! Wenn er jetzt strauchelt, stürze ich 20 Stufen in die Tiefe. »Ali, du darfst auf keinen Fall loslassen«, rufe ich flehentlich. »Kipp den Rollstuhl ganz nach hinten, dann kannst du verschnaufen.« Wenn bloß jemand in der Nähe wäre, aber jetzt, kurz vor Öffnung des Museums, ist der Innenhof menschenleer. Noch zwei weiterer Anläufe bedarf es, bis Ali mit mir auf der obersten Stufe ankommt. Ich drehe mich um und schaue in sein Gesicht. Doch er bleibt cool, klopft seine Hose ab und bittet mich hinein.

Ich bekomme einen Crashkurs in persischer Geschichte, der es in sich hat. Während Ali vom Hundertsten ins Tausendste kommt, schlage ich mich mit dem Problem herum, ohne ignorant zu wirken, den Gang durch die Jahrhunderte zu beschleunigen. Er beginnt weit vor unserer Zeitrechnung, als Arier das Land besiedelten und ihrem neuen Lebensraum den Namen Iran gaben, er kommt zum persischen Großreich, beherrscht von Darius und Xerxes, und erzählt von Zarathustra, der 650 vor Christus eine monotheistische Religion mit dem Gottessymbol Ahura Mazda begründete. Als wir bei Ayatollah Khomeini ankommen, ist der Tag vorbei. Mein Kopf ist voller Jahreszahlen und Namen, doch zwischen den Zeilen habe ich auch Alis politische Meinung heraushören können. Am Ausgang angekommen, stellt er sich vor die übergroße Iran-Karte und meint in einem Ton, als hätte er es immer wieder eingeübt: »Die Iraner finden es sehr beängstigend, dass in allen Nachbarländern amerikanische Truppen stationiert sind.«

Am nächsten Tag präsentiert Ali mir mit Stolz antiamerikanische Propaganda an Hauswänden und an der Ummauerung der ehemaligen amerikanischen Botschaft. Hier wurden kurz nach der Machtergreifung Khomeinis 1979 63 Botschaftsangestellte über ein Jahr lang als Geiseln gehalten und sollten gegen den soeben geflohenen Schah eingetauscht werden.

Als ich den Wunsch äußere, das Mausoleum des Ayatollah Khomeini zu sehen, ist er ganz begeistert und umgehend bereit, seinen Besichtigungsplan über den Haufen zu werfen. An Hauswänden, in Amtsstuben, über Bankschaltern und jeder Hotelrezeption ist Khomeinis Porträt präsent. Stets muss man sich aus seinen mal väterlich, mal bedrohlich wirkenden und Angst einflößenden Augen, überdacht von zwei buschigen Brauen, auf Schritt und Tritt beobachten lassen. Das Mausoleum liegt 30 Kilometer südlich von Teheran, wohin ich mit dem Fahrrad fahren möchte, denn die Stunden im Stau gehen mir auf die Nerven, außerdem brauche ich Bewegung.

Das Mausoleum des Imam Ayatollah Khomeini

Ich war tatsächlich so blauäugig zu glauben, mit dem Fahrrad schneller durch die Staus zu fahren als ein Taxi. Stattdessen finde ich mich seit zehn Minuten eingekeilt zwischen rußenden Auspufftöpfen, die mir den Atem nehmen. Iraner haben ein gutes Augenmaß, wissen genau, wo die Stoßstange ihres Autos endet, und fahren dementsprechend Platz sparend. Mit Mundschutz, Brille und Mütze versuche ich mich vor dem Dieselqualm, so gut es geht, zu schützen, denn niemand kommt bei einem Spritpreis von sieben Cent pro Liter auf die Idee, den Zündschlüssel im Stau umzudrehen.

Während mir der Schweiß als schwarzer Dreckstreifen am Halse herunterrinnt, schauen die Passagiere im Bus nebenan, Männer und Frauen durch ein Gitter getrennt, mitleidig zu mir herab. In den südlichen Außenbezirken lichtet sich endlich der Verkehr. Ali hatte mir den Weg genau erklärt und mich gewarnt, auf die Autobahn zu fahren, es gebe parallel dazu eine wenig befahrene Straße. Doch genau an dem Schild mit dem Hinweis »South Expressway« biege ich falsch ab und lande unfreiwillig auf der Autobahn. Schon nach ein paar Kilometern werde ich von der Polizei gestoppt. Grimmig stehen zwei Beamte vor mir und kramen längst vergessen geglaubte Vokabeln heraus: »Sie können hier nicht fahren, Rollstühle haben auf Autobahnen nichts zu suchen.«

»Oh, es tut mir Leid, ich habe mich verfahren«, beginne ich einschmeichelnd. »Ich will zum Holy Shrine des großen Imam Ayatollah Khomeini, Gott hab ihn selig.« Ihre Gesichter erhellen sich umgehend, einer von ihnen dreht sich um und meint: »Ja, dann müssen Sie immer geradeaus und an dem Autobahnkreuz nach links, gute Fahrt!«

Ali wartet schon vor dem gigantischen Komplex. Als Khomeini 1989 starb, begleiteten über zehn Millionen den Trauerzug, jeder wollte den Sarg noch einmal berühren, dabei gab es Tumulte, in deren Folge der Sarg umkippte und der Leichnam auf die Straße rollte. Nur mit einem Helikopter konnte er geborgen werden. Bis heute ist das Mausoleum nicht einmal halb fertig. Ali meint, eines Tages wird hier eine neue Stadt entstehen. Das Zentrum bildet eine goldene Kuppel, flankiert von vier vergoldeten Minaretten.

Obwohl im Mausoleum Kameraverbot herrscht, bedarf es nur einiger Worte Alis mit dem Wachpersonal am Eingang, und ich habe grünes Licht. Merkwürdig, wie hat er das geschafft, doch ich führe meinen Gedankengang nicht weiter, zu sehr beeindruckt mich die riesige, erst halb fertige Halle, an deren linker Seite sich der silberne Schrein erhebt.

Das haushohe Wandbild auf der gegenüberliegenden Seite zeigt Khomeini in Denkerpose ins Leere nach unten blickend, den Bart zwischen den Fingern. Ihm zugewandt, beten etwa 200 Gläubige auf einer mit Teppichen ausgelegten Fläche. Manche Schuhe, die am Eingang an der Garderobe abgegeben wurden, verbreiten einen beißenden Geruch, der durch die

Zugluft ins Innere geblasen wird und sich hier mit dem Aroma von Weihrauch und Mottenkugeln mischt. Vor ihrem Gebet schreiten die Gläubigen am Gitter des Schreins entlang, küssen das Metall, murmeln Trauerlitaneien, vergießen Tränen und spenden durch einen umlaufenden Schlitz Bares. Der Anblick des Sarges inmitten meterhoch angehäuften Geldes erinnert mich an Dagobert Duck. Obwohl der Vergleich hinkt. Tatsächlich entdecke ich unter den Rialscheinen diverse Dollarnoten.

Die Erweiterung des Komplexes geht in eine Shoppingmeile über, in der sich bereits ein Fastfood-Restaurant und ein Souvenirladen etabliert haben. In einem Geschäft für Devotionalien, vollgestopft mit Koranausgaben, Gebetsketten, Gebetssteinen, Postern von der Kaaba und vom Märtyrer Hussein, hält Ali eine Postkarte mit Khomeinis väterlich beschützendem Abbild in Händen und meint: »Als Saddam Hussein 1980 den Iran angriff, da war Imam Khomeini der Einzige, der die Massen mobilisieren konnte.« Mit Ehrfurcht spricht Ali von den Märtyrern, die ihr Leben für das Land geopfert haben und ich muss mir unbedingt den Behesht-e Zahra, den Soldatenfriedhof, ganz in der Nähe ansehen. Angesichts Alis Patriotismus kann ich ihm diesen Wunsch kaum noch abschlagen.

Wie in allen zermürbenden Feldzügen, in denen die Männer knapp wurden, hat man auch im siebenjährigen Irak-Iran-Krieg auf Greise und Schüler zurückgreifen müssen, die an der Front als lebende Minenräumer eingesetzt wurden. Sie trugen einen Plastikschlüssel um den Hals und den Glauben im Herzen, damit Einlass im Paradies zu erhalten. Den Angehörigen gefallener Soldaten sprach man Glückwünsche aus. Was ich sehe, lässt mich schaudern: Ein Meer von großen Porträtfotos junger Männer der 80er-Jahre, denen mit einer gewaltigen Haarpracht häufig noch die westliche Mode ins Gesicht geschrieben steht. Viele von ihnen könnten den Plattencovern von Deep Purple und Led Zeppelin entsprungen sein oder tragen den Afrolook von Jimi Hendrix. Das symbolische Blut der Märtyrer konnte man in den Kriegsjahren in einem riesigen Springbrunnen am Eingang des Friedhofes in Form rot eingefärbten Wassers plätschern hören.

Bis heute genießen Behinderte in der iranischen Gesellschaft einen hohen Stellenwert, denn viele sind Kriegsversehrte und werden heroisiert. Das zeigt sich in erster Linie an übergroßen fensterlosen Hochhausfassaden in Teheran, auf denen Beinamputierten, die lässig auf ihre Gehhilfen gestützt sind, Sinnsprüche in den Mund gelegt werden, während im Hintergrund unter Bombenhagel gestorben wird. Bisweilen schlägt sich die Heroisierung Versehrter auch in abgesenkten Bürgersteigen, Rampen und extra Schaltern für »freedom fighters« nieder. Das kommt auch mir zugute, selbst wenn ich meine Knochen nicht für das Vaterland geopfert habe.

Abschied von Ali

Ali nimmt wieder das Teheraner Besuchsprogramm auf, bei dem ihm mit jeder Museumsstufe, die er mich hinaufziehen muss, deutlicher wird, wie weit Teheran noch von Barrierefreiheit entfernt ist. Als Symbol für die Verschwendungssucht des Schahs Reza und seines Sohnes Mohammed Reza Pahlewi präsentiert Ali mir im schwer bewachten Keller der Bank Melli die fast drei Kilo schwere, mit über 3000 Diamanten besetzte Krone, den größten ungeschliffenen Diamanten der Welt, und viele Gegenstände von unvorstellbarem Wert. Nach dem Archäologischen Museum und dem Teppichmuseum, lasse ich mich eher widerwillig durch das Glas- und Keramikmuseum schleifen und denke darüber nach, wie ich an Studenten der anderen Sorte herankommen könnte, um von ihnen mehr über den Alltag zu erfahren.

Während Ali mir Keramikerzeugnisse aus verschiedenen Epochen erläutert, komme ich zu dem Schluss, dass es im nahen Umkreis der Universität Szenetreffs geben muss. Allerdings wird Ali mir dabei keine guten Dienste leisten können. Seine abfälligen Bemerkungen über Frauen mit lackierten Fußnägeln, die Szene am Eingang des Mausoleums und seine krasse Meinung zu Kopftüchern machen mich misstrauisch.

»Warst du schon beim Militär?«, frage ich ihn spontan und schaue ihm dabei ins Gesicht.

Ohne verlegen zu wirken, sogar mit Stolz antwortet er: »Ja, ich war bei den Revolutionsgarden, als Pasdaran habe ich gearbeitet.«

Ich hatte es mir schon gedacht, Ali war selbst Sittenwächter. »Hast du Frauen festgenommen, die ihr Kopftuch falsch trugen?«, will ich neugierig wissen.

»Selten«, entgegnet er, »meistens haben sie es korrigiert, wenn wir sie auf der Straße angesprochen haben.«

»Und wann musstet ihr sie verhaften?«

»Wenn sie sich weigerten, sich sittsam zu kleiden. Dann haben wir sie so lange in Gewahrsam behalten, bis sie unterschrieben haben, sich zukünftig den Regeln entsprechend zu kleiden.«

»Gab es auch Stockhiebe?«, frage ich weiter.

»Nicht von mir«, antwortet er kurz, als wolle er dem Thema ein Ende bereiten. Ich finde ihn trotzdem sympathisch, werde aber das Gefühl nicht los, von ihm kontrolliert zu werden. Nachdem der letzte Punkt auf seiner Liste abgehakt ist, trenne ich mich von Ali freundlich, aber für immer.

Wie ich vermutet hatte, gibt es zwischen Universität und Busbahnhof, auf dem Weg, den Studenten täglich gehen, eine ganze Reihe gut besuchter Teehäuser und Cafés. Die Kontaktaufnahme ist denkbar einfach und erfordert keine aktive Handlung. Ich suche mir ein ebenerdiges Café, rolle hinein und werde unverzüglich an einen von Männern und Frauen besetzten Tisch gebeten. Ich sehe bezaubernde, rassige Gesichtszüge, schaue in große dunkle Augen. Jeder hier am Tisch, egal, ob Mann oder Frau, hätte gute Chancen auf einen Job als Model auf dem Laufsteg. Kann es sein, dass ein Volk attraktiver ist als das andere? Ich kann es mir eigentlich nicht vorstellen, dennoch ist ihr Anblick eine Augenweide.

Wie Gefangene, die die Welt nur aus dem Internet kennen, überschütten sie mich mit Fragen, wollen meine Meinung zu den Äußerungen Bushs, Iran gehöre zur »Achse des Bösen«, und zu Büchern wie Betty Mahmoodys *Nicht ohne meine Tochter* hören. Sie bewirten mich mit Kaffee und loben meinen Mut, allein nach Teheran zu reisen. Endlich kann auch ich meine Fragen anbringen. Ich will von ihnen wissen, was sie von der Geschlechtertrennung halten, dem Gitter in den Bussen, getrennten Hörsälen und frage die jungen Studentinnen, die ausnahmslos den Tschador tragen, nach ihrem Verhältnis zu ihrer Kleidung. Alle wollen zugleich antworten, und es dauert eine Weile, bis sie sich geeinigt haben. Venus, deren Schönheit mich im ersten Moment ganz durcheinander bringt, fasst zusammen, was alle bewegt: »Wir haben nichts gegen Geschlechtertrennung. Die Anmache in den vollgestopften Taxis und auf der Straße ist in manchen Gegenden unerträglich. Es hilft ein wenig, streng religiös gekleidet zu sein, auch wenn wir gar nicht so gläubig sind.«

Wieder reden sie alle durcheinander. Eine andere Frau ergreift das Wort: »Die Männer wären weniger aufdringlich, würde man die Trennung von Mann und Frau abschaffen. Es ist doch ungerecht«, schimpft sie, »Frauen nur Sportarten zu erlauben, die sich mit den Kleidervorschriften ausüben lassen.« Eine andere fügt mit Spott an: »Wir dürfen nicht einmal als Zuschauer ins Fußballstadion!«

»Warum nicht?«, frage ich entrüstet.

»Männern in kurzen Hosen beim Laufen zuzuschauen könnte unzüchtige Begehrlichkeiten wecken!«, wird mir gestelzt erklärt. Bei dem Gedanken, dass das Internet per Mausklick die abartigsten Pornos liefern kann, bekomme ich langsam den Eindruck, als leiden die Mullahs an heftigem Realitätsverlust. Ali würde in dieser Runde reichlich Diskussionsstoff finden, doch so weit käme es vermutlich nicht. Die jungen Studentinnen rauchen Marlboro, trinken Cola oder Fanta und halten Händchen mit ihrem Boyfriend. Ich wage mich etwas provokativ vor: »Amerika ist imperialistisch, habt ihr gesagt. Warum trinkt ihr dann Cola und raucht Marlboro, gibt es keine adäquaten iranischen Erzeugnisse?« Sie lächeln mich verständnisvoll an und meinen: »Das ist aus iranischer Produktion! Kleine Nadelstiche in die amerikanische Wirtschaft!«

Nagender ist wieder da

Im großen Basar von Teheran zeigt es sich, dass ein Urheberrecht im Iran nicht existiert. Beim Kauf iranischer Musik für den Diavortrag muss ich ein paar Minuten warten, bis das Original auf dem PC kopiert wurde. Mir werden alle internationalen Hits aus den aktuellen Charts sowie erstklassige Software nebst Handbüchern zum Spottpreis auf CD angeboten. DVDs mit allen im Westen gängigen Filmen zieht der Händler unterm Ladentisch heraus, nachdem er sich mit einem prüfenden Blick überzeugt hat, nicht von Sittenwächtern überrascht zu werden. Das Schwarzkopieren ist keine Straftat, nur die Sexszenen auf den DVDs könnten ihn ins Gefängnis bringen.

Ganz besonders beeindruckt mich der Laden des Teppichhändlers Abashi. Während ich mir im Schaufenster schmunzelnd den Fußabtreter in Form einer Fünfdollarnote betrachte, stellt er sich daneben und meint, nachdem er sich davon überzeugt hat, dass ich kein Amerikaner bin: »Das ist ein politischer Gruß an Mister Bush.«

»Keine schlechte Idee!«, lobe ich ihn.

»Kommen Sie doch herein auf ein Glas Tee.« Jeder andere Teppichhändler auf der Welt hätte in den zwei Stunden unserer Unterhaltung mindestens einmal versucht, seine Ware anzupreisen. Doch Mister Abashi will einfach nur Konversation betreiben, was auch meinen Interessen entspricht. Dabei habe ich tatsächlich einen Moment überlegt, die Fünfdollarnote zu kaufen. »Ich verkaufe keine normalen Teppiche, das machen andere«, sagt er stolz, eine Marktlücke aufgetan zu haben. »Sehen Sie, das ist Napoleon oder hier die Mona Lisa. Ist der Blick nicht perfekt gelungen?«

Schmunzelnd sage ich: »Wie gemalt!«

Über der Tür hängt das Meisterstück, eine geknüpfte Darstellung des christlichen Abendmahls. Auch dafür lobe ich seine Knüpfer, doch ich muss ein zweites Mal hinschauen, denn zwischen den Jüngern sind zwei leicht bekleidete Damen eingefügt, die alle Aufmerksamkeit auf sich lenken.

»Was ist das?«, frage ich scheinbar empört.

»Oh, verzeihen Sie, ein kleiner Seitenhieb aufs Christentum«, dabei klopft er mir tröstend auf die Schulter. In gleichem Tonfall gebe ich zu bedenken: »Passen Sie auf, dass der Papst keine Fatwa gegen Sie ausspricht.« Wir brechen in Gelächter aus.

In einer anderen Ecke des Basars werden die Labels der edelsten Modeschöpfer zu Hunderten auf der Rolle verkauft. Der Anblick würde Hugo Boss und Co. die Zornesröte ins Gesicht treiben. Für ein paar Euro kann man sich hier stapelweise Billig-T-Shirts veredeln lassen.

Die Smogglocke über der Stadt beginnt ihre Spuren an mir zu hinterlassen. Alle Schleimhäute sind gereizt, tiefes Durchatmen bedeutet die Lunge mit Rußpartikeln vollzupumpen, nur gut, dass Nagender mit der nächsten Maschine eintrifft.

Wir sind vom ersten Moment an wieder vollkommen vertraut miteinander, ganz so, als hätten wir uns erst gestern in Amman verabschiedet. Ohne Zeit zu verlieren, fahren wir zunächst an einem Laden vorbei, in dem alles zu haben ist, was der Iraner zur Verwirklichung seiner Lieblingsbeschäftigung benötigt, dem Picknicken. Viele betreiben das über mehrere Tage, weshalb auch Schlafsäcke, Unterlagen und Zelte in allen Größen angeboten werden. Wir entscheiden uns für das billigste, leichteste und kleinste Zelt, denn vor mehr als Staub soll es uns nicht schützen.

Der Fahrradbasar östlich des Bahnhofes, in einem Straßenzug, der gesäumt ist von gut sortierten Läden, die auch gebrauchte Räder anbieten, liegt nicht weit entfernt. Nagender hat inzwischen dazugelernt. Selbstbewusst zieht er eine Tube Creme aus seinem Rucksack und meint: »Damit durchqueren wir Persien gut geschmiert.«

»Und mit einem guten Fahrrad«, ergänze ich mit erhobenem Zeigefinger.

Die Auswahl an gebrauchten Rädern ist so umfangreich, dass wir sogar Nagenders Körpergröße berücksichtigen können.

»Siehst du da drüben das Fahrrad mit den gelben Griffen?«, ich zeige über die Straße auf ein Geschäft, in dem drei gebrauchte Räder angeboten werden, »im Vorbeigehen habe ich es mir angesehen, es sieht gut aus.« Ich überlasse Nagender das Feld: »Geh du allein rüber, wenn die mich sehen, verlangen sie gleich das Doppelte. Und denk daran, ein Khomeini, also zehntausend Rial, sind tausend Thoman, ist ganz einfach.«

Wieder gestaltet sich das Feilschen um den Preis aufgrund der Dickköpfigkeit beider Verhandlungspartner als langwieriger Prozess. Das große Angebot in den Läden der Umgebung versetzt Nagender in eine Position, die den Preis purzeln lässt, wie ich es nicht für möglich gehalten hätte. Strahlend winkt mich Nagender nach dem Handschlag herüber. Das konsternierte Gesicht des Händlers übersehe ich bewusst.

»Wir haben gerade hundertfünfzig Euro erwirtschaftet und einen neuen Sattel dazu.« Ich bewundere Nagender um diese

Gabe. Der ursprüngliche Preis von 200 Euro war eindeutig überhöht. Doch 50 Euro sind wiederum verdächtig wenig. Im Laden an der Straßenecke, in den wir zuvor einen Blick hineingeworfen hatten, erfahren wir, warum: »Haben Sie das Fahrrad da drüben gekauft?«, fragt der Besitzer Nagender.

»Ja, ist etwas damit?«

»Der verkauft Diebesgut, seien Sie vorsichtig.«

Verzweifelt schaue ich unseren Erwerb und dann Nagender an. »Mit einem geklauten Fahrrad durch Iran! Abenteuer pur.« Ich fasse mir an den Kopf.

Nagenders sarkastischer Kommentar lautet: »Ohne Thrill macht das Leben keinen Spaß.«

Zum Shopbesitzer gewandt frage ich: »Werden im Iran für Diebstahl noch die Hände abgeschlagen?«

»Nein, es gibt nur Stockhiebe«, tröstet er mich.

»Ihr Wort in Gottes Ohr!«

»Willst du den Kick?«, frage ich Nagender.

»Ich will«, antwortet er, als ginge es um eine lebensgefährliche Mutprobe.

Richtung Süden

Die schlechte Luft hat sich bis zum frühen Morgen kaum gebessert. Mit der Dämmerung wird ein gelblicher Schleier über Teheran sichtbar, dahinter, im Norden, erhebt sich das Elburs-Gebirge. Unsere Fahrt Richtung Süden, nach Qom, 200 Kilometer entfernt, geht stetig bergab. Das Azadi-Monument, ein auf den Kopf gestelltes, gigantisches Ypsilon, haben wir lange hinter uns, auch die letzten Ausläufer Teherans, die trostlosen Trabantenstädte und die der Wüste überlassenen Plantagen.

Wir geraten in eine riesige Ebene, ohne jeglichen Baumbestand. Hin und wieder sind kleine, geduckte Ortschaften weitab der Straße oder einzelne Schafunterstände erkennbar. Obwohl das Wetter klar ist, löst sich links der Straße der Horizont langsam in nichts auf. Ein Phänomen, das sich beim Blick auf die Karte klärt. Dort liegt der Howz-Salzsee. Dunst steigt von dort auf und verwischt die Linie zwischen Himmel und Erde. Jenseits des Sees erstrecken sich die Wüste Kavir und die Wüste Lut, an deren südlichen Randbereichen wir über Kashan, Yazd, Kerman und Bam in den kommenden Wochen entlangfahren werden. Von dort geht es gen Süden und am Persischen Golf wieder nordwärts nach Shiraz, Persepolis und schließlich zur Perle des Orients, nach Isfahan.

Nagender holt auf, fährt neben mir und fragt: »Warum willst du unbedingt nach Bam, da ist alles zerstört!«

»Oh, das habe ich dir noch nicht erzählt, es gibt dort eine Hilfsorganisation namens Handicap International, die sich verstärkt um die Rehabilitation Schwerverletzter bemüht. Sie haben mich gebeten, über ihre Arbeit einen Artikel zu schreiben, und ich denke, das gehört in den Diavortrag auch hinein.«

»Du hast Recht, man kann den Iran nicht nur durch die rosarote Brille zeigen«, antwortet er.

Von allen Seiten wurde uns geraten, während der Aschura-Feierlichkeiten Qom zu meiden, alle Reiseführer warnen vor riesigen Menschenmengen und einem chaotischen Verkehr. Doch wir sind nicht hier, um den interessantesten Festen fern zu bleiben. Schon vor einem halben Jahr hatte ich ein Zimmer in Qom gebucht und im Voraus bezahlt. Nun, nachdem wir uns in den späten Abendstunden durch ein extrem dichtes Verkehrsgewühl gearbeitet haben, sind wir trotz Buchung überrascht, dass das Zimmer tatsächlich frei ist.

Qom ist das Zentrum des religiösen Fundamentalismus im Iran, keine Stadt besitzt so viele Koranschulen und nirgends sieht man mehr Mullahs auf den Straßen als hier. Das zweitwichtigste Pilgerziel im Iran, nach dem Grab Imam Rezas in Mashad, das Mausoleum seiner Schwester, der Fatima al Masume, zieht schiitische Gläubige aus der ganzen Welt an.

216

Khomeini sammelte hier seine Anhänger gegen den Schah, und am Tag der Aschura-Feierlichkeiten begann 1979 von Qom aus der Marsch auf Teheran. Das Heiligtum ist ein riesiger ummauerter Komplex aus marmorgepflasterten Vorhöfen, die ineinander übergehen und sämtlich zum versilberten Schrein führen. Das Gedränge vor dem Schrein ist enorm und durchaus mit Menschenaufläufen bei indischen Festivitäten vergleichbar. Der Zutritt bleibt für Nichtmoslems ab hier verboten. Nagender, dessen religiöse Identität variabel ist und der kurzfristig zum Moslem mutiert, erzählt mir nach seiner Besichtigung von riesigen Kronleuchtern, spiegelbesetzten Kuppeln und trauernden Pilgern. Doch die Aschura-Feierlichkeiten drehen sich nicht um Fatima, sondern um den Imam Hussein, einem der Vorgänger ihres Bruders, und um den uralten Streit, wer Mohammeds Unfehlbarkeit beerben kann. Mit der verlorenen Schlacht von Kerbela teilte sich die islamische Welt in Schiiten, deren Imame sich als direkte Nachfolger Mohammeds bezeichnen, und Sunniten, deren Kalife nicht diesen Nachweis erbringen mussten.

Für gläubige Schiiten, die im Iran 90 Prozent der Bevölkerung ausmachen, stellt dieses Ereignis vor über 1300 Jahren bis heute ein Trauma dar. Plakate und gemalte Wandbilder zeigen die immer wiederkehrende Szene von Husseins Märtyrertod vor seinem weißen Pferd in einer apokalyptisch, in düsteren Farben dargestellten und von Zerstörung geprägten Umgebung. Aus Trauer um die vertane Chance, aus überlieferten Schuldgefühlen und dem Hang zum Märtyrertum reisen schiitische Pilger bis heute nach Kerbela und Damaskus, um an den Orten des Geschehens Buße zu tun.

In den Straßen von Qom ist mittlerweile ein Fahrzeugverkehr unmöglich geworden. Aschura-Umzüge sind unterwegs, gesäumt von weiblichen Zuschauern, deren Kleidung wie ein schwarzes Loch alles Licht in sich aufsaugt. Bis an die Schmerzgrenze reicht der Lärm der Trommeln, Megafone und Verstärker, stromgespeist von miteinander verkabelten

Autobatterien, die die Kinder in Handwagen hinter sich herziehen. Wir bewegen uns inmitten zwei langer Reihen junger Männer, die sich in regelmäßigem Rhythmus Bündel kurzer Eisenketten auf den Rücken schlagen. Manche machen dabei einen gelangweilten Eindruck, sie sind schließlich schon den ganzen Tag damit beschäftigt. Andere wiederum peitschen sich voller Inbrunst mit kräftigen Hieben aus. Ihre schwarzen Hemden sind am Rücken dünn geworden von den vielen Schlägen. Es sickert Blut aus aufgeplatzter Haut hindurch. Grimmige bis feindselige Blicke erzeugen eine unheimliche Stimmung, gerade so, als würden sie im nächsten Moment mit ihren Eisenpeitschen über uns herfallen.

Ich fordere das Glück heraus und nehme die Kamera in die Hand. Bevor ich sie hebe, achte ich genau auf die Gesichter, suche nach Reaktionen, aus denen ich Zustimmung oder Ablehnung lesen kann. Wie ich es in Damaskus erlebt hatte, stellen sich auch hier einige in Pose, um ihre Leidenschaft unter Beweis zu stellen, und fordern mich zum Fotografieren auf. Vor dem Eingang der Moschee, wo der Umzug schon erwartet wird, liegen drei geschlachtete Hammel, denen das Blut aus der Kehle rinnt, zur Zubereitung der Armenspeisung bereit. Es ist der Schauplatz für junge kräftige Männer, die damit beschäftigt sind, auf andere Art und Weise die Schuld ihrer Vorväter auf sich zu nehmen. Sie taumeln für Sekunden mit einem riesigen Gestell voller Schlachtsymbole Husseins umher, das ihnen auf die Schultern gelegt wurde. Kurz bevor sie zusammenbrechen, bietet sich der Nächste an. Das geht über Stunden, angefeuert werden die Männer von den ohrenbetäubenden Rufen der Einpeitscher.

Unauffällig stehen Nagender und ich am Rande des Geschehens und beobachten das Treiben der Akteure und ihrer Zuschauer. Da sehe ich einen bärtigen Mann, aus der Moschee kommend, mit zwei Tellern über den Platz genau auf uns zugehen. Kurz bevor er uns erreicht, gibt er der Kapelle ein Zeichen, und im Nu ist es auf dem Platz mucksmäuschenstill.

Alle schauen uns an. Der Mann begrüßt uns freundlich, überreicht uns die Teller mit gegrilltem Hammel und Brot, wie es ein Ober tun würde, heißt uns herzlich willkommen zum Aschura-Fest und eröffnet damit die Speisung der Masse. Als Gäste werden wir vor allen anderen bedient.

In einer leer geräumten Fabrikhalle werden wir Zeugen einer Zeremonie, wie ich sie schon an der Omayyaden-Moschee in Damaskus erlebt hatte. Damit die Männer sich in Gedanken nicht versündigen, sind sie durch einen Sichtschutz, der die Halle in zwei Hälften teilt, von den Frauen getrennt. Sie dagegen können den Vorbeter nicht sehen, sondern nur hören. Er sitzt erhöht auf einem thronartigen Stuhl unter den übergroßen Porträts von Ayatollah Khomeini und dem derzeitigen geistigen Oberhaupt Chamenei. In lyrischen Worten beginnt er mit gesenkter Stimme die Leiden des Hussein zu beklagen, steigert sich, wird dramatisch und laut, bis die ganze Halle in Schluchzen ausbricht und sich die Männer rhythmisch mit der Faust auf die Brust schlagen. Noch bis tief in die Nacht sind die Klagepredigten der Mullahs über der Stadt zu hören.

Ahmad Hatami

In den frühen Morgenstunden vor Sonnenaufgang beladen wir unsere Fahrräder vor dem Hotel. Wie nach einem Volksfest sind die menschenleeren Straßen der Stadt mit Unrat übersät. Den zahlreichen Blutlachen von geschächteten Hammeln müssen wir per Slalomfahrt ausweichen.

Jenseits von Qom passieren wir den großen Namak-Salzsee mit nahezu 100 Kilometern Durchmesser. So weit das Auge reicht, erstreckt sich die blendend weiße Oberfläche, der man nicht ansehen kann, ob sie fest oder flüssig ist. Selbst in den

Uferbereichen sind farbliche Veränderungen fast nicht wahrnehmbar. Ein menschenfeindlicher, irrealer Anblick. Dafür ist die Straße umso belebter. Es ist die Hauptverbindung von Teheran in alle südwestlich gelegenen Regionen. Vor allem die LKW-Fahrer müssen wir im Auge behalten, wenn sie bei Gegenverkehr zum Überholen ansetzen.

Am Nachmittag stoppt vor uns ein Kleinwagen, aus dem ein Ehepaar mittleren Alters steigt. »Bitte, haltet an!«, ruft uns der Mann zu und fuchtelt mit seinem Krückstock in der Luft herum. »Ihr wollt nach Kashan!«, stellt er fest.

»Ja«, bleibt mir nur zu sagen, denn nichts anderes liegt am Ende der Straße.

»Ihr müsst zum Grillen kommen«, sagt er im Befehlston, »heute Abend, hier die Adresse.« Dabei reicht er uns seine Visitenkarte herüber: »Ahmad Hatami, Teppichproduzent, Kashan, Ayatollah Teleqani Street.« Ich schaue Nagender an, und weil er keinen besseren Vorschlag macht, sage ich Mister Hatami, dass wir unser Bestes tun werden, die 40 Kilometer nach Kashan müssten wir bis 17 Uhr geschafft haben.

»Okay, dann ist das Kebab fertig.« Ahmad steigt mit seiner kleinen Frau, die kein Wort gesagt hat, wieder ein und ist verschwunden.

Verdutzt sage ich zu Nagender: »Was war das denn?«

Während Nagender sich wieder auf sein Fahrrad schwingt, stellt er trocken fest: »Das klang eher nach einer Festnahme als nach einer Einladung.«

»Hier muss es sein.« Mit der Visitenkarte in der Hand stehen wir vor einem Eisentor. Ich klopfe. Als hätte Ahmad auf uns gewartet, öffnet er und bittet uns in einen großen, mit Wein bewachsenen Innenhof. »Dort wohnt mein Bruder«, erklärt er uns und weist auf die Hauseingänge, »hier mein zweiter Bruder und da drüben mein dritter Bruder. Und hier wohnen wir. Bitte.«

Wie in traditionellen iranischen Restaurants steht ein mit Teppichen belegter niedriger Tisch bereit, auf den man sich mit gekreuzten Beinen zum Essen niederlässt. Ahmad entpuppt sich als humorvoller Unterhalter, der kein Blatt vor den Mund nimmt. Seine Brüder sind derweil am Grill beschäftigt und reichen die fertigen Schaschlikspieße, gegrillte Tomaten und Zwiebeln herüber. Ahmads Frau holt aus der Küche Reis mit getrockneten Johannisbeeren und einem Stück Butter darauf. So gesehen macht das keinen großen Unterschied zu deutschen Grillabenden. Doch dann knallt Ahmad eine abgegriffene Johnny-Walker-Flasche, die mit einer klaren Flüssigkeit gefüllt ist, auf den Tisch und vor jeden von uns ein Schnapsglas. Ich wende den Kopf, um mich davon zu überzeugen, dass das Tor geschlossen ist. »Was ist das?«, frage ich erstaunt. Ahmads Gesicht hebt sich, als wolle er zu einer Rede ansetzen. »Selbst gebrannt aus Weintrauben«, sagt er voller Stolz und fügt mit ausladenden Handbewegungen an: »Der ist in der ganzen Nachbarschaft begehrt, schmeckt erstklassig!«

»Ich dachte, ihr macht Teppiche.«

»Machen wir auch, und Schnaps.« Dabei füllt er unsere Gläser. Während seine Brüder einen großen Kupferkessel aus dem Keller tragen und auf dem Tisch abstellen, meint Ahmad: »So einen Apparat gibt es in Kashan nur einmal. Den haben wir selbst gelötet. Hier kommt der Wein hinein«, beginnt er zu erklären, »unsere Weintrauben sind sehr süß.«

Ich beuge mich zu Ahmad herüber und sage in warnendem Ton: »Du weißt, dafür kommst du ins Gefängnis!«

»Ha«, stößt er respektlos aus, macht dabei eine abwertende Handbewegung und lehnt sich genüsslich in den Sitz zurück. »Ich habe schon zur Zeit des Schahs bei seiner Geheimpolizei, dem Savak, im Gefängnis gesessen, die Mullahs machen mir keine Angst mehr.« Er zeigt über den Hof zum Hundezwinger und fügt selbstzufrieden hinzu: »Außerdem habe ich noch Kommissar Derrick, der riecht die schon aus hundert Meter Entfernung!« Lachend schauen sich die Brüder an. »Kommissar Derrick?«, frage ich. »Woher hast du den Namen?«

»Aus dem Fernsehen«, antwortet er beiläufig.

»Warum hast du im Gefängnis gesessen?«, frage ich neugierig.

»Weil ich Flugblätter gegen den Schah gedruckt hatte, ich wurde gefoltert und sie haben mir die Knochen gebrochen, hier«, er zieht das rechte Hosenbein herauf und weist auf zwei Narben am Knie.

»Aber zufrieden bist du heute auch nicht«, stelle ich fest.

»Nein«, bestätigt er bitter, »wir wollten Gerechtigkeit für alle, stattdessen sind die sozialen und ökonomischen Probleme nur größer geworden.«

»Andreas«, beginnt Ahmad ein neues Thema anzuschneiden, »freitags tun wir in unserer Familie nur zwei Dinge: essen und schlafen. Nun haben wir gegessen und daher zeige ich euch, wo ihr schlafen könnt.« Er humpelt die Stufen zum Keller hinunter, ich hoppele, von Nagender gehalten, hinterher. Das Gästezimmer entspricht dem Luxus eines für uns unbezahlbaren Hotels. »Familie Hatami scheint mit Teppichen gut Geld zu verdienen«, staunt Nagender, während er sich umschaut. »Mal sehen, wann er uns den ersten verkaufen will«, füge ich hinzu.

Am nächsten Tag gibt uns Ahmad eine Einführung in die Teppichherstellung. Die Wolle wird bei den Schafzüchtern in großen Mengen aufgekauft, gesponnen und in Kochereien eingefärbt. Mir stockt der Atem, reflexartig weiche ich zurück, als ich den Raum mit den vier großen Bottichen betrete. Ahmad hat meinen Rollstuhl als willkommenen Ersatz für seine Krücke entdeckt und schiebt mich gegen meinen Willen in die Chemieküche.

An den Wänden stehen Säcke mit chemischem Farbpulver, Feuerholz und Rührstäbe, Farbpaletten und Wollproben liegen überall herum. Der Boden um die Bottiche hat eine Patina angenommen, die entsteht, wenn man die Grundfarben wahllos miteinander mischt. Entsprechend sind die Unterarme und Hände der Arbeiter eingefärbt. In jedem der Kübel, die von unten mit Holz befeuert sind, brodelt eine der Grundfarben sowie Schwarz. Die auf runden Stäben aufgefädelte Wolle wird in die Zuber eingetaucht und gekocht. Als wir auf dem Hof die zum Trocknen aufgehängten bunten Schnüre betrachten, meint Ahmad: »Diese Wolle ist nur für handgeknüpfte Teppiche geeignet. Was hier hängt, wurde für ein Einzelstück mit individuell gemischten Farbpigmenten gefärbt.«

Die Vorbereitung der Muster erledigt derweil ein Designer. Ihn treffen wir im überdachten Basar in Kashan bei der Arbeit. Von uralten Vorlagen entsteht ein Entwurf, der in Planquadrate aufgeteilt, auf Millimeterpapier übertragen und auf Holzplättchen geklebt wird. Dabei entspricht jeder Quadratmillimeter, den er farbig ausmalt, einem Knoten. Hiervon können die Knüpferinnen die Farbe des zu wählenden Fadens ablesen.

»Ich würde gern einer Knüpferin zuschauen«, meine ich zu Ahmad. »Kein Problem, wir können Frau Laleh besuchen, sie hat gerade mit einem neuen Auftrag begonnen. Ich muss sowieso zu ihr, um nach dem Rechten zu sehen.«

In der Altstadt von Kashan, gewachsen in traditioneller Lehmbauweise, mit schmalen Gassen, die nur mit Fahrrädern oder zu Fuß durchquert werden können, stehen wir vor einer Holztür, an die Ahmad klopft. Ein kleiner, alter Mann öffnet und bittet uns herein. Wir gelangen in einen Hof, in dem zwei Ziegen stehen und ein paar Hühner neben einem Stapel Feuerholz picken. Am einzigen Fenster im Haus, das auf den Hof geht, sitzt Frau Laleh vor einem Knüpfrahmen. Als sie uns bemerkt, unterbricht sie ihre Arbeit und setzt den Teekessel auf.

Das Haus besteht aus nur einem Raum, in dem geschlafen, gegessen und gearbeitet wird. Es ist eine ärmliche Behausung. Aus den Matratzen quillt der Füllstoff, der Boden besteht nur aus gestampftem Lehm und die Hühner gehen ein und aus. Nur der halb fertige Teppich im Rahmen bildet einen Farbtupfer. Schon jetzt ist erkennbar, dass es ein außergewöhnliches Exemplar wird. Blaue, leuchtende Farben in allen Schattierungen dominieren. Sie erzählt uns, dass sie an guten Tagen 10 000 Knoten schafft, aber weil sie sich elektrisches Licht nicht leisten können, knüpft sie nur tagsüber. Ihr Mann ist arbeitslos wie auch die erwachsenen Kinder, die nach Teheran gegangen sind, und zur Zeit ist die Teppichknüpferei die einzige Einnahmequelle.

Als ich frage, ob ihr Mann auch knüpft, werde ich verwundert angeschaut. Ahmad erklärt es mir mit einem kurzen dogmatischen Satz: »Männer knüpfen keine Teppiche.« Die Frage, wie viel Geld sie am Ende verdienen wird, endet in einer Rechenaufgabe. Wenn 10 000 Rial gleich 1000 Thoman sind, wird sie umgerechnet 80 Euro für die Arbeit erhalten. Ein paar Monate kann die Familie davon überleben.

Als müsse sich Ahmad dafür rechtfertigen, setzt er prompt hinzu, dass er selbst an der Auftragsvermittlung kaum verdient. Überhaupt sei die maschinelle Produktion von Teppichen weitaus lukrativer. Ahmad und seine Brüder sind Herr über fünf haushohe Knüpfmaschinen, die jeden Tag 75 Quadratmeter Teppich produzieren. Achtzig Millionen Iraner richten sich ihr Heim zuallererst mit einem Teppich ein. Der Bedarf ist enorm. Stolz führt er uns im Industriegebiet durch eine Halle, in der, begleitet von infernalischem Lärm, unzählige Fäden von Kunstfaserrollen in Knüpfmaschinen zusammengeführt werden, die sich am anderen Ende als Teppiche aufrollen. Irgendwo unterm Hallendach, dort, wo sich das Hirn der Maschinen befindet, werden Lochkarten umgeblättert, dekodiert und in Teppichmuster umgesetzt. Es ist ein verwirrendes Zusammenspiel von Hebelchen, Zahnrädern und Messern. Ich bin fasziniert von diesem mechanischen Meisterwerk. »Die sind alle in Deutschland gebaut«, sagt Ahmad, als wolle er mir schmeicheln, und weist auf das Typenschild an einem Maschinenfuß.

»Kommt!«, ruft Ahmad uns zu, während wir staunend versuchen, den Werdegang der Fäden zum Teppich nachzuvollziehen. »Die Suppe ist fertig.« Der ganze Firmenparkplatz ist

Die Küste am Persischen Golf gehört zu den heißesten Regionen der Welt.

Eingedeckt mit ausreichend Lebensmitteln und Wasser brechen wir in Teheran auf.

Nicht alle Iraner glauben an den bösen Blick, der Unheil hervorrufen kann.

Vorige Seite: Im Südosten des Iran tragen viele Frauen noch archaisch anmutende Gesichtsmasken aus Leder, Stoff oder Filz, die das Gesicht, wie die afghanische Burkha, vollkommen abdecken.

Praktischer Sonnenhut

Die beiden zusammengeschweißten Motorräder, die Massoud mir leiht, wecken meine alte Lust am Motorradfahren.

Nächste Seite: Der Demawend im Elburs-Gebirge, nordöstlich von Teheran, ist mit 5671 Metern der höchste Berg Irans.

Ein voll besetztes Zweiradtaxi kann bis zu sieben Personen transportieren.

Die Solidarität der anderen Verkehrsteilnehmer und ihr Drang, uns etwas Gutes zu tun, ist überwältigend.

Das Erdbeben im Dezember 2003 hat das Gesicht der Stadt Bam vollkommen verändert.

Die unendlichen Weiten verlangen mir einen großen Durchhaltewillen ab.

Nächste Seite: Auf den einsamen, weiten Hochebenen im Zagroz-Gebirge kommen wir oft an unsere Grenzen.

Ahmad, der uns von der Straße »gepflückt« hat, ist es eine Freude, unser Gastgeber zu sein.

Schiiten pilgern an Ashura zu den heiligen Stätten von Damaskus, Kerbala und Maschad.

Das Mausoleum des Derwisches Nematollah Vali ist ein Kleinod in der Wüste.

Hinter der Fassade Amir Chakhmaq verbergen sich die Werkstätten der Handwerker.

Um der Götzenanbeterei ein Ende zu bereiten, ließ Mohammed menschliche Abbildungen verbieten. Dadurch entstanden in den Moscheen Meisterwerke an Ornamentmalerei.

Ständig fegt ein eisiger Wind über die Hochebene der Kashkai-Nomaden.

Vorige Seite: Im krassen Kontrast zur schwarzen Kleidung der iranischen Frauen stehen die farbenfrohen Kleider der Kashkai. Sie haben in den einsamen Bergregionen ihre Kultur erhalten können.

Den Kontakt zu den Nomaden habe ich über die Kinder schnell gefunden.

mit Teppichen ausgelegt, auf dem Mitarbeiter und Familienmitglieder sich mit gekreuzten Beinen niedergelassen haben. Die Maschinen im Hintergrund werden nacheinander abgeschaltet und alle Arbeiter gesellen sich dazu. »Einmal in der Woche kommen alle zusammen, darauf freuen wir uns sieben Tage lang«, meint Ahmad, »bitte setzt euch!« Während wir von der herrlichen Kartoffelsuppe schlürfen, versuche ich Ahmad schonend beizubringen, dass wir morgen in aller Frühe weiterreisen. Seinen Wunsch, uns noch länger als Gäste bei sich zu haben, müssen wir ihm abschlagen. Als kleines Trostpflaster gebe ich ihm meine Adresse und lade ihn zu uns nach Hause ein. Das gebietet schon die Höflichkeit, auch wenn uns beiden klar ist, dass die Deutsche Botschaft Iranern nur unter schwer zu erfüllenden Auflagen ein Visum erteilt.

Drei Monate später, an einem warmen Frühsommertag, klingelte es an unserer Haustür und ein in Winterkleidung verpackter Ahmad stand vor mir. Ihm war nach Hinterlegung eines größeren Geldbetrages ein Touristenvisum erteilt worden. Es war eine tolle Überraschung. Ich besorgte schnell Hammel, Tomaten und Reis vom Türken und schmiss den Grill an, zeigte ihm Celles schöne Fachwerkhäuser und das Schloss. Nach zwei Tagen reiste er wieder ab.

»Ich bringe euch morgen noch ein Stück Richtung Yazd, dann müsst ihr nicht so strampeln.«

Ich rede auf ihn ein: »Ahmad, wir müssen nicht strampeln, das Fahrradfahren macht uns Spaß!«

»Keine Widerrede«, fällt er mir ins Wort und schaut mich dabei nicht einmal an, »morgen bringe ich euch nach Abyaneh.«

Nach der Suppe wird Ahmads Selbstgebrannter ausgeschenkt und es beginnt ein ausgelassenes Firmenfest. Die Kopftücher des jüngeren Büropersonals und Ahmads weiblicher Verwandtschaft rutschen in den Nacken und verwandeln sich zu feschen Schultertüchern. Um Stimmung zu machen, fährt Ahmads Bruder seinen Wagen rückwärts heran, öffnet die Heckklappe und dreht die Anlage auf. Stücke von Chris de Burgh und weitere westliche Hits, allesamt im Iran verboten, erschallen so laut, das es selbst Ayatollah Chamenei in Teheran hören müsste. Jetzt wird auch noch getanzt, Männer und Frauen zusammen! Das kann nicht gut gehen. Wie befürchtet, fährt schon nach ein paar Minuten ein Wagen mit zwei Sittenwächtern vor. Doch niemand beachtet sie oder unterbricht gar sein Tun, obwohl so ziemlich alles an diesem Fest verboten ist. Ich schiebe das Schnapsglas etwas weiter von mir und schaue Ahmad besorgt an. Er hebt den Kopf leicht an, wie er es immer tut, wenn er alles im Griff hat, macht einen langsamen Lidschlag und meint in beruhigenden Worten: »No Problem.« Ahmad geht ihnen zum Firmentor entgegen, wo die beiden in schwarz gekleideten Aufpasser mit ihren Walkie-Talkies schon warten. Er reicht ihnen etwas herüber und die Sache ist erledigt.

»Was hat das gekostet?«, frage ich ihn.

»Fünfzig Khomeini«, lautet seine Antwort, die mich nicht wirklich befriedigt.

In den Fängen des Geheimdienstes

Entgegen unserer Planung kommen wir am Morgen aufgrund Ahmads übermäßigen Alkoholkonsums erst um zehn aus Kashan heraus. Obwohl wir schon um sechs Uhr hätten fahren können, mussten wir warten, bis er seinen Rausch ausgeschlafen hatte.

Abyaneh, 80 Kilometer südöstlich von Kashan, idyllisch in den Bergen des Karkas-Gebirges gelegen, ist laut Ahmads Aussage der höchste Punkt an der Straße zwischen Kashan und Yazd. »Von hier geht es nur noch bergab, in zwei Tagen seid ihr da, *choda hafez,* auf Wiedersehen.«

So kompromisslos, wie er uns vor ein paar Tagen von der Straße geholt hatte, setzt er uns nun wieder ab. »Schaut euch Abyaneh an, es ist ein schönes Dorf!«, ruft er uns noch aus dem fahrenden Wagen zu und schon ist er verschwunden.

Viel kann ich davon nicht entdecken. Die Häuser von Abyaneh kleben an Steilhängen übereinander, sodass das Flachdach des einen, den Hof des Nachbarn bildet. Hier müsste mein Rolli Flügel haben. In vollem Bewusstsein der Dekadenz meines Handelns, hänge ich Nagender meine Kamera um den Hals und sage: »Mach mir bitte ein paar schöne Fotos, ich warte hier.«

Ahmad hatte sich verschätzt. Das passiert häufig gerade den Menschen, die nur Auto fahren und Steigungen sowie Distanzen gemäßigter empfinden. Bis das Tal hinter uns liegt, kraxeln wir zwei Stunden lang im Schritttempo die Serpentinen hinauf. Als wir den Kamm erreichen, liegt uns ein atemberaubendes Panorama zu Füßen, das in mir den Eindruck weckt, ab jetzt gäbe es nie wieder Steigungen. Nun können wir verstehen, warum Ahmad davon überzeugt war, von Abyaneh ginge es nur noch bergab.

Während unserer Fotosession auf der Straße, Nagender lässig auf dem Rad, ich vor der Kulisse, wobei wir auch das Stativ verwenden, um Aufnahmen von uns selbst zu machen, werden wir vom Geheimdienst argwöhnisch beobachtet. Ich hatte die Industrieanlage am Horizont als Zementwerk identifiziert und mir keine weiteren Gedanken gemacht. Jetzt lösen wir die Bremsen und lassen uns darauf zurollen. Der erste Posten mit einer in den Himmel gerichteten Flugabwehrrakete, macht mich misstrauisch.

»Nagender! Stopp!«, rufe ich hinter ihm her. »Wir haben dort oben keine Fotos gemacht, egal was sie behaupten, okay? Wir sind ganz normale Touristen! Und fass bloß nicht die Kamera an!« Auf einem künstlich aufgeschütteten, etwa zehn Meter hohen Wall ist der riesige Raketenwerfer stationiert, an dem uns zwei Soldaten mit Ferngläsern beobachten.

»*Akße akße!*«, rufen sie uns zu, als wir näher kommen. Überall im Iran hätte ich das als Aufforderung, ein Foto zu machen, gedeutet, doch nicht hier.

Wir fahren die Stichstraße zur Stellung hinein, grüßen zu ihnen hoch mit einem *Salâm* und »*hitsch akße!*, kein Foto«.

Wie sie das interpretieren, überlasse ich den Soldaten. Auf Englisch geben wir unsere Nationalität an und dass wir einfache Touristen seien und kein Farsi verstehen. Angesichts des eingeschränkten Wortschatzes bringen sie keine weiteren Fragen hervor, vielleicht ist ihnen die Brüllerei von oben auch zu mühselig. Wir machen kehrt und begeben uns zurück auf unsere Straße.

Das ganze Tal ist mit solchen Posten gespickt und langsam beginne ich zu begreifen, dass das Zementwerk vielleicht gar keines ist. Es herrscht nicht viel Verkehr auf dieser Straße, daher fällt mir der Jeep sofort auf, der mit überhöhter Geschwindigkeit auf uns zurast. Mit quietschenden Reifen, gleich einem filmreifen Stunt, stoppt er vor uns. Drei bewaffnete Soldaten samt ihrem Vorgesetzten springen heraus. Nicht schon wieder, sage ich zu mir selbst.

Ohne viele Worte werden wir auf Englisch aufgefordert, unsere Pässe vorzulegen. »Haben Sie eine Kamera dabei?«

»Ja, hier drin«, dabei weise ich auf den Fotokoffer. Nagender hat seine Kamera im Rucksack.

»Bitte holen Sie alles heraus.«

»Was soll das?«, beginne ich zu protestieren, »wir sind harmlose Touristen und haben keine Raketen fotografiert. Glauben Sie wirklich, dass wir so dumm wären?« Dass es ihnen nicht um die Abwehrraketen geht, sondern um das, was sie beschützen sollen, nämlich die ominöse Fabrik, ist mir zwar klar, aber ich gebe den Beschränkten.

»Wir haben gesehen, wie Sie von dort oben die nukleare Anlage fotografiert haben.«

»Das waren nur Erinnerungsfotos, wir konnten doch nicht wissen, dass hier etwas geheim ist«, verteidigt Nagender uns.

Als hätte er Nagender nicht wahrgenommen, wiederholt der Soldat seine Aufforderung: »Bitte holen Sie alles heraus, wir müssen Ihnen die Filme abnehmen.«

Gerade will ich resignierend mein Gepäck öffnen, da stoppt mich Nagender mit der Hand und meint zum Kommandeur der Truppe, die mit geschulterten Gewehren herumstehen: »Wir wollen unseren Botschafter sprechen.«

Ungerührt schaut er uns an und meint: »Das kann lange dauern, bis dahin müssen wir Sie festhalten.«

Nagender pokert hoch und meint trotzig: »Dann tun Sie das.«

Ich trenne das Bike vom Rollstuhl, schiebe es ein Stück weg, stütze die Ellenbogen auf die Knie, den Kopf in die Hände und frage mich, warum passiert mir immer so etwas? Was mache ich falsch? Warum fahren wir in diesem riesigen Land ausgerechnet an einer Nuklearanlage vorbei?

»Wie viele Kameras und Filme haben Sie da drin?«, fragt der Mann mich im Befehlston.

»Hier sind drei Kameras und hundert Filme, mein Freund hat eine Kamera und fünfzig Filme dabei«, antworte ich selbstbewusst. Doch das ist nur gespielt. Denn wozu brauchen wir so viele Kameras und Filme, wenn wir nur Touristen sind? Der Soldat hebt sein Sprechfunkgerät und gibt meine Angaben an höhere Stellen weiter. Plötzlich wird mir bewusst, wie heikel unsere Situation ist. Sollte der Geheimdienst gut funktionieren, habe ich keine Chance auf ein Entkommen. Dann sind sie zum ersten Mal auf mich aufmerksam geworden, als der Student Behros Askarian aus mir einen Fotografen und Journalisten gemacht hat, der in der Universität, der Brutstätte aller Studentenproteste, recherchieren wollte. Nun werde ich mit einem Sack voller Filme und drei Kameras am nuklearen Forschungszentrum des Irans, dem geheimsten, was die Mullahs zu verstecken haben, aufgegriffen. Und spätestens wenn sie in meinem Gepäck die Tonaufnahme von Valis Vater mit der Aussage, der Iran werde von Eseln regiert, vorfinden, bin ich reif. Es genügt ja schon, meinen Nachnamen in eine Internet-Suchmaschine einzugeben, um zu erfahren, dass mein Interesse an Iran auch journalistischer Natur ist. Und Journalisten, die sich mit einem Touristenvisum einschleichen, mögen die Mullahs überhaupt nicht. Dass Nagender auf einem geklauten Fahrrad sitzt, rundet die Palette unserer Straftaten ab.

Mit dem Sprechfunkgerät am Ohr, aus dem er vermutlich Befehle entgegennimmt, entfernt der Soldat sich ein paar Schritte. Er antwortet nur noch kurz und stakkatoartig und kommt forschen Schrittes zurück, während er mit dem Daumen das Gerät abschaltet. Er gibt den anderen Soldaten Anweisungen, schwingt sich in den Jeep und meint auf Englisch zu uns: »Sie warten hier.«

Da stehen wir auf weiter Flur, bewacht von drei einfältigen Soldaten, die vor Langeweile nichts Besseres zu tun haben, als sich über uns lustig zu machen. Wir drehen ihnen den Rücken zu und versuchen ihre anzüglichen Bemerkungen, ihr Anstupsen und die dummen Scherze zu ignorieren. Da wir nicht wissen, wie viel Englisch sie wirklich verstehen, können wir kaum offen miteinander reden, und es ist unmöglich, Nagender von meinen Sorgen, die mich plötzlich befallen, zu erzählen. Nach drei Stunden erscheint endlich wieder ein Jeep aus der fünf Kilometer entfernten Atomanlage. Der Kommandant, mit dem wir bisher zu tun hatten, bringt einen Zivilisten mit, der sich als Mitarbeiter des Geheimdienstes vorstellt, extrem freundlich ist, erstklassiges Englisch spricht und eiserne Hartnäckigkeit beweist. Jetzt bekomme ich richtig Angst. »Wir laden Ihre Fahrräder auf den Jeep, Sie müssen mitkommen.«

»Nein«, entgegnet Nagender kategorisch, und ich muss ihn einen Moment verdutzt anschauen, »wir fahren nur Fahrrad.«

Was hat Nagender bloß vor?, grübele ich.

»Gut, dann zeigen Sie mir bitte alle Ihre Kameras«, willigt er ein. Er notiert sich den Bildstand in jedem Gerät und lässt uns vorausfahren. Hat Nagender etwa geglaubt, er könne zwischendurch einen leeren Film einlegen, um die Fotos zu retten?

Vor dem Tor der Forschungsanlage, von der nichts als unterirdische Bunkerzufahrten sichtbar sind, werden erneut unsere Pässe kontrolliert. »Ihr Visum ist abgelaufen!«, meint der adrett gekleidete Geheimdienstmann zu mir.

»Das kann nicht sein, zeigen Sie her.« Ich vergleiche die Daten im Visum, gebe ihm die aufgeschlagene Seite zurück und behaupte aus tiefster Überzeugung: »Das Visum ist drei Monate gültig, ab Einreisedatum. Es ist alles in Ordnung.« Ich äußere mich mit einer so kompromisslosen Gewissheit, die nicht den geringsten Zweifel zulässt, dass sich selbst der Mann vom Geheimdienst mit meiner Erklärung zufrieden gibt.

Jetzt müssen wir unser gesamtes Gepäck ausbreiten. Der Geheimdienstmann, der sich strikt weigert, seinen Namen zu nennen, hält misstrauisch meinen DAT-Recorder und das Mikrofon in Händen. »Was haben Sie damit vor?« Jetzt muss ich pokern. Die Antwort auf diese Frage habe ich auf dem Weg hierher einstudiert: »Das ist mein Tagebuch«, behaupte ich, »da spreche ich jeden Abend unsere Erlebnisse drauf. Heute habe ich besonders viel zu erzählen«, füge ich vorwurfsvoll an. Wenn er wüsste, was auf dem Band in seiner Hand wirklich ist. Er grinst mich an, legt den Recorder weg und meint in strengem Ton: »Bitte geben Sie mir Ihre Filme aus den Kameras.«

Ich versuche Nagender umzustimmen, bevor alles noch schlimmer wird. »Nagender, es hat keinen Sinn, sie lassen uns nicht vorher gehen.« Mit einem Seufzer stimmt er zu. Ich öffne meine Box und will gerade den Film zurückspulen. »Moment, vorher muss ich Sie mit jeder Kamera fotografieren. Bitte dorthin.« Jetzt verstehe ich gar nichts mehr. »Sie wollen hier, vor der Forschungsanlage, ein Erinnerungsfoto machen?«

»Oh, nein, natürlich nicht, bitte in die andere Richtung.« Einen Moment hat er seine Fassung verloren. Dieser Mann ist schlauer, als ich dachte. Er will sichergehen, dass auf dem

Weg hierher keiner den Film gewechselt hat. Das letzte Bild schießt er selbst. Während er durch den Sucher die Schärfe einstellt, sage ich in scherzhaftem Ton zu ihm: »Wissen Sie, dass Sie von den amerikanischen Aufklärungssatelliten dort oben gerade beobachtet werden?« Er tut so, als hätte er das nicht gehört.

Als wir widerwillig die Filme zurückspulen und ihm aushändigen, kommt mir eine Idee. Ich frage zunächst: »Sind Sie gläubig?«

»Selbstverständlich!«

»Dann schwören Sie im Namen Gottes, dass Sie die entwickelten Filme, falls nichts Geheimes darauf sichtbar ist, zu unseren Händen an das Enghelab-Hotel Teheran senden.«

Ohne lange zu überlegen meint er: »Kein Problem.«

»War das jetzt ein Schwur?«, hake ich noch einmal nach.

»Ja, ich schwöre.« Gut zwei Monate später hatten wir unsere Filme, wenn auch zerkratzt und gelbstichig, wieder zurück.

Außer dem Schwur konnten wir Mister X auch noch drei Flaschen Mineralwasser, einen Stapel Fladenbrot aus der »Geheimdienstbäckerei« und eine Fahrt nach Natanz, unserem ursprünglichen Tagesziel, mit dem Jeep abringen.

Kaum haben wir unser Frühstück verdrückt, rutscht Nagender schon nervös auf seinem Stuhl hin und her: »Let's hit the road«, meint er ungeduldig.

»He, du wirst ja noch zum richtigen Fahrradenthusiasten. Das war in Jordanien aber ganz anders«, necke ich ihn freundschaftlich provozierend.

»Ich glaube, ich kann dich jetzt besser verstehen«, meint Nagender einsichtig, »damals in Indien, als du unbedingt zur Gangesquelle rollen wolltest, konnte ich nicht begreifen, warum dir das so wichtig war, jetzt weiß ich es. Dieses Gefühl von Freiheit und gleichzeitig der Umgebung und den speziellen Umständen des Landes ausgeliefert zu sein, habe ich so noch nie erlebt. Es ist wie eine Sucht, ich will immer mehr davon.«

»Ja, mir geht es auch so«, bestätige ich, »vielleicht ist das der uralte Wandertrieb in uns, den wir Menschen von unseren Vorfahren geerbt haben.«

»Ja, genau, ich fühle mich in geschlossenen Räumen schon richtig unwohl. Am schlimmsten ist es in Autos, es ist wie eine Befreiung, wenn ich aussteige. Und dazu kommt die Langsamkeit des Reisens! Man spürt die Weite der Landschaft und die Distanzen hautnah!«

»Nagender, ich finde es wirklich toll, dass du am Radfahren Spaß gefunden hast. Ich hatte immer befürchtet, ich zwinge dich zu etwas, aber jetzt bist du ja gar nicht mehr zu bremsen! Würdest du in Indien jetzt aufs Fahrrad umsteigen?«

Mit Skepsis meint er: »Ich glaube nicht. Fahrrad fahren ist in Indien schlecht angesehen, es sei denn, du bist Tourist. Fahrräder sind immer noch die Fortbewegungsmittel derjenigen, die sich nichts Besseres leisten können.«

Die Ortschaften, zwischen denen häufig mehr als 30 Kilometer liegen, bilden wichtige Etappenziele, um unsere Vorräte aufzufrischen. Wasser, Brot, Früchte und rohes Gemüse stehen auf unserer Einkaufsliste. Während Nagender im Laden ist, werde ich bei den Rädern von Neugierigen belagert, die mit Unverständnis, aber auch mit höchstem Respekt unser Vorhaben honorieren. Großes Aufsehen erregt mein Handbike, das von allen genau analysiert wird. Doch die einfache Kniehebelbremse des Rollstuhls zieht die meiste Aufmerksamkeit auf sich. Das war in Indien, in Syrien und Jordanien nicht anders und ich werde nie begreifen, was die Menschen daran so beeindruckend finden.

Unsere Hoffnungen, in den weiten Ebenen auf nomadisierende Volksgruppen zu stoßen, schwinden zunehmend. Wann immer wir uns nach ihnen erkundigen, wird uns gesagt, dass die Nomaden weitab der Straße in den Bergen lagern, unerreichbar mit dem Fahrrad. Stattdessen fallen uns kleine Gruppen von Arbeitern auf, die inmitten der Geröllwüste Löcher graben. Wir nähern uns und sind höchst überrascht, dass einige von ihnen gut Englisch sprechen. Kaum haben wir unsere Fahrräder abgestellt, wird der Teetopf auf dem Gaskocher angeschmissen, und uns werden getrocknete Datteln angeboten. Um von vornherein etwaige Vorurteile, grabende Männer übten einen minderwertigen Beruf aus, nicht aufkommen zu lassen, erklärt einer von ihnen, Kanalbauer seien im Iran hoch angesehen. Immerhin handelt es sich hier nicht um Abwasserkanäle, sondern um die Versorgung der Ortschaften mit dem wichtigsten Lebenselixier, frischem Trinkwasser. Zunächst suchen sie am Fuße der Berge nach Quellen oder sie graben Brunnen. Stoßen sie auf Grundwasser und liegt der Spiegel oberhalb der mit Wasser zu versorgenden Ortschaft, beginnen sie, einen unterirdischen Gang zu graben, der bis zu 40 Kilometer lang sein kann. Schon vor 2000 Jahren versorgten sich viele Orte auf diese Weise mit frischem Trinkwasser. Als hätten sie es den Maulwürfen abgeschaut, führt in Abständen von zirka 40 Metern ein Schacht in die Tiefe, an dem jeweils ein Hügel mit dem Aushub entsteht. Über eine einfache handgetriebene Winde, die vor 1000 Jahren wohl kaum anders aussah, wird ein Arbeiter in den schmalen Schacht heruntergelassen. Der Gang bietet nicht mehr Platz, als sein Körper erfordert, und nach ein paar Minuten kommt der erste Sack mit Erde herauf. Wenn der Kanal fertig ist, werden die Schleusen geöffnet und kühles Wasser fließt ohne Verlust durch Verdunstung und ohne jeglichen Energieaufwand ins Dorf.

Yazd

Die Suche nach einem stufenlosen Hotel erweist sich in Yazd als ein schwieriges Unterfangen. Lediglich eine Pilgerunterkunft, nur in Farsi beschriftet, die wir erst aufgrund von Hinweisen der Passanten ausfindig machen, ist ebenerdig. Doch *Mosaferkhunehs* besitzen in der Regel keine Konzession, Touristen aufzunehmen. Wir versuchen es trotzdem. »Sie sind illegal im Iran, Ihr Visum ist abgelaufen«, erklärt der Hotelier, während er meinen Pass in der Hand hält. »Außerdem darf ich nur Moslems aufnehmen.« Er gibt mir den Pass zurück und verweist uns zur gegenüberliegenden Polizeistation.

Während Nagender bei den Fahrrädern bleibt, beginne ich mit Sprachführer und allerlei Verrenkungen, den Polizisten klar zu machen, dass nur die Pilgerunterkunft auf der anderen Straßenseite für mich in Frage kommt und sie eine Sondergenehmigung ausstellen müssen. Sogleich wird der Chef der Station eingeschaltet, der mit einer Reihe von Schulterklappen und Sternchen auf dem Kragen ansehnlich dekoriert ist. Zuallererst will er meinen Pass sehen, in dem er dreimal bis zum Ende blättert und kein ihn zufrieden stellendes Visum findet. »No Visa«, sagt er vorwurfsvoll und reicht mir den Pass zurück. Ich schlage ihm die Seite auf und erkläre, was ich an jeder Hotelrezeption wiederholen muss: »Das Visum ist gültig ab Einreisedatum!«, dabei zeige ich mit dem Finger auf den Einreisestempel. Scheinbar ist im Iran niemand so recht mit den Regularien vertraut. Auch er lässt sich von mir überzeugen. Angesichts meiner Notlage geht er auf meine Bitte ein und begleitet uns hinüber, um dem Rezeptionisten zu erklären, dass mein Visum in Ordnung ist und wir zwei Nächte bleiben dürfen.

Den Luxus einer ebenerdigen Unterkunft bezahlen wir mit hygienischen Verhältnissen, bei denen sich meine Nackenhaare aufstellen. Dass die Toilette auf dem Gang liegt und nicht dem Zimmer angeschlossen ist, hat seinen Sinn, denn der Gestank von altem Urin schnürt uns die Kehle zu. Länger als mit einem angehaltenen Atemzug ist das Örtchen nicht zu ertragen. Das Zimmer gleicht einem Kleintierzoo. Ich prüfe die Nähte der Matratzen und Kopfkissen, in denen ich den Kot von Bettwanzen entdecke, Schaben und Kakerlaken bevölkern die dunklen Ecken hinter dem Schrank und der Teppich dient Flöhen als Lebensraum, die wie auf einem Trampolin herumspringen. Die Übernachtung ist so unsagbar billig, dass ein Preisnachlass keinen Ausgleich brächte. Selbst Nagender, der in Indien viel reist und einiges gewohnt ist, lehnt es strikt ab, sich in das Bett zu legen. »Wir können auf dem Boden schlafen«, lautet mein zweifelhafter Vorschlag, »aber da saugen uns die Flöhe aus und ich hasse Kakerlaken.«

»Dann müssen wir zelten«, sagt er kategorisch, als gäbe es keine andere Wahl. Wir rollen den Flohteppich zusammen, fegen den Dreck darunter weg, stellen das Zelt auf und verkriechen uns im Moskitonetz vor den kleinen Krabbeltieren. Ich hatte mir die erste Nacht im Zelt wahrlich anders vorgestellt.

Eine vergessene Religion

Ahura Mazda, ich hatte den Namen schon einmal gehört, Ali erwähnte ihn im Nationalmuseum von Teheran im Zusammenhang mit einem Relief aus Persepolis, das eine geflügelte menschliche Figur darstellte. Um den Körper trug sie einen großen Ring, den Ring der Macht, wie Ali sagte. Jetzt, in Yazd, der Stadt zwischen den zwei großen Wüsten Irans, begegnet sie mir erneut. Ahura Mazda, Gott, Schöpfer und Bewahrer der Welt, ist das Gottessymbol Zarathustras. Über 1000 Jahre, zwischen 650 vor Christus und 630 danach, glaubten die Bewohner des ersten persischen Weltreiches in vorislamischer Zeit an den geflügelten Gott, seinen Propheten Zarathustra und an das heilige Feuer. Über dem letzten Tempel der Zoroastrier von Yazd inmitten einer ummauerten Parkanlage thront Ahura Mazda mit dem Ring der Macht, im Innern brennt das heilige Feuer seit angeblich über 50

Generationen. Ein Portal, gestützt auf sechs Säulen, soll dem, was die Besucher erwartet, eine gewisse Würde verleihen.

Es gibt nur einen, streng symmetrisch aufgeteilten Raum, in dem das heilige Feuer hinter einer Glasscheibe das Zentrum bildet. Es ist so groß wie ein Kaminfeuer und wird fürsorglich von den Hütern mit Nahrung versorgt. Auch von Zarathustra selbst existiert eine Abbildung, die frappierende Ähnlichkeit mit Jesus und dem Märtyrer der Schiiten, Hussein, aufweist. Alle machen ein barmherziges Gesicht inmitten wild wuchernder Barthaare. Gäbe es von Mohammed Bilder, vielleicht hätte man ihn ähnlich dargestellt.

Zarathustra war Begründer einer monotheistischen Religion, der in seinen Verspredigten, den Gathas, die Welt in Gut und Böse einteilte, in einen Kampfplatz zwischen dem Satan und den positiven Mächten, und er definierte als erster Prophet die Hölle als Verbannungsort im Jenseits sowie das Paradies für die Rechtschaffenen. Seine Wahrheiten, die mit dem Satz »Also sprach Zarathustra« eingeleitet werden, sind erst viele Jahre nach seinem Tode niedergeschrieben worden. Wissenschaftler vermuten, dass er Zugang zu den indischen Vedas hatte und seine Lehre daraus entwickelte. Schließlich war das Sanskrit seinem eigenen Dialekt verwandt. Danach verbreitete sich seine Lehre bis an den Indus und zum Zweistromland.

Doch mit der rasanten Ausbreitung des Islam gerieten Zarathustra und seine Religion in Vergessenheit. Seine Anhänger zogen sich in Gebiete zurück, in denen sie unbehelligt ihren Ritualen nachgehen konnten. Heute bilden die Parsen, was in der Übersetzung nichts weiter als Perser bedeutet, in Bombay und Gujarat, in Indien, eine einflussreiche Kaste, die unter sich bleibt und ihre außergewöhnlichen Bestattungsrituale praktizieren kann. Im Kernland des Mazdaismus, im Iran, wo heute nicht mehr als 30 000 Zoroastrier leben, ist es ihnen dagegen verboten, ihre verstorbenen Angehörigen auf den Türmen des Schweigens den Geiern zum Fraß vorzuwerfen. Um Feuer,

Wasser, Erde und Luft dennoch rein zu halten, betoniert man sie heute ein.

Yazd besitzt eine Altstadt komplett aus Lehm, dem idealen Baustoff für Regionen mit hohen Temperaturunterschieden. Es ist ein verwirrendes Labyrinth aus überdachten Gassen, schmalen Pfaden und verwinkelten Bogengängen. Wir fahren zwischen vier Meter hohen, fensterlosen Lehmmauern, die den Eindruck erwecken, die Stadt sei unbewohnt. Tatsächlich herrscht eine sonderbare Stille, obgleich wir in dicht bevölkertem Gebiet sind. Wenn ich Nagender etwas zurufe, versteht er mich nicht, der Lehm schluckt die Schallwellen. Nur die alten Holztüren sind Beleg dafür, dass hier Menschen leben.

Es sind zweiflügelige, schmale Hofeingänge, die auf jeder Seite einen Klopfer besitzen. Männliche Besucher benutzen den langen, weibliche den runden Türklopfer. Durch den unterschiedlichen Klang, weiß der Hausherr, wer die Tür zu öffnen hat. Ich kann es mir nicht verkneifen an einer besonders schönen Tür den langen Klopfer zu betätigen. Prompt öffnet ein junger freundlich grinsender Mann.

»Entschuldigen Sie, ich bin Tourist und wollte nur einmal wissen, wie die Türklopfer von Yazd klingen. Ich will Sie nicht weiter stören.« Im selben Moment wird mir bewusst, wie anmaßend mein Handeln wirken muss und wie ich reagieren würde, käme ein iranischer Tourist auf die Idee, bei uns die Klingeltöne zu testen.

»Aber bitte, kommen Sie doch herein.«

»Oh nein danke, das wollte ich nicht.«

»Bitte beehren Sie uns, nur auf ein Glas Tee.«

Die Gastfreundschaft der Iraner ist umwerfend. Auch auf die dritte Zurückweisung erneuert er sein Angebot. Es ist ein wunderbares Ritual, bei dem man ohne Gesichtsverlust die Ernsthaftigkeit einer Einladung abtasten kann. Auch gehört es zur Etikette, dem Gast im eigenen Haus den Vortritt zu lassen, der wiederum sollte sich selbst in Zurückhaltung üben. Ob ein Iraner sagt, was er denkt, oder es nur eine Floskel war, erkenne ich an der Art, wie es ausgesprochen wurde, an der Gestik und den Wiederholungen. Doch selbst wenn ich meinen Gastgeber genau beobachte, sind Missverständnisse aufgrund von Sprachschwierigkeiten vorprogrammiert. So gleicht der Aufenthalt in einer Familie einem Slalomlauf zwischen Fettnäpfchen. Wie andere ihre Schuhe ausziehen, wird von mir erwartet, dass ich mich zusätzlich von meinem Rollstuhl trenne. In einem spärlich möblierten Raum sitzen wir auf Teppichen vor unserem Tee und betreiben Konversation. Achmed ist Student für Produktdesign an der Teheraner Universität und gerade bei seinen Eltern zu Besuch. Sie leben in einem nach traditioneller Bauweise errichteten Haus, das über einen Windturm mit Frischluft versorgt wird.

Yazd ist die Stadt der *Badgirs,* der Türme mit Schlitzen zu allen Himmelsrichtungen oder aus Lehm gefertigten Rohre mit einer posaunenartigen Öffnung, die von dem Architekten Hundertwasser hätten entworfen sein können. Manche haben einfach ein Loch im Dach, in das der Wind über ein gespanntes Segel umgeleitet wird. Sie schmücken die Dächer in allen erdenklichen Formen und stellen eine natürliche Klimaanlage dar, die ohne jegliche Energiezufuhr funktioniert. Wenn im Sommer der heiße Wüstenwind über die Stadt fegt, wird der Windfang auf dem Dach geöffnet und die hereinströmende Luft über einen kleinen Springbrunnen geleitet. Der so gekühlte Wind zieht durch das ganze Haus, kann aber auch über Schächte einzelnen Räumen zugeführt werden. Zugluft, die bei uns mit hermetisch abgeriegelten Fenstern vermieden wird, ist hier die Basis für ein gesundes Raumklima.

Während Achmed meinen Rollstuhl an der Zimmertür betrachtet, meint er: »Zwei meiner Freunde sitzen auch im Rollstuhl. Ich werde sie dir heute Abend vorstellen. Aber vorher möchte ich euch gern ein wenig in Yazd herumführen.« Ich versuche es erst gar nicht, sein Angebot dreimal abzulehnen, er lässt sich ohnehin nicht davon abbringen. Zudem ist es eine sehr verlockende Aussicht, einen Ortskundigen dabeizuhaben.

Unter Muskelmännern

Am Amir Chakhmaq, einer dreistöckigen Fassade voller Arkaden und Iwane, gekrönt von zwei minarettartigen Türmen, die den Zugang zu einem kleinen Basar bilden, dröhnt aus einer Seitenstraße Trommelwirbel und das stakkatoartige Rufen von Männern.

»Was ist da los?«, frage ich Achmed, der uns voller Stolz die herrliche islamische Architektur erläutert. Auf meine Zwischenfrage antwortet er mehr nebenbei und von der Unterbrechung irritiert: »Da ist ein *Zur Khaneh*«, und wendet sich wieder den Ornamenten zu.

Neugierig gemacht, rede ich erneut dazwischen und frage: »Was ist ein *Zur Khaneh*?«

»Ich glaube, auf Englisch sagt man dazu ›bodybuilding‹«, erklärt er.

»Ist dort ein Fitnessstudio?«, bohre ich nach.

Er schaut mich verwundert an und lacht: »Nein, das ist ein *Zur Khaneh*, die wörtliche Übersetzung lautet Krafthaus!«

Jetzt ist meine Neugier nicht zu bremsen. Auch Nagender will es genauer wissen. »Lass uns da einmal hinschauen.«

Wir passieren einen schmalen, unscheinbaren Hauseingang, aus dem nunmehr ohrenbetäubendes Getrommel dringt. In einem Vorraum entledigen wir uns der Schuhe (den Rolli darf ich anlassen) und betreten einen runden, überkuppelten Raum von stolzen 25 Meter Durchmesser. Es ist warm und riecht nach Schweiß. Rechts von uns trommelt der Musiker, von Mikrofonen und Lautsprechern verstärkt, auf einem Podest, von dem aus er einen Überblick hat. In der Mitte vertieft sich das Atrium wie ein Kessel um knapp zwei Meter. Darin schwingen 15 Muskelmänner, im Kreise stehend zum Takt der Trommeln, Keulen, als wollten sie sich gegenseitig erschlagen. Mit freiem Oberkörper, einer Pluderhose und einem beeindruckenden Ledergürtel, der die Leisten stützt, erinnern sie mich an archaische Ringer aus der Römerzeit. Meine Hochachtung erhalten sie, als ich vergeblich versuche, eine der Keulen, die an der Wand stehen, anzuheben. Auf Zurufen des trommelnden Leaders wechseln sie zu Liegestützen oder machen Dehnungsübungen, nehmen sich bei der Hand und tanzen im Kreis. Dass dieses Haus mehr ist als ein Ort zur Körperertüchtigung, wird mir bewusst, als einzelne Männer beginnen, wie Derwische zu tanzen. Sie kreisen nach dem sich steigernden Trommelwirbel auf der Stelle, breiten dabei die Arme aus, legen den Kopf zur Seite und scheinen nahezu umgehend in Trance zu geraten. Dabei spornt der Trommler die Männer mit Gedichten des großen persischen Poeten Hafis an. Lobpreisungen und große Heldentaten starker Kämpfer lassen die Männer sich immer schneller drehen. Verlieren sie durch den Schwindel die Kontrolle und geraten aus der Bahn, stehen die Kollegen bereit, sie zu stützen, und schon beginnt der Nächste mit dem geheimnisvollen Tanz. Diese Mischung aus Theater und Sport, im Normalfall ohne Zuschauer, hat es schon vor 300 Jahren gegeben. Die Wände sind mit vergilbten Fotos muskelbepackter Sportler geschmückt, die hier schon vor zwei Generationen geschwitzt haben. Ihre mit Eisen beschlagenen Gürtel hängen neben den Fotos, als sollten sie Authentizität beweisen.

Achmed ist das perfekte Beispiel iranischer Gastfreundschaft. Als wir ihn zur Mittagszeit auf ein Kebab einladen, hinterlegt er ohne unser Wissen an der Kasse des Restaurants einen höheren Geldbetrag, womit im Voraus bezahlt ist, was immer wir auch verzehren. Als wir das nach dem Essen bemerken, wird es Nagender zu bunt und er hält Achmed 3000 Thoman hin: »Hier, das nimmst du jetzt«, befiehlt er. »Nein«, lacht Achmed und macht eine abweisende Handbewegung.

»Gut, dann werde ich das Geld verbrennen, denn ich will es auch nicht.« Nagender legt die Scheine in den Aschenbecher, besorgt sich Streichhölzer und steckt eines an. »Wir hatten dich eingeladen. Nimmst du es jetzt!«

Achmed schaut ihn ungläubig an, wartet noch einen Moment und steckt das Geld ein. »Aber dafür müsst ihr heute bei mir zu Abend essen.«

Resigniert schaut mich Nagender an und meint: »Ich geb's auf.«

Mit immer neuen Tricks gelingt es ihm, unserer Revanche zu entgehen. Mal hat er keinen Durst, wenn wir ihn einladen, ein anderes Mal sei noch so viel zu besichtigen, dass keine Zeit bleibe. Als wir zu seinem Elternhaus kommen, ist das Essen schon vorbereitet. Zunächst bringt uns seine Mutter, die nur verschleiert erscheint und sofort wieder in der Küche verschwindet, Tee mit Würfelzucker. Doch der wird nicht ins Glas geworfen, sondern in den Mund, wo er sich beim ersten Schluck lösen soll. Mein einziges Problem ist die richtige Dosierung, denn bevor ich den Tee hinterherschütte, ist der Zucker schon halb zergangen.

»Wo liegt euer Hotel?«, will Achmed wissen. »Wir übernachten in einem *Mosaferkhuneh*, gegenüber der Polizeistation in der Imam-Khomeini-Straße. Alle Hotels haben nur Zimmer im Obergeschoss«, erkläre ich ihm.

»Dann könnt ihr besser hierher umziehen. Wir haben noch ein freies Zimmer.« Entgegen den iranischen Gepflogenheiten werde ich diese Offerte nicht ablehnen und Achmed beim Wort nehmen, auch auf die Gefahr hin, dass es nur eine Floskel war. Denn das belebte Zimmer in der Pilgerherberge zu räumen, ist unser wichtigstes Tagesziel.

»Oh, das ist sehr freundlich von dir, das nehmen wir gerne an.«

Draußen ertönt das Knattern eines Motorrades und kurze Zeit später erscheinen die zwei Rollstuhl fahrenden Freunde Achmeds. Die Frage, wer das Motorrad gefahren hat, wird von dem beeindruckenden Anblick Hassans verdrängt. Hassan ist ein Bär von Mann, dem die Brusthaare aus dem Hemd wuchern, dessen Schultern schrankbreit sind, doch dessen Körper an den Hüften endet. Seine Beine verlor er im Krieg.

Die Rollstühle von der Sorte, wie ich sie vor über 20 Jahren in den ersten Wochen nach meinem Unfall untergejubelt bekam, lassen sie im Flur zurück. Auf Händen an gigantisch langen Armen, die seine Beine zu ersetzen scheinen, wackelt er umher, setzt sich auf den kurzen Stümpfen ab und reicht mir mit einem offenen Lächeln seine Pranke, in der sich mein Händchen fast verliert.

Massoud ist querschnittsgelähmt, das erkenne ich auf den ersten Blick an seinen dünnen Beinen, den Füßen, die ihre Konturen verloren haben und am Po, auf dem er herrutscht und dem jegliche Substanz fehlt. Wie auch bei mir, ist sein Gleichgewicht eingeschränkt, was seinen Bewegungen auf dem Boden einen unsicheren Charakter verleiht.

Auf den ersten Blick sind mir beide sympathisch und es entsteht ein abendfüllendes Gespräch. Im Gegensatz zu Massoud, dessen Verletzung von einem Unfall herrührt und der kaum staatliche Unterstützung erhält, ist Hassan als Kriegsversehrter finanziell und beruflich fein raus. Er besitzt ein Auto, wurde hochqualifiziert umgeschult und muss sich um die Zukunft keine Sorgen machen. Massoud kann seine Familie als Goldschmied nicht allein ernähren, seine Frau knüpft Teppiche und verdient mit Näharbeiten etwas dazu. Beide haben bis vor kurzem noch in der Nationalmannschaft Rollstuhlbasketball gespielt. Die Frage, wie das mit diesen vorsintflutlichen Rollstühlen geht, wäre überheblich, und so verkneife ich sie mir.

Eine Antwort bekomme ich am nächsten Abend, für den wir zum Mannschaftstraining in die Sporthalle eingeladen werden. Zehn Querschnittsgelähmte, Poliokranke und Beinamputierte jagen in hochtechnisierten Rollstühlen bekannter Weltmarken in einem Höllentempo dem Ball nach. Zehn weitere warten am Spielfeldrand darauf, vom Trainer eingewechselt zu werden. Es ist eine eingeschworene Gruppe, mit mehr oder weniger gleichen Problemen, in der ich behandelt werde, als wäre ich einer von ihnen. Mit der Aufforderung, mich am

Spiel zu beteiligen, droht mir Gesichtsverlust höchsten Grades. Mit meinem Reiserollstuhl, der ganz anderen Anforderungen genügen muss, scheitere ich kläglich. Doch als mir einer der Auswechselspieler seinen Sportstuhl anbietet, wird auch meine fehlende Übung im Basketball deutlich. Mein letztes Spiel liegt Jahre zurück. Nagender, der dem Treiben auf dem Spielfeld staunend zuschaut, ist neugierig geworden. Noch nie hat er mich um meinen Rollstuhl gebeten, um die Art der Fortbewegung nachvollziehen zu können. Jetzt nutzt er die Situation aus und dreht eine Hallenrunde, von der er mit betretenem Gesicht zurückkehrt: »Mir tun schon nach einer Runde die Arme weh.«

Easy Rider

Während man sich vor der Halle verabschiedet, springt mir Massouds abenteuerliches Dreirad ins Auge. Alle Einzelteile der Konstruktion kommen mir merkwürdig bekannt vor, ja, jetzt erkenne ich sie wieder, es ist eine 250er-Honda, mein erstes Motorrad. Genauer gesagt handelt es sich um zwei Motorräder mit abgesägter Lenkgabel, die ihm jemand mit einem Vorderrad und dem Lenker eines Motorpfluges nebeneinander zusammengeschweißt hat. Dazwischen befindet sich ein gemütlicher Autositz und hinten die Ablage für den Rollstuhl. »Willst du einmal fahren?«, fragt Massoud, dem meine Begeisterung nicht entgangen ist.

»Darf ich?«

»Klar, hier, die Gangschaltung und die Bremse musst du mit der Hand bedienen«, dabei zeigt er mir zwei lange Hebel, »alles andere kennst du.« Die Runde auf dem Parkplatz in der nächtlichen Dunkelheit, weckt in mir so sehr die alte Lust am Motorradfahren, dass ich meine Zurückhaltung, Massoud um einen Tausch zu bitten, über Bord werfe. »Ich würde dir so lange mein Handbike überlassen«, biete ich ihm als Gegenleistung an.

Doch das war gar nicht nötig. »Du kannst mein Motorrad haben, einen Tag oder länger, wie du willst.«

Massouds offenes Angebot, mir sein Motorrad zu überlassen, bringt mich auf eine Idee, die mir in dieser Nacht den Schlaf raubt. Vor unserem nächsten Etappenziel Bam liegen knapp 500 Kilometer und die südlichen Ausläufer des Zagros-Gebirges. Die vielen Aufenthalte in Familien haben unseren Zeitplan derart durcheinander gewirbelt, dass Abstriche von der Route unumgänglich werden, es sei denn, wir finden einen Weg, die großen Distanzen schneller zu überbrücken. Dabei könnte uns Massouds Dreirad gute Dienste leisten. Ich frage Nagender, was er von der Idee hält und ob er es ein paar Tage auf einer der Sitzbänke aushalten könne. Auch wenn ihm das Radfahren gerade lieb geworden ist, hat er gegen eine Abwechslung nichts einzuwenden.

Am Morgen nehme ich mir Massoud zur Seite und spreche offen über meine Idee: »Massoud, ich weiß, Iranern fällt es schwer, Gästen einen Wunsch abzuschlagen. Doch in dieser Angelegenheit bitte ich dich, es offen und ehrlich zu sagen, wenn du Bedenken hast. Selbstverständlich zahle ich dir einen angemessenen Mietpreis.«

Er grinst mich verlegen an, überlegt einen Moment und meint: »Wie bekomme ich mein Motorrad zurück?«

»Wir würden es mit einem Pick-up wieder nach Yazd schicken. Unsere Fahrräder müssen wir auf die gleiche Art nach Bam senden.«

Beide Hände auf die Armlehnen seines Rollstuhls gestützt, blickt er zu Boden und bittet sich ein wenig Bedenkzeit aus. Gerade beginne ich zu zweifeln, ob er sich durch meine Frage genötigt fühlen könnte, da hebt er wieder den Kopf und meint: »Ihr könnt das Motorrad haben, unter zwei Bedingungen: Ein Freund von mir holt es mit seinem Lieferwagen aus Bam ab und ihr müsst ihn bezahlen. Er kann dann auch eure Fahrräder hinbringen. Die zweite Bedingung, ihr hinterlegt bei mir dreihunderttausend Thoman, die ihr in Bam zurückbekommt, wenn das Motorrad noch heil ist. Sollten Reparaturen nötig sein, bezahle ich sie von dem Geld, der Rest geht an euch.«

Ich bin froh, dass Massoud die Sache nicht auf der Ebene der Gastfreundschaft behandelt, sondern offen ein Geschäft daraus macht. Seine Bedingungen sind fair und ich willige, ohne zu überlegen, ein. Die dreitägige Motorradtour lasse ich mich gerne etwas kosten. Sicher, wir könnten uns für das Geld direkt nach Bam bringen lassen, doch das entspricht nicht unserer Motivation. Wie es sich bisher gezeigt hat, ist die Art unserer Fortbewegung ein ideales Mittel zur Kontaktaufnahme und der Schlüssel für den Blick hinter die Kulissen. Wer sich ein Land mit Muskelkraft erstrampelt, dem fühlt man sich verbundener und öffnet ihm bereitwilliger seine Tür, als dem Touristen, der aus einem Reisebus springt. Nun, wo wir das Verkehrsmittel wechseln, wird sich zeigen, wie viel Wahrheit in unserer Theorie steckt.

Ein Freund Massouds ist schnell gefunden, der unsere Fahrräder in drei Tagen nach Bam bringt und das Motorrad mit zurücknimmt. Wir werden uns vor der vom Erdbeben zerstörten Zitadelle am Stadtrand treffen. Mein Rollstuhl und unser Gepäck sind auf dem Motorrad verstaut und wir verabschieden uns von Massoud, von Achmed, von Hassan und all ihren Freunden. Wie so häufig, wenn wir uns von liebenswerten Menschen trennen müssen, kommen Beklemmung und ein etwas bedrücktes Gefühl auf, denn voraussichtlich sehen wir uns nicht wieder.

Nagender nimmt neben mir auf der Motorradsitzbank Platz, ich lege den ersten Gang ein und los geht's. Welch ein herrliches Gefühl! Wir genießen den warmen Wüstenwind, der uns entgegenweht und auf Fahrrädern so viel Kraft und Schweiß gekostet hätte, fahren die Steigungen mühelos hinauf und müssen uns keine Sorgen mehr um die Proviantbeschaffung machen, denn die Ortschaften liegen niemals mehr als eine Stunde voneinander entfernt. Stattdessen benötigen wir regelmäßig Sprit. Alles ist so leicht und unbeschwert zu bewältigen, als sei es ein Kinderspiel.

Irgendwann frage ich mich: Könnte es sein, dass die Landschaft grandioser erscheint, wenn man mit dem Fahrrad nach schweißtreibender Kurbelei endlich eine kleine Passhöhe erreicht hat? Ist man durch die hohen Erwartungen an den Ausblick, die sich während der langen Steigungen aufbauen, voreingenommen und bereit, sich selbst etwas vorzumachen? Auch wenn sich Berge und Täler seit Tagen gleichen? Jetzt, auf dem Motorrad, wo alles gleichförmiger erscheint, kommt es mir fast so vor. Doch dem Fahrspaß ohne Kraftanstrengung tut das keinen Abbruch. Ich muss nur darauf achten, nicht zu schnell zu werden, denn ab einer Geschwindigkeit von 70 Kilometern pro Stunde beginnt das Dreirad gefährlich zu schlingern und aus der Kontrolle zu geraten. Alfreds Urteil über meinen ersten Rollstuhl, damals bei meinem Heimaturlaub, trifft auch auf Massouds Motorrad zu: Das Fahrwerk könnte noch verbessert werden. Beim Anblick der Konstruktion ist dieses Schlingern kein Wunder. Die beiden Motorräder sind mit Winkeleisen und Rohren verschweißt, als hätten die Erbauer verwendet, was gerade in Griffweite zur Verfügung stand.

An der ersten Tankstelle bekommen wir zwei Füllungen geschenkt, weil der Tankwart den Geldschein nicht wechseln kann. Es handelt sich um einen Betrag von 600 Thoman, zirka 60 Cent, der es ihm nicht wert ist, ins Kassenhäuschen zu gehen. Der Sprit, der währenddessen beim Betanken von vier Autos verschüttet wird, hätte unsere beiden Hondas locker füllen können. Man rundet den Preis der Tankuhr ab, denn bei dem Ölreichtum muss alles nicht so genau genommen werden. Bereits nach dem ersten Tag spüren wir eine deutliche Veränderung in der Reisequalität, die bisher von andauernden Begegnungen, Gesprächen und Einladungen geprägt war.

Allein mit der hohen Geschwindigkeit fegen wir an vielen potenziellen Kontakten vorbei. Ortschaften, die sonst immer gut für ein Päuschen waren, durchqueren wir ohne Halt, kein LKW-Fahrer hält uns mehr an, um uns zu beglückwünschen oder seiner Verwunderung über unser Vorhaben Ausdruck zu verleihen, und niemand kommt auf die Idee, uns etwas zu trinken anzubieten. Als wir am Abend Kerman erreichen und schnell ein ebenerdiges Hotel finden, wo wir im Hof das Motorrad abstellen können, gehen wir ins Bett, ohne richtig müde zu sein, ohne das gute Gefühl, den Schlaf redlich verdient zu haben.

Ein Problem, auf das wir nicht eingestellt sind, ereilt uns am nächsten Morgen kurz hinter dem Ortsausgang von Kerman: die Polizei. Bevor wir von ihr überholt und angehalten werden, tippt mich Nagender auf die Schulter und warnt mich vor. Die Kommunikation mit den beiden Streifenpolizisten kommt über das Gestikulieren nicht hinaus. Wider Erwarten wollen sie nicht unsere Pässe sehen, sondern meinen Führerschein. Das macht mir der junge Beamte klar, indem er tut, als lenke er ein Auto, wonach er mit dem Handrücken der rechten, in die linke Hand klatscht. Dazu ein fragendes bis aufforderndes Gesicht macht deutlich, was er von mir will. Ich habe zwar keinen Führerschein dabei, ziehe aber trotzdem selbstsicher meinen Dokumentengürtel aus der Hose, in dem allerlei Plastikkarten, mein Pass, die Versicherungsscheine von Massoud und Euro verstaut sind. Zuoberst leuchtet das Gelb der ADAC-Mitgliedskarte, die mir im Notfall aus diversen misslichen Situationen helfen soll. Auch als Führerschein macht sie eine gute Figur und wird prompt als solche akzeptiert.

Doch die beiden wollen uns noch etwas erklären, was die Pantomime nicht so leicht hergibt. Mit der Handkante fährt sich der Polizist, der während unserer Kontrolle schauspielerische Fähigkeiten entwickelt, schnell über die Kehle, lässt zu einem schmerzverzerrten Gesicht die Zunge heraushängen und grunzt. Danach weist er in unsere Fahrtrichtung und sagt nur Bam. Nagenders Antwort auf meine Frage, ob er das dolmetschen kann, lautet: »Ohne Zweifel, in Bam wird uns die Kehle durchgeschnitten«, dabei lacht er sein schicksalsergebenes indisches Lächeln, »oder sie köpfen uns schon auf dem Weg nach Bam«, füge ich hinzu. Ich hole aus meiner Rollstuhltasche hinter mir das Schweizer Offiziersmesser, das mir schon einmal Mut gemacht hat, klappe es auf und halte es den Polizisten drohend entgegen. Sie lachen uns nur aus und geben uns zu verstehen, dass sie uns in der Polizeistation von Mahan anmelden werden.

Ganz ohne Wirkung war der gestikulierte Kehlenschnitt nicht. Beunruhigt muss ich an die einsame Strecke zwischen Mahan und Bam denken, mehr als 150 Kilometer ohne nennenswerte Ansiedlungen. Die Besatzung des Streifenwagens, 30 Kilometer weiter, am Ortseingang von Mahan, empfängt uns mit wenig erfreulichen Geschichten. Der Uniformierte verschränkt seine Arme, lehnt sich rücklings ans Auto und erzählt, als wolle er uns schon einmal vorwarnen: »Schmuggler und Kidnapper treiben hier ihr Unwesen. Die verschmähen auch nicht Touristen, wenn sie leichte Beute bilden.«

»Ist das schon einmal vorgekommen?«, frage ich, ohne mich persönlich angesprochen zu fühlen.

»Ja«, stößt er lang gezogen aus, »vor ein paar Jahren haben sie zwei Radfahrer geholt.«

»Und was ist aus ihnen geworden?«

»Wir konnten sie später wieder befreien«, sagt er, als sei das eine Bagatelle gewesen. Mit lobenden Worten meint er zu uns: »Sie sind ja nicht so unklug, mit Fahrrädern zu fahren.«

Nagender macht ein Gesicht, als wolle er sagen: Was geschehen soll, wird geschehen.

Die Angst vor der letzten Etappe nach Bam lassen wir uns von dem herrlichen Mausoleum des Nematollah Vali, eines Sufi und Begründers des gleichnamigen Derwischordens, austreiben. Inmitten des 13 000-Seelen-Dorfes Mahan erhebt sich zwischen grünen Rasenflächen der Gebäudekomplex aus Lehm, gekrönt von einer herrlichen, mit glasierten Kacheln besetzten Kuppel. Das Blau dieser Kacheln erscheint im Kontrast zu den blass-ockerfarbenen Lehmmauern geradezu himmlisch. Dazu bilden im Hintergrund die schneebedeckten Gipfel um den über 4000 Meter hohen Mount Hezar eine grandiose Kulisse. Von dort spülen die unterirdischen Qanates das nötige Frischwasser zur Erhaltung der Anlage heran.

Derwische, die in der persischen Übersetzung als Bettler bezeichnet werden, suchen in asketischem Leben die mystische Verbindung mit Gott. Sie treten als wandernde Mönche auf oder vereinigen sich in Orden. Dabei erreichen sie geistige Versenkung durch ekstatische Tänze, durch Musik und andere Übungen. Bevor sich Nematollah Vali, der durch seine theologischen Schriften Berühmtheit erlangte, 1373 in Mahan niederließ, bereiste er alle islamischen Länder zwischen dem Kaspischen Meer und dem Nil.

Fünf Kilometer außerhalb von Mahan, umgeben von kahler Steinwüste, in der man nichts weniger erwartet als saftiges Grün, sprudelt in einer ummauerten Parkanlage frisches, sauberes Quellwasser, über Qanates herangeführt, in Kaskaden hinab. Der Baq-e-Shahzade, der Prinzengarten, errichtet zum Ende des 19. Jahrhunderts, verkörpert bis heute die Traumlandschaft eines jeden Iraners, das Paradies. Einer Oase gleich gedeihen Blumen in allen Farbnuancen, Büsche und Schatten spendende Dattelpalmen. Im Land der Wüsten, des Staubes und der Trockenheit symbolisieren Springbrunnen und Wasserfälle verschwenderischen Reichtum.

Meine Zitterpartie beginnt in den frühen Morgenstunden. Nagender dagegen kann keine Gefahren entdecken. Seine Versuche, mir Mut zu machen, beruhigen mich nicht wirklich: »Sieh mal Andreas«, meint er tröstend, »die Chance, als Geisel zu enden, ist bei den vielen durchreisenden Touristen doch relativ gering.«

»Ich habe noch keine Touristen hier gesehen«, werfe ich ihm vor, während wir das Gepäck befestigen. Bei der Polizeistation melden wir uns, wie es uns empfohlen wurde, ab und hinterlassen Kopien unserer Pässe. Der Gedanke an 150 Kilometer Einsamkeit und die Schauergeschichten der Polizisten legen sich wie ein Schleier auf meine Stimmung.

Plötzlich werden Erinnerungen an die Mitreisenden im Zug nach Frankfurt wach. Alle waren mit Reisegepäck bestückt und man unterhielt sich über die jeweiligen Urlaubsziele. »Wo willst du denn drauflos?« Der breitschulterige Mann duzte einfach jeden, als sei er bereits unter seinesgleichen am Strand. Schon die Frage implizierte die Vermutung, dass ich keine Pauschalreise gebucht hatte. Einen Moment dachte ich daran, irgendein europäisches Land zu nennen, in dem ich Freunde besuchen wolle, denn eine Diskussion wollte ich vermeiden. Ich blieb vage und sagte: »Ich reise in den Orient.«

»Wohin denn da?«, bohrte er nach.

»Nach Syrien, Jordanien und Iran.«

»Willst du dir auch den Arsch wegbomben lassen? Leute, die in solche Länder reisen, sollten das Lösegeld selbst bezahlen, wenn sie gekidnappt werden.«

Ich entgegnete, dass in diesen Ländern seit fünf Jahren keine Bombe hochgegangen sei, dafür aber in Bali, Djerba und Madrid. Damit drehte ich ihm den Rücken zu und schaute aus dem Fenster, um zu signalisieren, mit dir ist nicht zu reden.

Vor uns breitet sich ein gigantisches Tal aus, flankiert von sanft ansteigenden Bergen, die in schattigen Bereichen den letzten Rest Schnee bewahrt haben. »Die Straße muss ein Riese mit einer Schnur gezogen haben«, staunt Nagender, der auch wie gebannt das Panorama bewundert. Achtzig Kilometer pro Stunde ist das Äußerste, was die Hondas hergeben, und ich muss mich sehr darauf konzentrieren, die Motorräder in der Spur zu halten, denn bei der Durchquerung der unbesiedelten Täler will ich keine Zeit verlieren. Kurz vor Bam überholt uns Massouds Freund mit unseren Fahrrädern auf der

Ladefläche. Endlich hat das nervöse Umschauen nach verdächtigen Fahrzeugen ein Ende.

Bam, Stadt in Trauer

Das Epizentrum des Bebens von Bam lag zehn Kilometer westlich der Stadt im Nichts, dort, wo keine Spuren zurückbleiben und allenfalls die Steine der Wüste ein wenig gerüttelt wurden. Doch schon in den Vororten bekommen wir eine Ahnung vom Ausmaß der Zerstörung. Es steht buchstäblich kein Stein mehr auf dem anderen und kein Haus in Bam scheint noch bewohnbar zu sein. Wir fahren durch ein Spalier von grauen Zelten, die am Straßenrand mit Eisenpflöcken im Asphalt befestigt sind. Am Arg-e-Bam, einer riesigen mittelalterlichen Lehmziegelburg, die von der Unesco zum Weltkulturerbe erklärt wurde und vollkommen zerstört ist, wartet Massouds Freund auf uns. Es ist sein erster Besuch nach dem Beben in Bam und seine Bestürzung steht ihm ins Gesicht geschrieben. Bam hat die Hälfte seiner Einwohner verloren. »Und das hier war die wichtigste Sehenswürdigkeit von Bam«, dabei schaut er auf den Berg von Ziegelsteinen. Massouds Freund prüft das Dreirad eingehend, wir laden es gemeinsam auf und bekommen unser Pfand zurück, wovon wir ihm für Massoud einen Teil als Leihgebühr mitgeben.

Das kleine Büro von Handicap International (HI) befindet sich im Osten der Stadt, dort wo das Beben stabileren Häusern nichts anhaben konnte. Schweigend durchqueren wir Bam, das einmal von 80000 Einwohnern bevölkert war und nun menschenleer erscheint. Hier lächelt uns niemand an. Die Augen vieler Menschen, die uns begegnen, sind leer, andere sind erfüllt von Trauer und Resignation. Viele machen einen gleichgültigen, abwesenden Eindruck, als funktioniere ihr

Körper nur noch automatisch. Wo früher ein Haus neben dem anderen stand, erhebt sich nun ein riesiger Haufen Schutt, aus dem, wie bei einem makaberen Kunstwerk, Eisenträger wie steife Arme in den Himmel zeigen. Besitzer, wenn es denn noch welche gibt, arbeiten sich hier und da mit bloßen Händen durch das Geröll, auf der Suche nach brauchbaren Überbleibseln.

»Hallo Andreas, schön, dass du gut angekommen bist. Und du musst Nagender sein. Andreas hat mir schon von dir erzählt.« Bruno Rotival ist französischer Staatsbürger und Koordinator von HI in Bam. Er ist ein junger, glatt rasierter Mann, dem das Organisieren leicht fällt und der für diesen Job wie geschaffen ist. Während unserer Begrüßung schaltet er seinen Rechner ab, setzt Kaffee auf und beginnt, ohne Pause von den Schwierigkeiten und Erfolgen zu erzählen. Als er sich endlich setzt, senkt sich seine Stimme: »Es gibt Stadtteile, in denen neunzig Prozent der Bevölkerung ums Leben gekommen sind.«

»Warum sind einzelne Stadtteile stärker betroffen?«

»Das liegt an der Bauweise der Häuser und der Nähe zum Epizentrum. Aber das Schicksal der Menschen war die Tageszeit, zu der es geschah. Morgens um fünf Uhr schliefen die meisten noch. Nur die Männer, die zu dieser Zeit auf dem Weg zur Moschee waren, hatten Glück. Daher kamen extrem viele Frauen und Kinder um. Es war die Hölle für die Überlebenden. Das Krankenhaus, die Ambulanzwagen und die Feuerwehr, alles war zerstört, auch viele Ärzte starben. In den fünfzehn Sekunden erlitten allein über fünfhundert Menschen eine Querschnittslähmung.« Einen Moment ist er still und gibt meiner Fantasie Gelegenheit, aus den Worten Bilder entstehen zu lassen.

»Ich würde gerne eines eurer Reha-Zentren besichtigen, ist das möglich?«

»Ja, selbstverständlich, du kannst auch gerne unsere Patienten befragen, wenn sie einverstanden sind.«

Für den Nachmittag verabreden wir uns mit ihm in einem

Behandlungszentrum, in dem viele Querschnittsgelähmte untergebracht sind. Bis dahin stellt er uns Mohammed zur Seite. Er arbeitet hier als Dolmetscher, um die Sorgen und Nöte der Menschen zu übersetzen. »Lasst uns zum Friedhof fahren«, schlägt er uns zunächst vor. Mohammed, 29 Jahre alt, hat eine hagere Statur und ist ein zurückhaltender ruhiger Mensch. »Schaut euch das an«, meint er resigniert, als wir an einer Anhöhe im Osten der Stadt auf ein Gräbermeer herabblicken, »hier liegt die Seele von Bam begraben. Dort hinten wird die Substanz abgetragen.« Er weist uns auf einen endlosen Konvoi von mit Schutt beladenen LKW jenseits des Friedhofes hin, der sich wie eine Raupe stadtauswärts bewegt. »Am Ende wird nichts übrig bleiben.« Wir wandern zwischen den Gräbern umher, vorbei an schwarz verhüllten Frauen, deren leises Schluchzen mir die Tränen in die Augen treibt. An einzelnen Inschriften erkennen wir, dass sich bis zu zehnköpfige Familien ein Grab teilen. Mohammed meint, das läge daran, dass die Toten übereinander bestattet werden.

»Manchmal, wenn ich durch die Straßen gehe, begegne ich längst totgeglaubten Freunden oder Nachbarn«, erzählt Mohammed. »Einmal«, fährt er fort, »habe ich unseren Nachbarn gesehen, ich bin ihm hinterhergelaufen und habe gerufen. Doch er hat mich nicht mehr erkannt. Seine ganze Familie wurde am 26. Dezember ausgelöscht. Seitdem irrte er traumatisiert durch die zerstörte Stadt auf der Suche nach seiner Frau und den Kindern. Wir haben ihn bei uns im Container aufgenommen.«

»Was wird aus ihm werden?«, will ich wissen.

»Er gehört jetzt zu unserer Familie, aber wir haben ständig Angst um ihn. Die Selbstmordrate ist seit dem Beben extrem angestiegen.«

Mohammed redet pausenlos, als hätte er endlich jemanden gefunden, der sich für sein Schicksal interessiert. Vor den Resten seines zerstörten Hauses berichtet Mohammed, wie er das Beben erlebt hat: »Stellt euch vor, ihr steht im letzten Waggon eines langen Zuges, der abrupt anfährt. So begann es, ohne eine Vorwarnung. Gleichzeitig sprang die Erde auf und ab, als sei ein böser Geist unter unserem Haus. Ich fiel aus dem Bett und rollte darunter.«

»Und was geschah dann?«

»Das Dach und die Wände stürzten ein. Mein Bett hat mir das Leben gerettet, aber meine Eltern sind erschlagen worden.«

Auf dem Marktplatz unter freiem Himmel, wo geschäftiges Treiben herrscht, meint Mohammed mit einer ausladenden Handbewegung: »Jeder Mensch auf den Straßen der Stadt könnte eine dramatische Leidensgeschichte erzählen, von den fünfzehn Sekunden, die sein Leben verändert haben.«

Im Schatten unter dem Vordach des neu errichteten Reha-Zentrums macht Bruno uns mit den frisch verletzten Querschnittsgelähmten bekannt und schnell entsteht ein angeregtes Gespräch. Sie sitzen in Rollstühlen, die aus der ganzen Welt gespendet wurden. Die Jungen unter ihnen haben sich offensichtlich mit ihrem Los abgefunden und versuchen, in die Zukunft zu blicken. Sie sind neugierig und löchern mich mit intimsten Fragen, die ich ihnen als Betroffener aus eigener Erfahrung besser beantworten kann als die Therapeuten. Sehr schnell entsteht ein vertrautes Verhältnis, wie in einer eingeschworenen Gemeinde, bei der Nagender, Mohammed und Bruno Rotival außen vor bleiben. Der Stuhlgang und die Entleerung der Blase, kein Thema ist mehr tabu, und ich freue mich, viele ihrer Zukunftsängste relativieren zu können. Selbst zur Frage der Zeugungsfähigkeit kann ich den Menschen Hoffnungen machen und zeige zum Beweis das Foto meiner Familie herum. Bis ins Detail wollen sie von mir wissen, wie wir zu unseren Kindern gekommen sind. Als wir die Adressen austauschen wollen, damit ich ihnen weitere Infos zusenden kann, stellt sich heraus, dass Adressen nicht mehr existieren.

Die Älteren unter ihnen sitzen teilnahmslos dabei und

schauen starr auf den Boden. Viele sind die einzigen Überlebenden der Familie, haben dazu ihr gesamtes Hab und Gut verloren. Ihre Blicke sind von einer großen Traurigkeit erfüllt. Doch plötzlich, mitten im Gespräch, weicht die Schwermut einer entsetzlichen Panik. Sie schauen sich verängstigt um und versuchen, so schnell es ihre Rollstühle erlauben, ins Freie zu gelangen. Ich begreife nicht, was los ist. Einer von ihnen zerrt mich an meinem Rollstuhl von der Hauswand weg. In ein paar Sekunden ist alles vorbei, doch meine Gesprächspartner schauen noch immer so, als seien sie gerade dem Tod von der Schippe gesprungen.

Es war ein Erdstoß, den ich als spastisches Zucken in meinen Beinen missdeutet habe, ein Beben von der Sorte, wie es in dieser Region nicht selten vorkommt. Unsere Unterhaltung führen wir in sicherer Entfernung zu allen gemauerten Häusern fort.

»Viele von uns sind nicht mehr in der Lage, Häuser zu betreten, in unserem Innern sträubt sich etwas dagegen«, berichtet einer der jungen Rollifahrer. »Immerzu träumen wir, dass etwas von oben auf uns herabfallen könnte, und schrecken mitten in der Nacht hoch. Hoffentlich ist das bald vorbei.«

»Wohnt ihr in diesen Containern?« Ich zeige auf die zu Krankenzimmern umgebauten Transportbehälter im Hof.

»Ja, jeder hat eine Kiste, die sind erdbebensicher«, meint er zynisch.

Bruno unterbricht das Gespräch: »Andreas, ich habe gerade einen Anruf von der Zentrale bekommen. Heute ist ein neuer Rollstuhl für Mahdi eingetroffen. Sie ist fünf Jahre alt, ihr musste ein Bein amputiert werden. Wollt ihr mitkommen, wenn wir den Rollstuhl anpassen?«

»Ja gerne«, stimme ich zu.

Inzwischen ist die Dämmerung hereingebrochen und wir suchen in den von Zelten des Roten Halbmonds gesäumten Straßen nach Mahdis neuem Zuhause. Viele, deren Haus in abgelegenen Seitenstraßen lag, haben ihr Zelt nicht vor ihrem

Grundstück errichtet, sondern lagern an den Hauptverkehrs-
adern, um ihren Anteil an den Hilfslieferungen zu bekommen.

»Da ist sie ja«, ruft Mohammed aus, der am Straßenrand ein
auf dem Boden krabbelndes Mädchen entdeckt hat. Augenblicklich werden wir von allen Nachbarn umringt, die glauben,
hier würden Hilfsgüter verteilt.

Mahdis Eltern bitten uns in ihr primitives Zelt, das nicht
einmal mit einem Boden ausgestattet ist, und bieten uns Tee
an. Ein Teppich auf dem Straßenpflaster, ein halb zerbroche-
nes Schränkchen und ein Kofferradio ist alles, was der Familie
geblieben ist. Behände krabbelt Mahdi voraus, sie ist sichtlich
aufgeregt und kann es gar nicht erwarten in den Rollstuhl zu
klettern. Irritiert schaut sie mich und meinen Rolli mit ihren
großen runden Augen einen Moment an, doch ihr eigener
Rollstuhl beschäftigt sie viel mehr. Während wir uns mit ihren
Eltern unterhalten, ist Mahdi der Star unter den Kindern der
Nachbarschaft und jagt mit ihrer neu gewonnenen Mobilität
die Straße entlang. Ihr Jauchzen und das glückliche Lachen
scheinen den Verlust ihres Beines vergessen zu machen.

Mit Hussein nach Süden

»Das würde ich an eurer Stelle nicht machen.« Mohammed
macht ein nachdenkliches und pessimistisches Gesicht. Wir
sitzen im Container seiner Familie und beraten unsere Weiterreise für morgen. »Östlich von Bam ist es nicht mehr sicher.«
Er sagt es mit einem solchen Ernst in der Stimme, dass mir alle
Gegenargumente im Halse stecken bleiben. Betreten schauen
Nagender und ich uns an. Ich will es genauer wissen: »Was
kann denn passieren?«

»Sie rauben euch aus oder nehmen euch als Geiseln. Das
hatten wir gerade letztes Jahr, auch Deutsche mit dem Fahr-

rad! Das gesamte Grenzgebiet nach Afghanistan und Pakistan ist Schmugglerterritorium und die sind nicht zimperlich.«

»Wie sieht es am Persischen Golf aus?« frage ich Mohammed weiter.

Er zieht die Augenbrauen hoch: »Westlich von Bandar Abbas gibt es keine Probleme. Aber warum wollt ihr denn mit dem Fahrrad fahren? Mietet euch doch ein Auto, dann seid ihr viel schneller da!«

Ich schaue Nagender grinsend an und wir denken beide das Gleiche. Vor ein paar Jahren hat er mir auf meinem Weg zur Quelle des Ganges die gleiche Frage gestellt. Wie nun Mohammed konnte ich auch Nagender damals keine befriedigende Antwort geben. Würde ich ihm von Freiheit oder gar von Abenteuer erzählen, von dem aufregenden Gefühl der Ungewissheit, es wäre für ihn nur schwer nachvollziehbar. Allenfalls unser Wunsch, sein Land wirklich kennen zu lernen, einen unmittelbaren Blick auf das hiesige Leben zu werfen, könnte ihm einleuchten. Ich versuche es mit einem Vergleich: »Mohammed, weißt du, per Auto durch den Iran zu fahren, das ist wie ein Schluck Champagner. Auf dem Fahrrad durch den Iran zu reisen, bedeutet, darin zu baden.«

Als ginge ihm plötzlich ein Licht auf, öffnet sich sein Mund mit der Erkenntnis: »Ach so ist das.« Doch er führt uns gleich darauf die Realitäten vor Augen: »Aber es bleibt gefährlich.«

»Ja«, räume ich ein. Schließlich habe ich auch die Reisewarnungen vom Auswärtigen Amt gelesen, die vor Aufenthalten in den östlichen Grenzgebieten des Irans warnt. Doch dass es schon hier, über 300 Kilometer von der Grenze entfernt, gefährlich sein soll, akzeptiere ich nur ungern. »Ich könnte Hussein fragen, er fährt hin und wieder nach Bandar Abbas und Qeshm zum Einkaufen, vielleicht kann er euch mitnehmen.« Wenig begeistert von der Vorstellung wieder einen Tag im Auto zu verbringen, statt auf den Fahrrädern unsere Nasen in den Wind zu halten, willigen wir ein, Hussein zu fragen.

Hussein ist ein Mensch, den man nicht mehr vergisst. Sein

Äußeres macht den Eindruck, als sei er nicht verheiratet. Die Hosen sind eine Idee zu verschmutzt und löcherig. In seinen ausgelatschten Schuhen stecken Füße in dampfenden Socken, aus denen die Zehen herausschauen. Der Kragen seines Hemdes ist gestärkt von der Mischung aus Schweiß, abgeriebener Haut und Schmutz. Meist ist er unrasiert und das Gelb auf seinem Schnauzer sowie auf den Fingern der rechten Hand, die blutleere, fahle Gesichtshaut und der extreme Zahnfleischschwund identifizieren ihn als Kettenraucher.

Hussein nimmt uns mit nach Bandar Abbas. Einmal im Monat fährt er zur Insel Qeshm, weil man dort zollfrei einkaufen kann, und dann verscherbelt er die DVD-Player und was er sonst noch tragen kann, woanders wieder. Er ist ein harter Geschäftsmann und erzählt uns während der Fahrt ganz offen von seinen Tricks: »Jeder darf nur eine bestimmte Menge Waren einkaufen. Das lohnt sich überhaupt nicht. Aber die Jungs auf der Insel kennen mich schon, die bekommen Geld von mir und kaufen ihr Kontingent für mich ein.« Dabei zieht er ein dickes Bündel Banknoten aus einer prall gefüllten Reisetasche.

Wenn er am Steuer raucht oder Kürbiskerne kaut, fährt er seinen alten Mitsubishi-Bus mit den Unterarmen. Gehen ihm jedoch auf einsamer Strecke die Zigaretten aus, wird er cholerisch und regt sich über jede Kleinigkeit auf. Zum Glück lässt er es selten so weit kommen. Und sonst ist er zahm wie ein Lamm. Ja, er legt eine Hilfsbereitschaft und Fürsorge mir gegenüber an den Tag, die regelrecht rührend ist. Er besitzt eine Fähigkeit, die ich ihm nicht zugetraut hätte. Pünktlich zur Mittagszeit lenkt er das Fahrzeug zwischen die vertrockneten Büsche am Straßenrand, öffnet die Heckklappe und entlädt eine mobile Küche. Zwiebeln, Kartoffeln, Paprika und eine Poularde hat er auf dem Markt des letzten Ortes eingekauft. Während Hussein das Huhn zerlegt, würzt und auf Kebabspieße schiebt, wobei er stets eine qualmende Zigarette zwischen den Fingern hält, von der die Asche ständig herunterrieselt, schneiden wir das Gemüse. Nach dem Essen legt er sich rauchend in den Schatten und schläft eine Stunde.

Als ich ihn während der Weiterfahrt beobachte, wird mir klar, dass ihn seine Mutter zu früh abgestillt haben muss. Ununterbrochen schiebt er sich den Strohhalm der Colaflasche, seine nächste Zigarette oder Kürbiskerne in den Mund. Mit dem Eifer eines Eichhörnchens und der Geschicklichkeit, die den Menschen östlich des Bosporus beim Kürbiskernkauen angeboren zu sein scheint, trennt er im Mund die Schale vom Inneren und spuckt den Rest aus dem Fenster. So macht er sich die Fahrt kurzweilig. Plötzlich, aus heiterem Himmel scheint er sich übergeben zu müssen, er beugt sich vor, würgt und hält sich die flache Hand vor den Mund. Mit Schlingern bringt er das Auto zum Stehen, reißt den Rückspiegel herum und öffnet die Lippen. Inmitten der Reihe gelber Zähne, die im schwindenden Zahnfleisch kaum Halt haben, klafft ein riesiges Loch, das vorher nicht da war. »Mein Zahn!«, stößt er aus und reißt die Fahrertür auf, der ein vorbeifahrendes Auto nur um ein Haar ausweichen kann. »Ich habe ihn ausgespuckt!« Ich halte die Hand vor meinen Mund, als wäre das mir passiert, drehe mich zu Nagender um, der sich vor Lachen nicht mehr halten kann. Es ist ein Bild für die Götter: Ein Inder, ein Iraner und ein Deutscher suchen eine iranische Wüstenstraße nach einem Stiftzahn ab, der vermutlich längst im Profil eines vorüberfahrenden Autos hängen geblieben ist und davongetragen wurde. Wir bleiben glücklos und damit endet Husseins Kürbiskernkauen, das er mit noch mehr Zigaretten kompensiert, die er sich nun in die Lücke klemmt.

Wenn im Iran ein Mensch weitab jeglicher Ansiedlung an der Straße steht und winkt, ist es entweder ein Bandit, dessen Kumpane urplötzlich aus dem Gebüsch hechten können, oder es ist jemand, der Hilfe braucht. Da hier kein Gebüsch wächst und der junge Mann eher einem verwirrten Professor gleicht und nur ein Musikinstrument als Gepäckstück trägt, verfahren wir getreu dem Motto »Böse Menschen haben keine Lieder« und nehmen ihn auf.

Fardis, 23 Jahre alt, ist Musikstudent an der Universität von Bandar Abbas und versucht, in den abgelegenen Bergdörfern traditionelle Musikinstrumente aufzuspüren. Die Haare, die ihm auf seinem Haupt fehlen, sprießen wie die Perücke eines Clowns um seinen Hinterkopf. Er spricht gut Englisch und fügt an jeden zweiten Satz »of course« an. Er hat einen extrem breiten Südstaatenakzent. Wie hungrige Wölfe stürzen wir uns auf ihn, denn Musik wird im Iran nicht an jeder Ecke gespielt. Was er bei sich trägt ist eine Santur, ähnlich der in den Alpenländern bekannten Zither. Schon die Töne, die entstehen, wenn er das Instrument versehentlich berührt, machen uns ganz verrückt danach, ein Lied zu hören. »Hussein, halt bitte mal an! Fardis«, wende ich mich unserem Begleiter zu, »kannst du darauf spielen?«

»Of course.«

»Spiel uns was vor!«

»Hier?«, fragt er verwundert und schaut sich in dem unaufgeräumten Auto um, »ich brauche dafür festen Untergrund!«

»Okay, draußen auf der Straße.«

Als Fardis mit gekreuzten Beinen auf dem Asphalt vor seinem Instrument sitzt, zwei kleine, mit Filz beklebte Hämmerchen nimmt und die ersten Töne erklingen, wird mir bewusst, wie sehr mir in den letzten Monaten Musik gefehlt hat. Und er spielt ein so betörendes Lied, dass es mir im Bauch kribbelt, als würden hundert Bienen darin herumschwirren. Noch zweimal muss er es für mich wiederholen.

Weil er so häufig »of course« sagt, frage ich ihn: »Können wir dich ins nächste Dorf begleiten? Wir würden gern mehr iranische Musik hören.«

Doch dieses Mal bleibt seine Redewendung aus und er lehnt ab: »Die Leute in den Bergen sind sehr misstrauisch. Ihr würdet sie nur verschrecken.«

»Na ja, so wie wir aussehen«, dabei sehe ich erst Nagender und dann Hussein grinsend an, »schade.«

»Aber ihr könnt mich zu Hause besuchen, in Minab, in drei Tagen bin ich da.«

»Oh, das würden wir gerne machen. Spielst du uns dann noch ein Lied vor?«

»Of course.«

Wir notieren uns seine Adresse und ein paar Kilometer weiter, an einem Traktorpfad, der rechts abbiegt, entlassen wir ihn wieder.

Von Kindern und Bonbons

»Andreas, das Auto war für mich wie ein Gefängnis. Lass uns fahren, ich will wieder das Land spüren.«

Ich schaue Hussein noch einen Moment nach, bis er in der Hafeneinfahrt verschwindet und sage dann: »Ja, ich komme.« Auf der Promenade am Strand von Bandar Abbas flanieren Verliebte, jene die noch auf der Suche sind und Familien mit einem Haufen Kindern im Schlepptau. Als Ayatollah Khomeini 1979 die Macht übernahm, predigte er seinem Volk Kinderreichtum. Das ließen sich die Iraner nicht zweimal sagen. Allerdings war der Revolutionsführer nicht in der Lage, die Wirtschaft dementsprechend anzukurbeln. Seit dem hat sich die Bevölkerung glatt verdoppelt. Die meisten Menschen leben in den Ballungszentren und in ihrer Peripherie. Das spüren wir auch in Bandar Abbas. Wir fahren allein vier Stunden, um die letzten Industrievororte abzuschütteln. Doch nun radeln wir auf einer wenig befahrenen Küstenstraße von einem Fischerdorf zum nächsten.

Auf den Straßen begegnen uns überwiegend alte Leute und Kinder. Die Frauen tragen in dieser Gegend archaisch anmutende Gesichtsmasken aus Stoff, Leder oder Filz, die mit einem Gummi unter dem Tschador am Kopf gehalten werden. Selten kam mir der Rest der Welt so weit entfernt vor, selten war ich so sehr davon überzeugt, dass den Menschen hier nichts unwichtiger ist als Zeit. Selbst uns wird mit jedem Kilometer gleichgültiger, wo wir die Nacht verbringen werden und ob unsere Vorräte noch ausreichen. Alle zehn, fünfzehn Kilometer erreichen wir eine Ansiedlung, in der wir das Nötigste besorgen könnten.

Erst als wir zwischen zwei Dörfern am Strand eine Pause einlegen, merken wir, dass unser Proviant aufgebraucht ist. Kein Problem, das nächste Dorf ist schon in Sicht. So könnte es wochenlang weitergehen, wenn da nicht die vielen Kinder wären, die uns schon weit vor einem Dorf johlend entgegenrennen, was einen solchen Aufruhr verursacht, dass binnen Minuten alle unter 13 Jahren hinter uns her sind. Das kann man lustig finden und meistens sind die Kinder so niedlich, dass wir unsere Pause ausdehnen, um mit viel Spaß von ihnen Farsi zu lernen. Doch leider geben unter diesen Dorfkindern die Rüpel den Ton an. Das zeigt sich jedes Mal, wenn wir ein Dorf wieder verlassen und sich die Bengel aus der Sichtweite ihrer Eltern wähnen. Dann werden wir förmlich mit Steinwürfen verjagt. Es gibt kein Patentrezept dagegen, zumal uns der Grund, aus dem die Kinder das tun, verborgen bleibt.

In jedem Ort zögern wir unsere Weiterfahrt hinaus, aus Angst vor den Steinen am Ortsausgang. Kinder, denen keine Werte und Normen vermittelt wurden, können brutal sein. Skrupellose Warlords haben das in Afrika auch schon entdeckt und aus Kindern mit scharfen Waffen kleine Monster gemacht. Wir jedoch sind überzeugt, dass es ein Mittel geben muss. Wieder sitzen wir am Straßenrand vor einem Lebensmittelladen, essen Kekse und grübeln darüber nach, wie wir der Meute, die uns belagert, schadlos entkommen könnten.

»Andreas, was lieben deine Kinder am meisten?«

»Schokolade und Fernsehen«, antworte ich, ohne lange überlegen zu müssen.

»Beides gibt es hier nicht«, meint Nagender nachdenklich. Doch plötzlich richtet er sich auf und meint euphorisch: »Ich habe eine Idee, warte hier.« Kurz darauf kommt er mit einer Tüte Bonbons aus dem Laden und meint: »Ab jetzt wehren wir uns.«

Schon jetzt verheißen die Blicke der Kinder, dass Nagenders Idee von Erfolg gekrönt sein wird. Doch zunächst verwenden wir die falsche Taktik. Beim Verlassen des Dorfes wirft Nagender für jeden Stein einen Bonbon zurück, was die Kinder noch mehr anspornt. »Du musst eine ganze Hand voll werfen, damit sie sich streiten und beschäftigt sind, dann haben wir Zeit zu fliehen.« Und genauso funktioniert es. Vor dem nächsten Fischerdorf verfeinern wir unsere Taktik. Da uns die Bonbons zu schade sind und wir sie lieber selber lutschen, wickeln wir in das Papier kleine Steinchen ein.

Um nachts vor den kleinen Quälgeistern Ruhe zu haben, gehen wir erst bei Dämmerung auf die Suche nach einem Schlafplatz. Die Welt um uns ist noch immer von Trockenheit, Staub, Geröll und Sand geprägt. Auch wenn der Küstenstreifen auf unserer Landkarte grün markiert ist, die Wüste endet erst an der Brandung. Der wollen wir uns so weit es geht nähern, gleichzeitig soll unser Zelt von der Straße aus unsichtbar bleiben. Gerade entdecken wir eine schmale Einmündung, die sich hinter einem Hügel verliert, ein idealer Platz, doch so lange der Kleine mit seinem Fahrrad noch hinter uns her ist, dürfen wir uns nicht anmerken lassen, hier unser Zelt aufschlagen zu wollen. Wir fahren weiter und kehren erst um, als sein Interesse an uns erschöpft und er ins Dorf zurückgefahren ist.

Der Persische Golf

Genau so hatte ich es mir immer vorgestellt: Die Brandung des Persischen Golfes rauscht, die Sterne über uns funkeln und wir liegen vor dem Zelt und genießen die Ruhe. Schade nur, dass wir kein Feuer machen können. Trockenes Gestrüpp gibt es genug. Doch damit würden wir Neugierige anziehen, wie das Licht die Motten.

Vor uns liegt die Straße von Hormuz, das nur 40 Kilometer breite Nadelöhr in den Persischen Golf, und damit einziger Zugang zum offenen Meer für eine der ölreichsten Regionen der Welt. Schon 1507 erkannten die portugiesischen Seefahrer die strategische Bedeutung dieser Meerenge und sie errichteten auf den vorgelagerten Inseln Stützpunkte.

Hin und wieder entdecken wir in der völligen Dunkelheit die flackernden Leuchtfeuer vorübergleitender Ozeanriesen oder der Patrouillenboote, die die Küste überwachen. Der Mond, dessen fahles Licht uns noch beim Aufbau des Zeltes hilfreich war, nähert sich nun dem Horizont über den Bergen und ist, verdeckt von Wolken oder Dunst, nur noch als Schimmer zu erahnen.

Zuerst glaube ich, Nagender hätte etwas gesagt, doch die Stimme, die auch er jetzt hört, kommt vom Meer her. Unterbrochen von Windböen und dem Rauschen der Brandung, vernehmen wir zwei gedämpfte Stimmen. Flüsternd fordere ich Nagender auf: »Nicht bewegen. Wir bleiben ganz still!« Eine ganze Weile kommen die Stimmen aus Richtung Strand, vielleicht nur 20 oder 30 Meter vor uns. Die Männer müssen mit irgendetwas beschäftigt sein, denn manchmal hören wir ein angestrengtes Stöhnen und dumpfe Geräusche. Jetzt nähert sich von der Straße her ein Auto, ohne Licht und so langsam, dass der Motor kaum hörbar ist. Der Fahrer muss den Weg wie seine Westentasche kennen. Zum Glück hat Nagender mich noch ein gutes Stück durch den weichen Sand geschoben, denn wenn wir unser Zelt am Ende der Einmündung errichtet hätten, wie ich es vorschlug, würde das Auto uns genau in diesem Moment überfahren.

Ich hatte mich noch gewundert, wozu eine Einmündung gut sein soll, die im Nichts endet. Jetzt geht mir ein Licht auf. Ich erinnere mich an das, was Vali Askarian in Teheran über die Schmuggelpfade nach Iran sagte: »Elektronik kommt über den Golf aus Dubai.«

Ich tippe Nagender auf die Schulter, um ihm meinen Einfall ins Ohr zu flüstern: »Das sind Schmuggler.« Wir wagen es nicht, uns zu bewegen, denn Zeugen können die sicher nicht gebrauchen. Wie ich es erwartet habe, beladen sie nun das Fahrzeug. Alles geschieht in fast völliger Dunkelheit, bis die beiden Stimmen wieder auf dem Meer verschwinden und sich das Auto entfernt. Langsam fällt die Anspannung von uns ab, doch wir reden nur noch im Flüsterton.

Die zweite Störung in dieser Nacht ereilt uns im Schlaf. Grellweißes Scheinwerferlicht durchflutet unsere dünnen Zeltwände, während von draußen jemand auffordernd etwas ruft. Inzwischen kann uns nicht mehr viel erschüttern. Nagender öffnet den Reißverschluss und unsere Gesichter werden von dem Schein einer Taschenlampe geblendet. Es ist die Grenzpolizei, die sich nur einmal nach unserem Befinden erkundigen wollte und uns eine gute Nacht wünscht. Während Nagender sich wieder hinlegt, meint er: »Woher wissen die bloß, dass wir hier liegen?«

»Die kontrollieren die Küste und haben uns zufällig entdeckt«, vermute ich, »solange uns weder Kinder noch Schmuggler bemerken, kann mir das egal sein.«

Am Morgen sieht die Küste so unschuldig aus wie am Abend, als wir hier eintrafen. Nur die Fußspuren sind Beweis dafür, dass wir nicht geträumt hatten. Heute verlassen wir die Küste Richtung Norden nach Minab. Wir wollen auf keinen Fall die Verabredung mit Fardis, dem sonderbaren Musikstudenten, platzen lassen, der mich mit seinem bezaubernden Lied auf der Straße so beeindruckt hat. Doch es dauert noch den ganzen Tag, bis wir endlich seine Adresse ausfindig gemacht haben. Die Villa, von der wir durch eine Mauer und ein verschlossenes Eisengitter getrennt sind, macht den Eindruck, als wollte der Architekt die Kommandobrücke eines Ausflugsdampfers imitieren. Die Fassade ist schneeweiß, mit Stuckverzierungen aufgelockert und nach hinten abgestuft, womit eine ganze Reihe von Balkonen entstehen. Doch niemand ist zu Hause. Die Suche nach einem zweiten Eingang verläuft enttäuschend. Im Gegensatz zur Fassade schmerzt das Auge förmlich beim Anblick der unverfugten Seitenmauern, die nicht einmal ein Fenster aufweisen.

Gestelzt ahmt Nagender die Einladung von Fardis nach: »Ihr könnt mich zu Hause besuchen, ›of course!‹«

»Das war wohl nur eine Floskel und gar nicht ernst gemeint«, lautet meine Erklärung.

Enttäuscht lassen wir uns vor seinem Haus nieder und beobachten die Familie, die am Straßenrand mit Picknicken beschäftigt ist.

»Die Iraner sind wirklich fanatisch«, sage ich zu Nagender, »die picknicken an einer vierspurigen Straße im Lärm und in den Abgasen der Autos.«

»Immerhin sitzen sie im Grünen«, gibt er zu bedenken, »siehst du die Grashalme da?«

»Tatsächlich«, gebe ich lachend zu.

Gerade beginnen wir zu überlegen, warum die Iraner so wild auf das Essen außer Haus sind und kommen zu dem Schluss, dass das noch ein Überbleibsel des Nomadenlebens ihrer Vorfahren sein muss, da winken sie uns zu sich. Wir schauen uns fragend an und gehen hinüber. Der Abend ist gerettet. Erst weit nach Einbruch der Dunkelheit, als wir schon lange nicht mehr mit ihm gerechnet haben, trifft Fardis mit seiner Santur unterm Arm ein und entschuldigt sich für die Verspätung, aber per Anhalter ließe sich nur schwer ein Termin einhalten. Wir sind ganz allein im Haus und begeben uns ins Wohnzimmer. In die Polstersessel sinken wir so tief ein, dass wir es vorziehen, auf dem Boden zu sitzen.

Fardis führt uns die verschiedensten Musikinstrumente vor, deren Namen und Bauart Nagender häufig bekannt sind, schließlich liegt Pakistan, in dem seine Muttersprache Urdu gesprochen wird, keine 400 Kilometer entfernt. Fardis beherrscht alle Instrumente perfekt. Es gibt Trommeln, eine Sitar, die allerdings mit der indischen Version wenig gemein hat, verschiedene Flöteninstrumente und ein kleines Harmonium, das mir von meinen früheren Reisen durch Pakistan und Indien bekannt ist.

»Kannst du mir sagen, warum traditionelle Musik ein solches Schattendasein führt?«, frage ich Fardis.

»Of course, Ayatollah Khomeini hat Musik und Tanz in den Kriegsjahren als böse und unmoralisch degradiert, weil das die Sinne verwirrt. Auch in den eigenen vier Wänden durfte über Jahre keine Musik gespielt werden. Das hat sich geändert, aber öffentliche Konzerte gibt es auch heute kaum. Darunter hat die Musik sehr gelitten.«

Fardis lädt uns ein, am kommenden Morgen den Wochenmarkt von Minab zu besuchen. Für ihn ist dieser Markt, zu dem Händler aus weitab gelegenen Bergdörfern kommen, eine wunderbare Fundgrube. Hier kann er Kontakte knüpfen und bringt in Erfahrung, wo noch alte Instrumente gespielt werden.

Während Fardis für sein Studium Recherche betreibt, geraten wir über die Farbenpracht auf dem Markt ins Schwärmen. Teheran und die heiligen Stätten, von denen die strengen Kleidervorschriften kommen, sind weit weg. Auch hier sind die Frauen verschleiert und tragen obendrein die hier üblichen Gesichtsmasken. Doch keinesfalls kleiden sie sich ausschließlich in Trauerschwarz. Die engen Hosen der Bandari-Frauen, die bisweilen unter dem Tschador, der fein gemustert ist, sichtbar werden, sind reich und extrem bunt bestickt. Die Gesichtsmasken scheinen für die jungen unter ihnen ein Mittel zu sein, auf sich aufmerksam zu machen, auch wenn sie das Gegenteil, nämlich männliche Blicke von sich zu weisen, bewirken sollen. Bei genauer Betrachtung, sind die meist roten Masken mit Stickereien versehen, die die Augen in Form von Pfeilen und Umrandungen hervorheben. Doch mehr geben sie nicht von sich preis. Die Mundpartie wird wiederum durch ein schwarzes oder weißes Tuch bedeckt. Ich erinnere mich an Nadia, die Tochter der Beduinenfamilie in Wadi Rum, die vollkommen verschleiert eine unerklärliche Faszination auf mich ausgeübt hatte. Auch hier bleiben nichts als die Augen, über die ich versuche, mir ein Bild des Menschen hinter der Maske zu machen. Dadurch wirken sie noch feuriger, unergründlicher und rätselhafter.

Wir stehen unweit eines Verkaufsstandes an dem geflochtene Körbe und Kleidung angeboten werden und beobachten aus der Deckung das Treiben.

»Weißt du, warum diese Frauen so etwas Geheimnisvolles an sich haben?«, frage ich Nagender, dessen Interesse an den Bandaris mir nicht entgangen ist.

»Sag es mir!«, fordert er mich auf.

»Weil wir so gern ihre Gesichter sehen wollen, aber sie bleiben verborgen.«

»Das ist es«, bestätigt er.

Hin und wieder erhaschen wir aber doch einen Blick auf Körperpartien, die nicht für unsere Augen bestimmt sind. Eine der Frauen schiebt das den Mund bedeckende Tuch herunter, um an dem langen Rohr ihrer Wasserpfeife zu ziehen.

»Hast du das gesehen!«, ruft Nagender begeistert aus, »diese vollen Lippen und die herrlich weißen Zähne!«

»He, Nagender«, ich stupse ihn an, »beruhige dich!«

Doch auch ich betrachte, ohne allzu neugierig wirken zu wollen, ihre langen, schlanken Finger, die das Rohr der Pfeife zum Mund führen, die Knöchel ihrer Hand und den mit Spitzen besetzten Ärmel, der unter dem Tschador sichtbar wird.

Zur Insel Kisch

Gedankenversunken radeln wir durch eine weite Ebene, die rechts von kleinen Tafelbergen begrenzt wird, gen Westen. Es bleibt staubig, trocken und wüstenhaft, auch wenn wir laut unserer Landkarte gerade von Flüssen durchzogenes Grünland durchqueren. Die Illusion, auf dieser Reise einmal durch Wälder, Wiesen und Auen fahren zu können, hatten wir nie. Doch dass es so extrem trocken sein wird, überrascht uns jeden Tag aufs Neue. Selbst hier, im flachen Küstengebiet, wo die Abflüsse aus den Bergen münden, überqueren wir auf Brücken vertrocknete Flussbette, die schon seit langem kein Wasser mehr geführt haben.

Der Südwesten Pakistans und der Osten des Irans gehören zu den heißesten Gegenden der Erde. In den Sommermonaten klettern die Temperaturen auf weit über 50 Grad. Kühles Trinkwasser ist hier das höchste Gut und wird sorgfältig behütet. Zwischen dem niederen Gestrüpp sind die fünf Meter hohen Schutzhauben, die über Brunnen und Wasserreservoire wie ein halbes Ei gestülpt sind, weithin sichtbar. Zu allen vier Himmelsrichtungen besitzen sie eine Öffnung, die allerdings durch ein Gitter mit Schloss versperrt ist.

Wir haben gelernt, die Linien auf unseren Landkarten mit viel Misstrauen zu betrachten, und fahren nie ohne Rücksprache mit Passanten oder Lastwagenfahrern in eine zweifelhafte Einmündung. Solange wir die Stadt Bandar Abbas, die wir passieren müssen, als Ziel angeben, kann jeder eindeutig antworten. Doch jenseits davon nimmt das Netz von alternativen Straßen so zu, dass es schwierig wird, die kürzeste Route zu erfragen. Besitzer von motorisierten Fahrzeugen verweisen uns generell auf die Strecken, die sie für die schnellsten halten, berücksichtigen dabei jedoch nicht, dass wir Fahrrad fahren. So werden wir immer wieder auf mehrspurige Umgehungsstraßen geschickt. Halten wir uns dagegen immer Richtung Meer, endet unsere Straße häufig am Strand. Erst nach ein paar Tagen, nachdem wir an der Insel Qeshm vorübergefahren sind, können wir einer eindeutigen Küstenstraße folgen, die, wie auf unserem Weg nach Minab, alle 15 Kilometer einen Ort aufweist. Routiniert werfen wir auch hier unseren kleinen Verfolgern in Bonbonpapier eingewickelte Steinchen zu, zwischen denen sich auch immer wieder ein paar echte Süßigkeiten befinden. Unsere Schlafplätze wählen wir unter Umgehung der nächtlichen Schmuggelpfade aus und sind nach der vierten Nacht ganz stolz, dass uns nicht einmal die Küstenwacht entdeckt hat.

In Bandar Lengeh, einer Hafenstadt, die mit einem hohen Araberanteil und vielen sunnitischen Moscheen einen völlig anderen Charakter besitzt als andere iranische Städte, mieten wir uns ins beste Hotel am Platze ein. Nachdem wir in den letzten Tagen das mitgeführte Wasser lieber getrunken haben, als uns damit zu waschen, spüren wir nun ein unbändiges Verlangen nach einem Bad.

Um nicht von vornherein abgelehnt zu werden, verstecken wir die Räder neben dem Gebäude und klopfen in einer Staubwolke unsere Kleidung ab, was das Aussehen nicht wirklich bessert. Nagenders Haare, die unter normalen Umständen von tiefschwarzer Farbe sind, gleichen nun den schütteren, ergrauten Zotteln eines 80-Jährigen. Auch meine Haare, so bestätigt er mir, stehen steif vor Dreck zu allen Seiten ab.

Der Hotelportier, in heftigem Kontrast zu uns in einen dunklen Anzug und ein weißes Hemd gekleidet (Krawatten gelten als westlich dekadent), schaut uns im ersten Moment an, als seien wir die Müllmänner. Bevor er sich eine glaubhafte Ausrede einfallen lassen kann, frage ich: »Haben Sie ein Zimmer mit Bad?«

»Ja schon, aber es ist nicht billig«, stammelt er, als könne er von unserem Äußeren auf den Inhalt unserer Geldbörse schließen.

Gerade will ich fragen, was es denn kosten soll, da fällt er mir ins Wort: »Woher kommen Sie?«

»Aus Minab mit dem Fahrrad«, antwortet Nagender ihm.

»Und Sie mit Ihrem Rollstuhl?«

»Ja, natürlich!«

»Ohne Motor?«, fügt er ungläubig an.

»Ohne Motor!«

»Kann ich Ihre Pässe sehen?« Während er von einer Seite zur nächsten wandert und sich alle Visa eingehend betrachtet, lobt er mich für die Leistungen Michael Schumachers, diverser deutscher Fußballer und das friedliche Zustandekommen der deutschen Einheit. Als er bei dem iranischen Visum gelandet ist, schaut er mich an und meint: »Sind Sie so auch durch Jordanien und Syrien gefahren?«

»Ja.«

»Dann wohnen Sie bei uns kostenlos«, und schiebt den Pass unter seinen Tisch. Er wendet sich Nagender zu, schaut auf die Frontseite seines Passes, blickt ihn wieder an und ruft: »Ahhh, *Hind!*« Als wolle er ihn mit seinem Finger erschießen, zeigt er auf Nagenders Brust und stößt einen Buchstabenbrei aus, den nur Insider verstehen können: »Amitabh Bachchan!« Nagender setzt ein gequältes Lächeln auf, denn schließlich will auch er kostenlos wohnen und spielt das Spielchen mit. Angesichts der Tatsache, dass die Bewohner der gesamten Arabischen Halbinsel glühende Fans indischer Schmalzfilme sind, ja ganz Asien danach schmachtet und auch die Chinesen erobert werden, wie Nagender behauptet, muss ich zugeben, dass die Fangemeinde der Schauspieler aus Hollywood dagegen kümmerlich klein wirkt.

Auch Nagender hat die Sympathie des Hoteliers und muss nichts bezahlen. Die Fahrräder unterziehen wir auf dem Zimmer mit Meeresblick einer eingehenden Inspektion. Wir putzen sie, waschen unsere Wäsche und liegen stundenlang in der Badewanne herum, schließlich wollen wir beim Betreten der Insel Kisch gesellschaftsfähig sein. Nagender ist gerade im Bad, als es an der Tür klopft. Wer mag das sein, schießt es mir durch den Kopf. Plötzlich fallen mir wieder unsere Vergehen ein, die für die Polizei sicher von großem Interesse sein müssten. Ach, sage ich mir, du leidest ja schon an Verfolgungswahn. Ich öffne und der Portier steht mit meinem Pass in der Hand davor. »Entschuldigen Sie die Störung, ich glaube, mit Ihrem Visum ist etwas nicht…« Ich falle ihm ins Wort und erkläre ihm freundlich den Sachverhalt, womit er sich zufrieden gibt. Doch ich frage mich einen kurzen Moment, warum jeder Hotelier das Gleiche behauptet.

Die Passagiere für das Speed Boat auf die Insel Kisch, kommen nicht von hier. Ihre Kleidung, das selbstbewusste Auftreten der jungen Frauen und ihre lockere Handhabung des Kopftuchs passen besser in die moderne Oberstadt von Teheran. Tatsächlich ist die Insel eine Freihandelszone, wofür wir eine komplette Pass- und Gepäckkontrolle durchlaufen müssen. Dem Kontrolleur, der gerade ansetzen will, an meinem Visum herumzumäkeln, erkläre ich vorauseilend, dass es gültig ist ab Einreisedatum und Punkt. Wir werden durchgewinkt und starten, die Insel mit ihren 40 Kilometern zu umrunden.

Im Vergleich zum Rest des Landes, ist Kisch geradezu revolutionär. Moderne Shoppingmalls und Glaspaläste, vollgestopft mit Elektronik aller Art, reihen sich aneinander. Dazwischen erholen sich die kaufwütigen Iraner in Hamburger-Bratereien, Pizzerien oder beim Surfen in Internet-Cafés. Nur ein paar hundert Meter von der Anlegestelle entfernt, muss ich Nagender schon wieder stoppen.

»Was ist denn?«, ruft er.

»Hier geht's zum Strand, lass uns da mal hinfahren.«

Die Straße endet an einer hohen Mauer, mit einem Tor davor und einer im schwarzen Tschador verhüllten Frau, die mit ihrer Kleidung auf dieser freizügigen Insel fast fehl am Platze erscheint. »Für Männer verboten«, weist sie uns ab, »das hier ist der Badestrand für Frauen. Wenn Sie baden wollen, dann fahren Sie in die Richtung«, wobei sie uns mit der Hand wegscheucht wie zwei lästige Köter. Beim Wenden sehen wir das Schild »Ladies' Beach No. 2«.

»Oh«, sagt Nagender vergnügt, »es gibt wohl noch mehr Frauenstrände, versuchen wir es beim nächsten.« Lachend ziehen wir ab. Die Insel Kisch entpuppt sich als Mischung aus Helgoland und St. Tropez. Ohne den Strand und die günstigen Shoppingmöglichkeiten gäbe es nichts als ein verschlafenes Fischerdorf. In einem Schnellimbiss »Hot Humberger« essen wir Pommes, Cheeseburger und trinken Cola, die täuschend echt nach dem Original schmeckt. Der Laden ist voll mit jungdynamischen Iranern, denen man ansieht, dass sie das Land umkrempeln würden, wenn sie nur könnten. Die Frauen tragen das Kopftuch nur noch sporadisch und das Mäntelchen ist zu einer dünnen, kurzärmeligen Jacke mit einem großzügigen Dekolletee geschrumpft. Sie lassen keinen noch so kurzlebigen Modetrend aus, rauchen schlanke, dünne Zigaretten, sind gepierct und tätowiert. Alle haben sie ihren Freund dabei, mit dem sie unter dem Tisch Händchen halten. Wir erfahren von ihnen, dass es auf der Insel sogar eine Hoteldiskothek gibt, in der allerdings nicht getanzt werden darf, und baden können sie nur getrennt nach Geschlechtern am »Ladies' Beach No. 1« und »No. 2« sowie am »Men's Beach«.

Für eine geruhsame Inselumrundung haben wir uns mit ausreichend Lebensmitteln eingedeckt. Als wir auch den zweiten Frauenstrand passiert haben, der mit einem Sichtschutz aus Planen so abgeschirmt ist, dass beim besten Willen kein weiblicher Körper zu erspähen ist, wenden wir uns dem Rest der Insel zu.

Die Insel Kisch besitzt einen unverschämt einladend weißen Strand, der von noch verlockenderem türkisblauem Wasser umspült ist. Gerade so, als sei sie von den Malediven hierher gedriftet. Schon der Schah erkannte diese Vorzüge und ließ ein extra langes Rollfeld am Flughafen der Insel bauen – für den Direktflug der Concorde von Paris hierher. Noch immer versucht der iranische Staat, diese Insel als Devisenbringer zu etablieren, doch so lange die Strände nach Geschlechtern getrennt sind und praktisch kein Nachtleben existiert, bleiben die iranischen Touristen unter sich.

Was uns auf dem Festland immer auf irgendeine Art gelungen ist, einen versteckten Platz für unser Zelt zu finden, ist hier fast unmöglich. Die Insel ist so flach und dicht mit Bungalows besiedelt, dass wir bei allem, was wir tun, im Nu Zeugen haben. Doch heute zelten wir nicht. Schon am frühen Nachmittag ist das kleine Eiland umrundet und wir mieten uns einen der Bungalows, die unweit des Männerstrandes liegen.

Wir sind durch das ständige Zusammensein inzwischen so sehr aufeinander eingestellt, dass wir immer die gleichen Ideen haben und sie im selben Moment aussprechen wollen. Vieles in unserer Planung bleibt aber auch unausgesprochen, da es von vornherein klar ist. So gab es auch den ganzen Tag über keinen Zweifel daran, dass wir am Abend ein Bad am Männerstrand nehmen werden.

»Hast du gesehen, dass es keine Abschirmung am Männerstrand gibt!«, sage ich zu Nagender, als wollte ich mich beschweren. Wie ein großer Onkel, der seinen Neffen tröstet, streicht er mir über den Kopf und meint mit tiefer Stimme: »Das ist ja wirklich ungerecht, jetzt bist du den Blicken der Frauen ausgesetzt.«

Ich weise auf seine übermäßige Brustbehaarung und revanchiere mich: »Pass du mal lieber auf, dass sie dich nicht bei deinem Bärenfell zu packen kriegen!«

»Mal im Ernst«, sagt Nagender, nachdem wir herzlich gelacht haben, »ich glaube, wir sollten uns sittlich kleiden, damit die Frauen nicht auf sündige Gedanken kommen.« Mit Boxershorts und T-Shirt haben wir aus unserem spärlichen Gepäck eine Badekleidung kreiert, die den hiesigen Sitten weitgehend nahe kommt und uns genug Bewegungsfreiheit gibt.

Wider Erwarten ist am Strand kein Mensch. Zum Baden darf ich keinesfalls mit dem Rolli in das Salzwasser. Die Kugellager vertragen das nicht und würden binnen Tagen verrosten. Daher setze ich mich oberhalb des Strandes in den Sand und rutsche auf dem Po rückwärts ins Wasser, wobei die Beine einfach hinterherschleifen. Die Spuren, die dabei entstehen, ähneln denen Eier ablegender Schildkröten. Worauf ich beim Baden höllisch achten muss, sind die scharfen Korallen. Meine Beine hängen im Wasser schlaff herunter, und es könnte passieren, dass ich mich angeregt unterhalte, während ich mir meine Füße unter der Wasseroberfläche an den Korallen aufschlitze.

Persepolis

Seit ein paar Tagen schont Nagender sein rechtes Bein, und beim Baden fiel mir auf, dass das Knie leicht angeschwollen ist. Ich kenne ihn gut genug, um vorauszusehen, dass er das als Bagatelle abtun würde, spräche ich ihn darauf an. Und schon gar nicht würde er deswegen irgendwelche Abstriche in der Reiseplanung machen. Jetzt ist Diplomatie gefragt. »Nagender«, sage ich über die Landkarte gebeugt, »Shiraz und Persepolis liegen auf fünfzehnhundert Metern Höhe. Was hältst du von Hitchhiking, wir könnten uns eine Menge Quälerei ersparen.«

»Okay, ich bin einverstanden, wenn du willst.«

So hocken wir auf der Ladefläche eines Pick-up.

Das Angebot des Fahrers, der uns bis Persepolis mitnehmen wollte, hatten wir zunächst dankend abgelehnt, als klar wurde, dass er seine Frau und die Töchter auf die Ladefläche geschickt hätte, um für uns Sitzplätze zu schaffen. Erst die Drohung, ein anderes Auto anzuhalten, wenn wir nicht hinten sitzen dürften, stimmte ihn um. Uns an der Straße stehen zu lassen hätte er nicht übers Herz gebracht.

Der Fahrer erzählt, er gehöre den Bakhtiari-Nomaden an, sei aber inzwischen sesshaft geworden. Doch mit etwas Glück könnten wir an der Straße lagernde Nomaden finden, er würde uns auch gern einen Kontakt herstellen. Man schätzt, dass im Iran heute noch bis zu einer Million Menschen in den einsamen Bergregionen umherziehen und das freie Leben in Zelten dem sesshaften Dasein vorziehen. Sie konnten sich den Zwangseinbürgerungen, die von Schah Reza initiiert wurden, erfolgreich widersetzen. Zu den größten nomadisierenden Volksgruppen im Zagroz-Gebirge, das sich zwischen Hamadan und Sirjan auf nahezu 1000 Kilometer erstreckt, gehören die Kashkai und Bakhtiaren.

Wir erreichen die Provinz Fars, wo sich vor fast 3000 Jahren erstmals nomadisierende Menschen niederließen, die sich Perser nannten. Dieser Volksgruppe gehören heute zirka 50 Prozent der iranischen Bevölkerung an. Die ersten Ausläufer des Zagroz-Gebirges, Lebensraum der Kashkai-Nomaden, machen die Fahrt wieder spannender. Es ist ideales Weideland für Schafe und Ziegen, mäßig bergig, von schmalen Bächen oder trockenen Flussbetten durchzogen. Aufmerksam halten wir in alle Richtungen nach den weithin sichtbaren Zelten oder Schafherden Ausschau. Auch unser Fahrer, den wir durch das Mittelfenster beobachten können, sucht die leicht ansteigenden Berghänge mit den Augen ab.

Doch je näher wir Persepolis kommen, umso unwahrscheinlicher wird eine Begegnung mit den Nomaden. An einer Abzweigung, wenige Kilometer von Persepolis entfernt, setzt uns der Fahrer ab. Nagender verlässt die Ladefläche wie ein Greis, richtet sich langsam auf, wobei er seinen Rücken hält und meint stöhnend: »Ich glaube, Rad fahren wäre uns besser bekommen.« Staunend schaue ich auf die Uhr: »Das waren acht Stunden!«

In bequemem Tempo, wissend, dass wir vor Schließung der

Anlage Persepolis nicht mehr erreichen können, radeln wir den letzten Kilometer eine breite, schnurgerade Allee entlang. Hier inszenierte der letzte Schah von Persien, Reza Pahlevi, 1971 in einem Anflug von Größenwahn die 2500-Jahrfeier des iranischen Volkes. Staatsgäste aus aller Welt machte er bei Kaviar und Champagner zu Augenzeugen, als er sich selbst zum Nachfolger von Kyros, dem Begründer des ersten persischen Weltreiches kürte.

Da uns niemand überholt, stattdessen aber massenhaft Autos der Ausflügler entgegenkommen, könnte es sein, dass wir Persepolis heute Nacht für uns allein haben. Doch beim Anblick der schwer bewachten Eisengitter, die sich vor dem Zugang der Stadt gerade schließen, schwindet diese Hoffnung wieder.

Bevor man uns entdeckt oder gar verscheucht, biegen wir rechts in einen dünn bepflanzten Nadelwald ab. Die unermüdlichen Iraner haben den Waldboden mit ihren Picknickdecken plattgedrückt, ihn mit Plastikmüll dekoriert, und als sei das nicht schon genug, hinterließen sie auch noch in jedem zweiten Stamm ihre Initialen. Jenseits des Baumbestandes, Wald wäre übertrieben, erreichen wir eine Versorgungsstraße, die zu einem Seitentor führt, das noch nicht geschlossen ist. Doch aus dem Pförtnerhäuschen stürzt augenblicklich ein Wachposten. »*Salâm*«, rufen wir ihm entgegen und Nagender steigt frühzeitig ab, damit er nicht gleich Alarm schlägt. Noch immer haben wir nicht herausbekommen, was Zelt auf Farsi heißt. Ich weiß zwar, dass Tschador Zelt bedeutet, aber ob damit auch eines zum Übernachten gemeint ist, bezweifele ich, denn der Wachmann scheint den Sinn unserer Gesten und die kümmerlichen Beschreibungsversuche nicht zu verstehen.

Entnervt beginnen wir einfach, das Zelt aufzubauen, bis er begreift, was wir vorhaben. Das zeigt sich, als er plötzlich zu schimpfen beginnt, versucht, uns daran zu hindern, die Heringe in die Erde zu stecken und auf das Wäldchen hinweist.

Ich mache eine ablehnende Handbewegung und sage: »*Man mitarßam*«, da habe ich Angst, und bestehe darauf, in seiner Nähe zelten zu dürfen. Anscheinend fühlt er sich geschmeichelt, willigt ein und kommt uns sogar mit zwei Gläsern heißem Tee entgegen.

Dass Persepolis, übersetzt Stadt der Perser, wirklich die Hauptstadt der Achämeniden-Könige Darius und Xerxes gewesen war, ist unter den Fachleuten bis heute umstritten. Man nimmt an, dass Persepolis nur repräsentativen Zwecken diente und die Macht von Babylon ausging. Alles spielte sich weit vor unserer Zeitrechnung ab. Als sich die Städte Palmyra, Jerash und Petra auf dem Höhepunkt ihrer Macht befanden, lag Persepolis schon über 500 Jahre in Schutt und Asche. Sie hatte ein kurzes Leben. 517 vor Christus wurde die Stadt von König Darius gegründet und 330 vor Christus brannte Alexander der Große Persepolis auf seinem Rachefeldzug nieder. Erdbeben und Erosion taten ein Übriges, und doch vermitteln die vielen gut erhaltenen Reliefs einen lebendigen Eindruck der Zeit vor fast 2500 Jahren.

Wieder erinnere ich mich an meinen Fremdenführer Ali, der mir im Nationalmuseum die persische Geschichte nahe brachte und mir von Darius erzählte, dessen Reich sich vom Indus bis zur Donau und vom Kaspischen Meer bis an den Nil erstreckte. Staunend wandern wir zwischen den Säulen umher, die einmal das Dach der riesigen Audienzhalle getragen haben. Hier hat also Darius die Geschenke seiner Untertanen entgegengenommen.

Beim Anblick der Basreliefs an den Flanken der Treppenaufgänge ist es leicht, sich vorzustellen, welch ein multikultureller Trubel hier zum Neujahrsfest, zum Nowruz, geherrscht haben muss. Vertreter aller Länder des Reiches, gekleidet in herrliche Gewänder, mit prächtigem Kopfschmuck, tragen ihre Gaben durch das Tor der Nationen und steigen hinauf zu ihrem König. Und über allem thront Zarathustras Gottessymbol Ahura Mazda, der Darius den Ring der Macht übergab.

Shiraz

Nagender hat ein gutes Herz, vielleicht zu gut, wenn es um mein Wohl geht. Dafür hat er jetzt ein schmerzendes Knie.

Ich sprach ihn darauf an und musste es ihm ausdrücklich verbieten, mich in den Ruinen von Persepolis auch nur eine Stufe hinaufzuziehen. Es gab genug iranische Touristen, die gerne halfen. Aber der Anblick, wie ungeschickt sie mich über die Stufen zerrten und beinahe fallen ließen, beschleunigte die Heilung seines Knies rasend schnell. Das konnte ich ihm kaum abnehmen, wenn ich sah, wie er in unbeobachteten Momenten sein Knie rieb. Doch all mein Schimpfen verhallte ungehört zwischen den Ruinen, ich konnte mich seiner Hilfe nicht erwehren.

»Kannst du überhaupt fahren, bis Shiraz sind es fünfzig Kilometer!«

»Das geht schon, auf dem Fahrrad tut es weniger weh«, behauptet Nagender. Doch sein Gesichtsausdruck und der Tonfall, in dem er spricht, sagen mir etwas ganz anderes.

»Wir können ein Auto anhalten, die fahren alle nach Shiraz!« Ich zeige auf die uns überholenden Fahrzeuge.

»Nein, kein Problem«, lehnt er bestimmt ab.

Nun gut. Nagenders Leidensfähigkeit hat mich schon häufiger in Staunen versetzt. Der Moment, wo er über Schmerzen klagt, liegt irgendwo im Jenseits. Während ich hinter ihm fahre und seine ungleichmäßigen Bewegungen beobachte, denke ich an den Himalaja zurück, als ich partout die Quelle des Ganges in Handarbeit erreichen wollte und Nagender meinem übertriebenen Ehrgeiz ein Ende setzte. Jetzt ist der Punkt gekommen, wo ich mich revanchieren kann.

»Nagender, stopp!« rufe ich nach vorn. »Wir fahren jetzt mit dem nächsten Pick-up nach Shiraz, und dann gehst du zum Arzt!«

»Okay«, willigt er ohne Widerrede ein.

Das zeigt mir, es war höchste Zeit.

Mit einem Verband ums Kniegelenk liegt Nagender auf dem Bett und macht schon ein viel entspannteres Gesicht.

»Zwei Tage, hat der Arzt gesagt?«, frage ich noch einmal nach.

»Ja, dann darf ich das Knie wieder leicht belasten.«

»Gut, dann werde ich dich versorgen.«

»Du könntest mir einmal deinen Rollstuhl leihen, ich muss zur Toilette«, bittet er mich.

Daran hatte ich gar nicht gedacht. »Kein Problem, du kannst ihn haben, aber nur kurz. Ich glaube, zuerst besorge ich dir eine Krücke.«

So gehe ich allein auf Entdeckungsreise in der Stadt der Dichter, Denker und Poeten. Die Schönheit von Shiraz, die vor 700 Jahren von Dichtern in höchsten Tönen gelobt wurde, muss man heute suchen. Ihre Einwohnerzahl hat sich in den letzten 40 Jahren von 120000 auf über eine Million verachtfacht. Das Bevölkerungswachstum stieg im Iran nach der Revolution um über vier Prozent, weil die geistlichen Führer jegliche Empfängnisverhütung untersagten. Dahinter steckte unter anderem der hohe Bedarf an Kanonenfutter für den nicht enden wollenden Iran-Irak-Krieg. Gleichzeitig spülte der Krieg in Afghanistan ununterbrochen Flüchtlinge ins Land, die hier eine neue Heimat gefunden haben.

Ich stehe auf dem Gavarch Deed, dem Hausberg der Stadt und suche in dem grauen Meer von Flachdächern die grünen Flecken, die von der Urbanisierung verschont geblieben sind, suche nach den blauen Farbtupfern, den gekachelten Kuppeln der Mausoleen und Moscheen. Während ich mit Stativ und Kamera hantiere, vernehme ich die Geräusche zweier Motorräder, die über die Serpentinen meinen Aussichtspunkt ansteuern. Nur einen kurzen Moment kommt ein beunruhigender Gedanke auf, schließlich bin ich allein hier oben und weitgehend wehrlos. Doch der Bildausschnitt und die richtige Belichtung dominieren mein Denken schnell wieder. So wende ich meinen Blick vom Sucher erst, als mich das satte Hämmern großvolumiger Einzylinder von meinen Fotos ablenkt. Vielleicht hat sich der Emir von Shiraz, Saad Zangi, 1220 nach Christus ähnlich gefühlt, als ihm Dschingis Kahn gegenüberstand, der sich gerade über Persien hermachte.

Ich blicke in zwei von der Sonne gegerbte Gesichter. Durch ihre hervorstehenden Wangenknochen und den schmalen Sehschlitz vermute ich ihre Herkunft in Afghanistan oder einer der nördlich davon gelegenen Regionen. Ihre auffallend kleine Statur lässt die russischen Dnjepr-Motorräder, auf denen sie sitzen, noch bulliger erscheinen. Nervös lassen sie die Motoren immer wieder aufheulen. Doch all das würde mich nicht beunruhigen, wenn sie, wie es in einer solchen Situation üblich ist, lächeln würden.

»*Salâm*«, sage ich freundlich und klappe meinen Fotokoffer zu, als könnte ich damit ungesehen machen, was ihre abschätzenden Blicke eh schon registriert haben. Ihr frostiges Verhalten lässt mir keinen Zweifel mehr an der Ernsthaftigkeit meiner Lage. Ohne ein Foto gemacht zu haben, klappe ich das Stativ schnell ein, packe die Kamera weg und sage so cool wie möglich: »*Choda hafez.*« Doch ich ahne, so leicht komme ich nicht davon. Wie befürchtet fahren sie dicht hinter mir her. Bei mir setzt Herzklopfen ein und ich spüre, wie sich meine Nackenhaare sträuben. Ich bekomme Angst. Wie war das noch, hatte ich mir nicht vorgenommen, kooperativ zu sein, wenn mir jemand an die Wäsche will? Wie der Emir von Shiraz vor über 780 Jahren, der seine Stadt rettete, weil er sich den mongolischen Horden ergab. Doch bis jetzt haben sich meine Peiniger ja nicht einmal geäußert, sie verfolgen mich nur stumm. Warten sie etwa auf eine günstige Gelegenheit? So schnell es die Straßenlage erlaubt, lasse ich mich den Berg herunterrollen. In den Kurven lege ich mich nach innen, damit mein Rollstuhl nicht abhebt. Gleichzeitig muss ich den Schlaglöchern ausweichen. Vielleicht sind sie sich ihres Vorhabens noch gar nicht gewiss und ich könnte rechtzeitig die Hauptstraße erreichen. Jetzt kann ich die ersten Autos von oben sehen und wähne mich schon in Sicherheit. Im gleichen Moment geben sie Gas und preschen an mir vorbei, als wollten sie noch einmal ihre Macht unter Beweis stellen. Ich bremse, lege meinen Kopf auf die Arme und atme einmal tief durch. »Das ging noch einmal gut«, höre ich mich sagen. Nach einer kurzen Verschnaufpause wende ich, fahre wieder hinauf und mache das Foto.

Zwischen den Highlights meiner Sightseeingtour durch Shiraz darf ich meinen Freund Nagender nicht vergessen, der bewegungslos im Bett liegt. Er schreibt sein Tagebuch und ist, nachdem ich ihm erneut meinen Rolli leihe, wieder wunschlos glücklich.

Hin und wieder wird selbst mir als Nichtmoslem und Rollstuhlfahrer das Betreten von Moscheen, ja sogar das Fotografieren darin erlaubt. Vor allem in Moscheen, die durch ihr Alter einen musealen Charakter bekommen haben und nur noch selten benutzt werden. In der Gebetshalle der Nasir-ol-Molk-Moschee kann ich mich fotografisch nach Herzenslust austoben. Vom Boden, der mit Teppichen ausgelegt ist, bis zu den von Säulen getragenen Spitzbögen, verziert mit Kachelmustern, mache ich vom Stativ aus einen Vertikalschwenk. Alle 30 Grad entsteht ein Foto, die, später nacheinander überblendet, nicht nur einen Größeneindruck der Halle vermitteln sollen. Auch die analogen Muster von Teppichen und Intarsien in den offenen Gewölben werden so dem Zuschauer deutlich.

Das Wachpersonal am Mausoleum des Dichters Hafis ist dagegen ungleich strenger. Demonstrativ stellt sich ein langbärtiger Sittenwächter vor meine Kamera, zeigt mit dem Finger auf meinen Apparat und fragt in ungehaltenem Ton: »Journalist?« Nur weil ich ein Stativ benutze und meine Kamera voluminöser als andere ist, unterstellt er mir mehr als nur touristisches Interesse. Wenn ich wüsste, wen ich vor mir habe, wäre mir wohler. Doch er kann alles zwischen einem kleinen Wichtigtuer und der Staatspolizei in Zivil sein. Noch immer geistert in meinem Hinterkopf der vage Verdacht herum, bespitzelt zu werden. Daher stecke ich das Stativ kleinlaut wieder ein und fotografiere, wie er es mir erlaubt, nur aus der Hand.

Schaue ich mir die Verse des Dichters Hafis an, der Goethe zum Verfassen des *West-östlichen Divan* inspiriert hat, kann ich seine Popularität im iranischen Volke lebhaft nachvollziehen. Iraner lieben die Melancholie und das Mystische, sie verehren Derwische und Sufis, die durch Meditation und asketische Übungen, geistige Entrücktheit erlangen können. In diesem Kontext stehen die Verse von Hafis, die von der Liebe, vom Wein und dem Paradies erzählen.

Es ist rührend zu sehen, mit welcher Inbrunst jung verheiratete Eheleute, die Hafis zu ihrem Schutzpatron auserkoren haben, vor dem auf acht Säulen ruhenden Pavillon seine Gedichte zitieren.

Unterwegs mit Minah und Mohsen

Ein junges Paar, das mit seinem unkonventionellen Verhalten (sie sitzen Arm in Arm auf einer Bank) und der freizügigen Kleidung die Duldsamkeit der Sittenwächter auf die Probe stellt, bitte ich, mir ein Gedicht auf das Band zu sprechen. Sie stellen sich als Minah und Mohsen vor. Minah macht aus meinem Wunsch ein Spiel. Blind wählt sie in ihrem Buch ein Gedicht aus, was für ihrer beider Zukunft von großer Bedeutung sein wird. Wir kommen in ein angeregtes Gespräch und ich stelle fest, dass ich mit meiner Vermutung, die beiden müssten aufgrund ihres Äußeren fortschrittliche Menschen sein, genau richtig lag. Beide verdienen ihr Geld als Webdesigner und sprechen perfekt Englisch. Ich spüre, dass unsere Unterhaltung zwangsläufig in einer Einladung mündet. Bevor es so weit kommt, ergreife ich die Initiative und sage: »Ich möchte euch gern heute Abend in ein Teehaus einladen.« Lächelnd füge ich an: »Würdet ihr mir die Ehre erweisen?« Die beiden schauen sich wohlwollend an und Mohsen antwortet: »Natürlich gerne, ich kenne ein gutes Haus und dort wird sogar musiziert.«

Aufgeregt stürze ich kurz darauf in unser Hotelzimmer: »Nagender«, rufe ich, »ich habe es geschafft, zwei Iraner zum Abendessen einzuladen!«

Verblüfft fragt er: »Wie hast du das denn gemacht?«

»Ich bin ihnen zuvorgekommen. Eine Minute später hätten sie uns eingeladen. Hier, ich hab dir eine Gehhilfe mitgebracht, damit bist du wieder mobil.«

Teehäuser gleichen im Iran einer sozialen Einrichtung. Man sitzt gemütlich auf den großen Takhts, den mit Teppichen belegten Tischen, und raucht seine Wasserpfeife, schlürft ein Glas Tee nach dem anderen aus dem Samowar und tauscht untereinander Neuigkeiten aus. Vor der Islamischen Revolution des Ayatollah Khomeini wurden hier Gedichte der großen Poeten des Landes rezitiert oder Geschichtenerzähler unterhielten die Gäste. Ganz so, wie es Mister Abu Shadi heute noch in Damaskus praktiziert.

»Es ist sehr selten, dass ein Teehaus eine Konzession für traditionelle Livemusik erhält«, meint Mohsen, als wir es uns auf dem Takht gemütlich machen. »Der Besitzer hat sicher gute Beziehungen nach oben«, fügt er an. Ohne Aufforderung wird jedem eine Wasserpfeife und ein Glas Tee serviert. Auf einer kleinen Bühne sitzen drei Musiker mit gekreuzten Beinen vor ihren Instrumenten. Sie spielen auf der Santur, begleitet von der Sorna, einer langen Flöte, sowie den aus Tongefäßen hergestellten Dahol und Zarb, zwei unterschiedlich großen Trommeln.

»Habt ihr schon mal Abguscht gegessen?«, fragt Minah uns.

285

»Oh, wir haben davon gehört, aber noch kein Restaurant gefunden, wo es das gab. Über zwei Sorten Kebab sind wir leider noch nicht hinausgekommen und wenn wir bei Leuten zu Gast waren, gab es das auch nie«, klage ich.

Minah lacht und erklärt: »Das kann ich verstehen, Abguscht macht viel Arbeit, deshalb bekommt man das nicht an der Straße. Aber hier könnt ihr das bestellen!«

Abguscht ist eine Kombination aus Suppe und einer im Steintopf servierten Mischung aus Hammelfleisch, Kichererbsen, Gemüse und Kartoffelstücken. Hat man mit einem Stößel den Inhalt des Steintopfes zu einem Brei zerkleinert, wird er nach Bedarf in die Suppe gegeben.

Der Ablauf des Abends folgt einem gewissen Ritual. Während des Essens halten sich die Musiker im Hintergrund, sodass man sich unterhalten kann. Doch an dem Punkt, wo in deutschen Restaurants das Geschirr abgeräumt ist und das zweite Glas Wein bestellt wurde, schwärmen die Ober mit Tabletts voller gefüllter Teegläser aus, man schiebt sich die Kissenrollen in den Rücken und wendet sich mit einer weiteren Wasserpfeife den Musikern zu. Diese, angespornt durch die plötzliche Aufmerksamkeit, erhöhen das Tempo und die Lautstärke, womit sie jegliche weitere Kommunikation unter den Gästen im Keim ersticken. Die Musik wird rhythmischer und es kommt Stimmung auf. Einige beginnen zu klatschen, zunächst verhalten und sich unsicher umschauend, dann immer geräuschvoller. Andere singen die melancholischen Lieder mit, bis der ganze Saal einstimmt. Wie es dem Naturell der Iraner entspricht, fehlt nicht mehr viel, bis die ersten zum Tanz aufspringen. Manchen Gästen ist der Drang dazu ganz offensichtlich anzusehen, es scheint ihnen in den Beinen zu kribbeln. Doch sie würden dem Betreiber damit keinen Gefallen tun, seine Konzession wäre in Gefahr.

Als am Eingang zwei seriös gekleidete Männer mit Sprechfunkgeräten auftauchen, die mit dem Kassierer reden, tippe ich Mohsen an und weise ihn darauf hin. Er schaut auf die

Uhr und meint: »Die Pasdaran sind da, es ist Sperrstunde. Wir müssen jetzt gehen.« Wie mit Nagender abgesprochen, verwickelt er unsere beiden Begleiter kurz vor dem Verlassen des Teehauses in ein Gespräch, um mir die Möglichkeit und genug Zeit zu geben, die Zeche am Ausgang zu zahlen. Ruhigen Gewissens können wir Mohsens Aufforderung, den Abend bei ihnen zu Hause ausklingen zu lassen, nachkommen. Kaum haben wir die Wohnungstür hinter uns geschlossen, fegt Minah ihr Kopftuch mit einer schnellen Handbewegung herunter, Mohsen öffnet die Hausbar und bietet uns an, uns nach Belieben an seiner Spirituosensammlung zu bedienen. Bei aktuellen Hits aus den US-Charts, die er sich aus dem Internet heruntergeladen hat, wird uns einmal mehr deutlich, dass man einem Volk nicht den Spaß verbieten kann.

Während Nagender seiner Bettruhe nachgeht, tauche ich ein in den Vakil-Basar auf der Suche nach guten Porträtaufnahmen. Leicht ist es nicht, denn viele lehnen meine Bitte um ein Foto ab. Iraner fürchten nichts mehr als den bösen Blick, der Unheil hervorrufen kann. Daher ist bei Anlässen wie der Geburt eines Kindes oder Hochzeiten das Schwenken einer Schale qualmenden Weihrauchs ein wichtiger Bestandteil. Auch auf dem Basar müssen die bösen Blicke von Neidern und verächtlichen Konkurrenten eliminiert werden. Diese Aufgabe wird Kindern überlassen, die mit dem schwelenden Baumharz die Basaris vor Ungemach schützen und dafür ihre Entlohnung erhalten. Vielleicht wird mir das Fotografieren aus Angst vor meinem Blick durch den Sucher verwehrt.

So konzentriere ich mich auf den überdachten Basar, die Auslagen und das geschäftige Treiben. Der Basar ist ein bis ins Detail durchdachter Gebäudekomplex aus Ziegelsteinen, der im Sommer erfrischende Kühle bietet und in der kalten Jahreszeit vor Wind und Regen schützt. Gerade will ich meine Kamera auf dem Stativ ausrichten, da werde ich von einem beunruhigenden Geräusch hinter mir abgelenkt. Stimmen aus einem Sprechfunkgerät verheißen im Iran nichts Gutes. Es sind die Sittenwächter, die in meiner Tätigkeit ein Vergehen entdeckt haben und es mit ihrer Hand vor meinem Objektiv zu vereiteln versuchen. »No foto!«, tönt es unwirsch. Zwei junge Männer in offener Anzugjacke, schwarzen Hosen und mit kurz geschnittenem Bart stehen mürrisch vor mir. Verwundert blicke ich über die Kamera hinweg, auf der Suche nach dem Grund für das Fotoverbot. Obwohl ich weiß, dass sie kein Englisch verstehen oder es nicht verstehen wollen, rede ich drauf los: »Warum darf ich hier nicht fotografieren? Es ist nur der Basar!« Dabei zeige ich auf die Rundbögen, die im Sucher der Kamera sind. Damit sie nicht auf den dummen Gedanken kommen, ich könnte Journalist sein, oder womöglich noch in meinem Pass das Visum sehen wollen, woran auch sie mit Sicherheit etwas auszusetzen hätten, füge ich noch an: »Ich bin ein einfacher Tourist aus Deutschland. Mein Passport liegt im Hotel.« Das haben sie verstanden, denn sie fragen nicht weiter nach, sondern fordern mich auf einzupacken und zu verschwinden.

Auf der Hochebene zwischen Shiraz und Isfahan

Nagenders Schonzeit hat ihre Wirkung nicht verfehlt, er ist wieder fit und hat ohne Rückfall den Hausberg von Shiraz erklommen. Nun kann er es kaum erwarten, wieder auf dem Sattel zu sitzen. Wir brüten, über die Landkarte gebeugt, die kürzeste Strecke von Shiraz nach Isfahan aus. Auf dieser letzten großen Etappe liegen all unsere Hoffnungen, doch noch Nomaden zu treffen. Die Chancen stehen nicht schlecht, immerhin führt die Straße durch das Kernland, in dem die Kashkai und Bakhtiaren wandern.

»Nagender«, sage ich in ernsthaftem Ton, »wenn dein Knie wieder schmerzt, dann sag bitte rechtzeitig Bescheid!«

»Ja, Andreas«, antwortet er mir scherzhaft, als sei ich sein Vater.

»Lass uns etwas vereinbaren«, beginne ich erneut, »wenn die Steigungen so extrem werden, dass der Tacho die Geschwindigkeit nicht mehr messen kann, stoppen wir uns einen Pick-up. Ich will keine Gewalttour aus unserer Reise machen.«

»In Ordnung«, meint er, »wir werden ohnehin auf Mitfahrgelegenheiten angewiesen sein, weil wir die vierhundert Kilometer durch das Gebirge unmöglich so schnell schaffen können.«

Bevor wir die Stadt verlassen, fahren wir noch einmal bei Minah und Mohsen vorbei, um uns für ihre Gastfreundschaft zu bedanken. »Jetzt im Frühjahr ziehen die Nomaden in höhere Gebiete, vielleicht habt ihr Glück. Achtet auf große Schafherden, dann sind die Nomaden nicht weit«, gibt Mohsen uns noch mit auf den Weg.

»Gute Fahrt!«, wünscht Minah.

»Danke für alles«, rufe ich zurück.

Während wir die einsamen Hochebenen zwischen Shiraz und Isfahan durchqueren, die landschaftlich wenig abwechslungsreich sind, lasse ich meinen Gedanken freien Lauf. Keine Reise war so sehr wie diese von Begegnungen, Freundschaften und vom Abschiednehmen geprägt. Die Gastfreundschaft, die so viele Menschen dazu bewegt hat, uns ohne Umschweife ins Haus zu holen, würde ein Iraner in Deutschland wohl schmerzlich vermissen. Umso tiefer bin ich von der Herzlichkeit und Offenheit, der Bereitschaft dem Fremden nur das Beste zu geben, ohne eine adäquate Gegenleistung zu erwarten, beeindruckt.

Wie bei einem festgelegten Ritual sind unsere kleinen Gastgeschenke, die nie mehr als eine Aufmerksamkeit sein konnten, mit der gleichen Selbstverständlichkeit angenommen worden, wie zum Beispiel der Tee serviert wurde. Der unabwendbare Abschied ist uns oft schwer gefallen, vor allem wenn wir zu unseren Gastgebern eine besondere Beziehung entwickeln konnten.

Minah und Mohsen etwa, unter denen die traditionelle Rollenverteilung von Mann und Frau nicht zu existieren schien, sind uns mit ihrer natürlichen Art so sehr ans Herz gewachsen, dass wir es bedauerten, unser Zuhause so fern voneinander zu haben. Die schlechte Meinung, die im Westen über muslimische Länder geschürt wird, tut den Menschen großes Unrecht an. In nahezu jedem Haus wurde ich auf diese Vorurteile angesprochen und konnte mich immer nur dafür entschuldigen und beteuern, dass die Medien sehr einseitig berichten.

Meine Gedanken werden von einem LKW abgelenkt, der uns überholt und nun auf dem Seitenstreifen gestoppt hat. Mit einer eisgekühlten Flasche Limonade und zwei Plastikbechern in der Hand, springt der Fahrer vom Führerhaus herunter und schenkt uns wortlos ein. Zufrieden schaut er zu, wie es uns schmeckt, schenkt noch einmal nach, stellt die Flasche auf der Straße ab und verschwindet so wortlos, wie er gekommen war. Solche Szenen sind wir inzwischen gewohnt und wundern uns kaum noch. Sie festigen unsere Sympathie den Iranern gegenüber wie auch die Proviantgeschenke der Händler in den Gemischtwarenläden, die vielen Gläser Tee, die man uns spontan serviert, oder einfach nur das freundliche Lächeln der Passanten, die es lustig finden, wie wir reisen.

Unser Reiseweg weicht von der Hauptroute des Durchgangsverkehrs extrem ab, weshalb wir Ortschaften passieren, die so abgeschieden sind, dass unser Auftreten zum Tagesgespräch wird. Die Fahrbahn, die der Größe einer untergeordneten Kreisstraße entspricht, ist der einzige befestigte Boden weit und breit. Daran schließt sich ein ebenso breiter Sandstreifen an, der ohne Übergang zu den Hauseingängen führt. Vereinzelte Gebäude sind aus Beton, doch der Dorfcharakter ist von kastenförmigen Lehmbauten geprägt.

Als Erstes werden wir von den Kindern belagert, die die

Neugierde der männlichen Erwachsenen schüren, und im Nu schaut uns das halbe Dorf zu, wie wir vor dem Laden unser Mittagessen, in Fladenbrot eingewickelten Schafskäse mit Tomaten und Gurkenscheiben, zubereiten. Hier wagt es keine Frau, sich uns zu nähern oder uns gar anzusprechen. Ihre Gesichter sind vom schwarzen Tuch des Tschadors streng eingerahmt, der kein Härchen den Blicken der Männer aussetzt. Welch ein Kontrast zu Minah in Shiraz, die als Zeichen ihrer Emanzipation ein Tuch auf dem Kopf trägt, das im Vergleich nicht mehr als ein Fetzen Stoff ist.

Die Kommunikation mit unseren Zuschauern ist recht kümmerlich und baut im Wesentlichen auf Nagenders muttersprachliche Verbindungen mit dem Farsi, und meinem Kauderwelsch auf. Immerhin reicht das aus, zu erfahren, dass wir noch vor dem nächsten Ort unbedingt abbiegen müssen, wenn wir nicht sinnlos ein 1000 Meter tiefes Tal hinabfahren und danach wieder aufsteigen wollen. Aufgeschreckt von diesem wichtigen Detail, zücke ich unsere Landkarte, ein rotes Tuch für Nagender, der in seinem Leben das Kartenlesen und die Orientierung danach nicht gelernt hat. Während ich einer Gruppe der Zuschauer das Verhältnis zwischen unserem Standort, dem Ziel, der Straße sowie den Punkten und Linien auf der Karte erkläre, malt Nagender mit einem Zweig zwei Kreise in den Sand, die er mit einem Strich verbindet, und erfährt im Nu, dass die wichtige Kreuzung zehn Kilometer entfernt liegt und wir dort links fahren müssen. »Du kannst die Karte wegstecken, ich habe alle Informationen«, flötet er stolz, als wolle er damit die Überlegenheit indischer Empathie unterstreichen.

»Okay, du hast gewonnen«, gebe ich kleinlaut zu.

Nach zehn Kilometern erscheint tatsächlich eine Gabelung, an der wir uns laut Empfehlung links halten. Doch schon unmittelbar nach der ersten Biegung fahren wir einen Abhang hinunter. Nun gut, denke ich, das gehört zum normalen Auf und Ab. Nach ein paar Kilometern, auf denen wir nur stark gebremst ein unkontrolliertes Hinabrollen vermeiden können, hole ich auf, schaue meinen Freund an und meine ironisch: »Wie war das noch, links oder rechts?« Er schlägt wütend auf den Lenker und entgegnet, die Schuld von sich weisend: »Der hat den Strich nach links gemalt!« »Es ist jetzt egal, wir sind schon zu weit ins Tal gefahren, als dass es sich noch lohnen würde umzudrehen. Außerdem ist es doch nett hinabzurollen, oder?«

»Ja, aber nur wenn ich nicht an den Berg danach denke.« Ich hebe den Zeigefinger und mahne: »Du sollst den Augenblick genießen, alte indische Weisheit!«

Der Motor des Paykan quält sich an den scharfen Kehren, die uns auf dem Rücksitz Schulter an Schulter zu einem albernen Karnevalsschunkeln zwingen. Es riecht extrem nach Abgasen, als wolle man uns vergiften. Ich lehne mich vor und frage Akbar, den stolzen Besitzer dieses Lizenzbaus des britischen Hillman aus den 60er-Jahren: »Wissen Sie, warum alle Paykans nach Abgasen stinken?« Er antwortet nicht, schaut mich nur durch den Rückspiegel an. Im gleichen Moment wird mir die Kränkung deutlich, die in der Frage steckte. Schnell wechsele ich das Thema. »Gibt es hier in der Gegend Nomaden?«

Als hätte ich eine selten blöde Frage gestellt, knurrt er mich an und rächt sich umgehend: »Natürlich, die leben überall hier, das ist alles Nomadenland«, dabei fährt er mit dem Arm durch den halben Innenraum seines Fahrzeuges.

Suchend schweift mein Blick einmal um uns herum, dann wende ich mich enttäuscht an Nagender: »Ich glaube, Nomaden haben alle eine Tarnkappe auf.«

Nagender stimmt schmunzelnd zu. »Sagen Sie uns bitte Bescheid, wenn Sie Nomaden sehen!«

Akbar ist ein ängstlicher Mensch. Er hat sich nur nach langem Zögern bereit erklärt, uns auf die Hochebene zu fahren. Nicht aus Misstrauen, sondern aus Angst, wir könnten sein Auto beschmutzen. So mussten wir auf Decken Platz nehmen, aber vorher die Schuhe abklopfen. Der Kofferraum wurde mit Pappe und Folien vor Beschädigungen durch unsere Fahrräder geschützt. Und zum Dank habe ich dann sein schönes Auto als ein nach Abgasen stinkendes Gefährt beleidigt. Als das Tal hinter uns liegt, stoppt Akbar unverzüglich und ist sichtlich froh, sich keine Sorgen mehr um den Lack seiner Karosse und die Polster machen zu müssen.

Beim Verabschieden frage ich ihn: »Warum heißen Sie Akbar, das bedeutet doch groß?« »Mein Vater hat mich immer so genannt, weil ich so lang und dünn bin, seitdem habe ich den Namen.«

»Spätestens jetzt hätte ich so ein Knie!« Nagender formt die Hände, als hielte er einen Ball.

»Hast du wieder Schmerzen?«

»Nein, auf ebener Strecke geht es gut, nur an starken Steigungen spüre ich etwas.«

Wir fahren auf einem steinigen, von dünnen Grasbüscheln bewachsenen Plateau, das den ganzen Tag über fast unmerklich ansteigt. Es herrscht nahezu kein Verkehr, nur selten müssen wir einscheren, um ein Fahrzeug passieren zu lassen, dann gehört die Welt wieder uns. Nichts stört das Auge, keine visuelle Barriere schränkt den Blick ein. Außer dem gleichmäßigen Surren unserer Ketten ist es still, und ich spüre, wie das Herz aufgeht, wie diese friedliche Landschaft in mir eine tiefe innere Zufriedenheit, ja ein Glücksgefühl entfacht.

Der gesamte Horizont ist gesäumt von schneebedeckten Bergen, deren Entfernung einzuschätzen uns unmöglich erscheint. Es ist, als führen wir auf einer gigantischen Torte mit Sahnekranz. Für diese Weite ist unser Auge nicht geschult, uns fehlen jegliche Bezugspunkte. Doch eine Ahnung von den wirklichen Dimensionen erhalten wir, als ich die unscheinbaren weißen Pünktchen in der Ferne, die ich mir nicht erklären konnte, als Zelte der Nomaden identifiziere. Menschen sind von hier nicht auszumachen.

»Da komme ich nicht hindurch«, stelle ich fest, »die sind

viel zu weit weg.« Doch ich bin nicht enttäuscht oder gar verbittert darüber, nicht querfeldein rollen zu können. Ich nehme es hin, es ist, wie es ist. Den Blick auf die weißen Punkte gerichtet, fahren wir schweigend weiter.

Schreck in Isfahan

»Ich sage Ihnen, Sie sind illegal im Land!« Die Frau an der Rezeption des Hotels in Isfahan schaut mich ernst an. »Ihr Visum ist vor sechs Wochen abgelaufen, ich verstehe gar nicht, warum das noch niemand bemerkt hat, Sie müssen doch in jedem Hotel Ihren Pass vorlegen!«

Erneut leiste ich Überzeugungsarbeit: »Mein Visum ist ab Einreisedatum gültig!«, behaupte ich, als sei sie auf dem völlig falschen Dampfer. Allein die vielen Wiederholungen dieses Satzes haben seine Wahrhaftigkeit in mir einbetoniert. Sie reicht mir meinen Pass herüber und fordert mich auf: »Dann zeigen Sie mir, wo das steht.« Weil sie so hartnäckig ist, tue ich ihr den Gefallen. Zum ersten Mal schaue ich mir das Visum unter einem anderen Aspekt an und muss zugeben, dass ich ihr keine befriedigende Antwort geben kann. »Ich darf Sie hier im Hotel nicht aufnehmen und muss den Fall der Ausländerbehörde melden.« Zweifelnd schaue ich die Frau an, doch ich blicke durch sie hindurch und überlege fieberhaft, warum ich die ganze Zeit so selbstsicher sein konnte. Wie war das bei der Beantragung der drei Visa für Syrien, Jordanien und Iran? Sie unterbricht meinen Versuch, zu rekonstruieren, und fährt etwas versöhnlicher fort: »Ich will Sie nicht beunruhigen, aber spätestens bei der Ausreise bekommen Sie allergrößte Probleme.«

»Würden Sie mir zwei Stunden Zeit geben, bevor Sie mich der Behörde melden?«

Einen Moment überlegt sie, wirft einen Blick ins Büro und offeriert mir dann in gedämpftem Ton: »Okay, ich werde nicht anrufen und habe Sie nie gesehen. *Choda hafez.*« Sogleich geht sie ihrer Arbeit nach, wendet sich mir jedoch noch einmal in warnendem Ton zu: »Aber Sie müssen dringend etwas unternehmen!«

Ich rolle aus dem Hotel und schaue Nagender, der vor der Tür bei den Fahrrädern wartet an, als sei der seidene Faden des Damoklesschwertes, unter dem wir bisher reisten, gerade gerissen.

»Andreas«, beginnt Nagender, nachdem ich ihm alles erklärt habe, »wir brauchen erst einmal ein Hotel, um einen klaren Gedanken zu fassen, hier auf der Straße können wir nichts unternehmen.«

»Aber niemand darf mich aufnehmen!«, gebe ich zu bedenken.

Nagender klopft mir tröstend auf die Schulter und meint zuversichtlich: »Du hast bisher alle mit deiner Wahrheit überzeugt, das wird dir sicher noch einmal gelingen. Komm!«

»Hier könnte es klappen.« Nagender tritt aus der Tür einer billigen Kaschemme und meint: »Da sitzt ein Greis mit so einer Brille«, dabei formt er mit Mittelfinger und Daumen zwei große Kreise, die er sich vor sein Gesicht hält, »den wirst du spielend überzeugen.« Der alte Mann macht es mir leicht, er will das Visum nicht einmal sehen. Auf dem Bett schließe ich die Augen, spule die Zeit zurück und erinnere mich bald, wo mir der Fehler unterlaufen ist. Da ich für drei Länder Visa beantragen musste, was viel Zeit in Anspruch nahm, bat ich die iranische Botschaft das Visum vom Tag meiner geplanten Einreise an zu validieren. Doch diese Bitte wurde wohl ignoriert und ich habe es im Zuge der mannigfachen Vorbereitungen nicht nachgeprüft. Mein Visum war also bereits abgelaufen, kurz nachdem ich das Land betreten hatte.

An diesem Tag wage ich es nicht mehr, das Zimmer zu verlassen. Nagender mit seinem Fatalismus macht alles noch viel schlimmer und beginnt grinsend, die immer länger werdende Liste meiner Straftaten aufzuzählen, wobei er jeweils einen Finger hebt: »Du bist heimlich als Journalist eingereist, hast auf deinem Tonband jede Menge Interviews gesammelt, die die Mullahs beleidigen, hast dich beim Schnapstrinken abbilden lassen, wolltest in der Universität recherchieren und bist sogar schon am nuklearen Forschungszentrum beim Fotografieren erwischt worden. Und das Ganze mit ungültigem Visum. Das reicht für zehn Jahre hängen.«

»Hör auf«, warne ich ihn verbittert, »das ist nicht mehr lustig und ganz unschuldig bist du ja auch nicht mit deinem geklauten Fahrrad! Dafür werden sie dich auspeitschen.«

Einen langen Moment herrscht bedrückende Stille in unserem Zimmer. Vielleicht haben sie sich schon an unsere Fersen geheftet und tauchen jeden Moment auf, fantasiere ich, oder mein Name steht auf der roten Liste am Flughafen. Möglicherweise beschatten sie uns auch. Plötzlich, wie die Explosion einer Bombe, hämmert es an der Tür. Mein Herz schlägt mir bis zum Hals. Ich muss das Tape und die Filme verstecken, schießt es mir durch den Kopf.

»Ah, der Alte bringt den Tee«, höre ich Nagender in aller Ruhe sagen. Ich sinke zurück in die Kissen und mir wird klar, so geht es nicht weiter.

»Nagender, jetzt mal im Ernst«, wir sitzen auf der Bettkante, die Ellenbogen auf die Knie gestützt, vor dem Rollstuhl, auf dem die Teetassen stehen, »wie schätzt du die Lage ein?«

»Das einzige Problem ist dein Visum«, sagt er selbstsicher, »den Rest kannst du vergessen, damit verhält es sich wie in Indien. Bei uns weiß die linke Hand auch nicht, was die rechte macht.«

»Aber wir befinden uns in einem Überwachungsstaat, der sich von allen Seiten und sogar von innen bedroht fühlt. Die haben doch überall ihre Spitzel! Angenommen, ich werde bei der Ausreise gefilzt, selbst wenn es nur eine Routinekontrolle ist, und sie hören das Band ab oder wollen wissen, was auf den ganzen Filmen drauf ist, und bekommen heraus, dass ich journalistisch tätig war.«

Nagender schüttelt den Kopf: »Das ist alles zu abwegig, du machst dich verrückt. Überlege lieber, wie du an ein neues Visum herankommst.«

»Ja, das habe ich schon getan. Wir müssen es machen wie in Indien, ich brauche eine einflussreiche Person, der ich vertrauen kann, und Geld.«

»Genau das ist es«, strahlt er wissend, als sei ihm die Lösung meines Problems immer klar gewesen.

»Es gibt nur einen, den ich fragen könnte. Vali Askarian ist sein Name, ich habe dir erzählt von ihm. Er hatte mich damals eingeladen, bevor du kamst. Er reist häufig ins Ausland und kennt mit Sicherheit die richtigen Personen.«

Abends habe ich Vali am Telefon. Er hört sich mein Problem an, überlegt einen Moment und meint dann: »Andreas, das wird schwierig, aber ich werde tun, was ich kann. Ruf mich morgen um die gleiche Zeit wieder an.«

Die Perle des Orients

Obwohl mir das Verdrängen unangenehmer Gedanken, zum Beispiel an meinen Zahn, gewöhnlich hervorragend gelingt, kann ich die vielen Probleme, die mit meinem Visum zusammenhängen, trotz der herrlichen Architektur in Isfahan kaum abschütteln. Erst als wir in dem riesigen Innenhof der Masjid-e Imam ganz für uns allein sind, kehrt Ruhe ein, und ich kann dieses Meisterwerk der Intarsien und Ornamentmalerei ungetrübten Blickes genießen. Diese Vier-Iwan-Moschee, die vom Innenhof nach allen vier Himmelsrichtungen ein riesiges, mit Kacheln verziertes Portaltor besitzt, das jeweils in

Gebets- oder Gewölbehallen führt, ist das imposanteste Gebäude dieser Art im Iran. Doppelstöckige Arkadengänge, mit blau schimmernden Kacheln geschmückt, verbinden die gewaltigen Tore miteinander und lassen so einen herrlichen Innenhof entstehen. Durch den Nordiwan gelangen wir auf den Meidan-e Imam, den großen Paradeplatz, dessen Charakter maßgeblich von Schah Abbas, dem König des letzten großen Perserreiches, geprägt wurde. Er übernahm 1587 mit nur 16 Jahren die Macht und eroberte dank seiner genialen Heeresführung die heiligen Stätten der Schiiten im Zweistromland zurück. Doch unter seiner Herrschaft blühten auch die Kunst, Kultur, Wissenschaft und Architektur, der Handel und das Handwerk auf. Sein Volk genoss Religionsfreiheit, auch wenn missionierende Christen in »Eselshaut eingenäht und gepfählt« wurden. Er ließ Isfahan von Handwerkern, die man aus allen Teilen des Reiches zwangsrekrutierte, nach seinen Vorstellungen zur Perle des Orients herrichten.

Nagenders Interesse an der persischen Geschichte wächst, denn in der gleichen Epoche befanden sich in seiner Heimat die Mogule auf dem Höhepunkt ihrer Macht, die mit dem Taj Mahal das wohl grandioseste Bauwerk islamischer Architektur errichteten.

Das Herz der Stadt ist bis heute der große Paradeplatz, einen halben Kilometer lang, umsäumt von Rundbögen, in denen Händler ihre Ware feilbieten. Hier ließ Abbas die Lotfallah-Moschee errichten. Sein privates Gotteshaus besaß kein Minarett, denn wer würde es sich schon anmaßen, den König zum Gebet zu rufen.

Hinter dem Eingangsportal erhebt sich eine Kuppel, welche außen wie innen die Krönung islamischer Arabeske ist. Feinste Fliesenmosaike, florale Motive in türkisem Schimmer und ein Tambour, auf dem die heiligen Namen des Islam kalligrafisch mit blauen Kacheln eingelegt sind, machen deutlich, welche Kunstwerke Mohammeds Verbot menschlicher Abbildungen hervorgebracht hat. Gegenüber thront der hohe Balkon des Ali Kapu-Palastes, von wo Schah Abbas die Reiterspiele auf dem Platz verfolgen konnte.

Bei der Lektüre von Berichten des deutschen Forschungsreisenden Engelbert Kaempfer, der hier im 17. Jahrhundert am Hofe der Nachfolger Abbas' gelebt hat, schaudert es mich, und es wird deutlich, dass es nicht nur Zeiten der Geschichtenerzähler, der Kunst und Kultur waren. Mit jeder Thronbesteigung begann auch die Angst, von den neidischen Brüdern ermordet zu werden, woraufhin es im 17. Jahrhundert bei jedem Machtwechsel üblich war, allen Geschwistern und Neffen obligatorisch die Augen auszustechen. Engelbert Kaempfer beobachtete auch mit Befremden die Handhabung der strengen Kleidervorschriften für Frauen: »*Die Eifersucht der Perser geht so weit, dass sie ihre Frauen nur gänzlich verschleiert aus dem Hause lassen. Der Herrscher dagegen lässt seine Frauen ohne Schleier austreten, allein vorher müssen alle männlichen Lebewesen vom Knaben bis zum Greise von den Straßen verschwinden.*«

Wie es so häufig geschieht, wiederholte sich auch in Isfahan die Geschichte, denn seine Nachfolger waren nicht in der Lage ihr Erbe zu erhalten. Schah Abbas II. verfiel der Trunksucht und Völlerei und überließ die Staatsangelegenheiten den Großwesiren. Ähnlich unfähig zeigte sich sein Sohn Schah Safi, der, »*von der Krätze und galoppierender Schwindsucht befallen*«, sich kurzerhand unter einem anderen Namen und günstigeren Gestirnen neu krönen ließ. Engelbert Kaempfer registrierte weiterhin Trägheit und Dekadenz am Hof, und der neue alte Schah Soleiman fühlte sich nach wie vor über Gebühr zu seinem großen Harem hingezogen: »*Haben sie* [die Großwesire] *erst einmal die Gunst des Schahs erlangt, so geht ihr einziges Sinnen und Trachten darauf, ihm die Kenntnis der öffentlichen Angelegenheiten vorzuenthalten und ihn in gedankenlosem Nichtstun aufgehen zu lassen, um desto ungehinderter ihren eige-*

299

nen Vorteil wahrzunehmen. Der Großkönig wird unablässig mit allerlei witzigen Geschichten, Possen und Fabeleien unterhalten.«

Der Niedergang des persischen Großreiches war unaufhaltsam, 1722 überfielen afghanische Reiterhorden die Metropole aus Tausendundeiner Nacht.

Ich lasse das Büchlein, aus dem ich Nagender vorgelesen habe, auf meine Knie sinken und blicke auf die offene Veranda des Chehel Sotun-Palastes, in dem die Königskrönungen stattfanden.

Nachdenklich fragt Nagender: »Was geschah in dieser Zeit in Deutschland?«

Ich schaue noch einmal auf die Jahreszahlen. »Da hat bei uns der Dreißigjährige Krieg gewütet. Es ging wie in allen Kriegen um den Glauben um Besitz und Macht.«

Staunend sagt Nagender wie zu sich selbst: »Dreißig Jahre lang!«

Auf der Amtsstube bei Mister Mozzafer

»Hallo Vali, hier ist Andreas.«

»Ah, guten Abend, ich bin gerade in die Wohnung gekommen, wie geht es?« Ich versuche aus dem Tonfall das Ergebnis seiner Bemühungen abzulesen, doch er bleibt neutral.

»Nicht gut, zu viele Sorgen. Kannst du mir schon etwas sagen?«

»Ja, du musst sofort nach Teheran kommen, am besten heute noch, dann können wir morgen zum Büro für Visumangelegenheiten.«

»Heute noch? Es ist bereits sechzehn Uhr!«, sage ich überrascht.

»Ja, du darfst keine Zeit verlieren und bring all deine Papiere mit, ein Foto müssen wir auch noch machen.«

»Passfotos habe ich dabei.«

»Umso besser. Bitte ruf mich an, wenn du kommst. Alles Gute.«

»Nagender, Vali scheint eine Lösung gefunden zu haben«, informiere ich meinen Freund kurz darauf. »Ich muss nach Teheran, und zwar sofort.«

»Das habe ich mir gedacht, vielleicht geht heute noch ein Flugzeug. Das sind vierhundert Kilometer. Mit einem Bus würdest du erst tief in der Nacht eintreffen.«

»Du hast recht, ich fahre schnell rüber ins Hotel Azadi, die haben sicher einen Flugplan, bis gleich.«

Schon eine halbe Stunde später sitze ich im Taxi zum Flughafen. Ausgestattet mit allen überflüssigen Gepäckstücken, die wir glauben nicht mehr zu brauchen, über 100 belichteten Filmen, den Bändern mit Tonaufnahmen, gelesenen Büchern und Landkarten durchfahrener Gebiete, um sie bei Vali zu deponieren. Die Hilfsbereitschaft des Taxifahrers ist enorm, er trägt mein Gepäck bis zur Röntgenkontrolle in die Abflughalle. Nur das Allerwertvollste, die 100 belichteten Filme, und die Tonbänder, Grundlage für den neuen Diavortrag, hängen in einer Tasche an den Schiebegriffen meines Rollstuhls.

Während das Gepäck die Röntgenkontrolle durchläuft, greife ich zu der Tasche mit den Filmen und bereite mich auf eine Diskussion mit dem Sicherheitspersonal vor, denn sie dürfen keinesfalls durchleuchtet werden. Doch mein Griff geht ins Leere! Mich durchfährt ein Schock. »Wo ist die Tasche!«, schreie ich den völlig eingeschüchterten Taxifahrer hinter mir an. Mit unschuldiger Miene zeigt er auf das Förderband, des Röntgengerätes. Ich stürze auf die andere Seite, sehe dort die Tasche und schlage die Hände überm Kopf zusammen. Ohne dass ich es bemerkt habe, hat er sie von den Griffen gezogen und auf das Band gelegt. Wenn die Filme durch das Gerät beschädigt sind, wird es keinen Diavortrag geben und damit einen herben Einkommensverlust. Unter Fotografen gehören die Röntgengeräte auf iranischen Provinzflughäfen zu den gefährlichsten der Welt. Mir schießen die Tränen in die Augen. Vielleicht habe ich Glück und die Strahlung hat den relativ lichtunempfindlichen Filmen nichts anhaben können. Doch mit dieser Ungewissheit muss ich bis zu dem Tag leben, an dem sie entwickelt sind. Das bleibt mir nicht erspart.

Ernsten Blickes redet Vali auf mich ein: »Egal, was er dich fragen wird, bleib immer bei der Wahrheit, dann kann nichts passieren. Du bist ein normaler Tourist.«

»Okay, wie beurteilst du meine Chancen?«, frage ich Vali neugierig.

»Mach dir keine Sorgen, das klappt schon. Ich kenne Mister Mozzafer gut.«

Der Saal erinnert mich an die Notfallaufnahme eines großen Krankenhauses. Auf starr miteinander verbundenen Schalensitzen kauern ängstlich dreinschauende Menschen unterschiedlichster Nationalität und Hautfarbe unter dem strengen Blick Khomeinis, dessen Konterfei jede Amtsstube schmückt. Sie haben ihre Dokumente sorgfältig in Klarsichtfolie eingeschlagen und blicken im Wechsel auf eine Milchglasfront, hinter der Sachbearbeiter Visumangelegenheiten bearbeiten, und dem Zettel mit der Nummer zwischen ihren Fingern, um ihren Aufruf nicht zu verpassen.

Am Vormittag hatte Vali meinen Pass hier eingereicht. Jetzt bittet er mich, ihm zu folgen. An der letzten Tür mit der Aufschrift FOREIGN AFFAIRS, VISA EXTENSION klopft er und wir werden umgehend hineingebeten. Es gelingt mir nicht einzuschätzen, ob Mister Mozzafer wohlgesonnen oder ungnädig entscheiden wird. Nüchtern fragt er mich nach meinen Personalien, dem Grund für das Versäumnis, das Visum zu verlängern, und fordert mich auf, die Stationen der Reise aufzuzählen. Als der Name Bam fällt, heben sich fast unmerklich seine Augenbrauen, doch er sagt nichts. Am Ende fragt er: »Sind Sie Journalist?« Dabei schaut er mir in die Augen, als könne er jede Lüge darin ablesen. Ich bin vorbereitet und antworte mit derselben Überzeugung, mit der ich monatelang die Gültigkeit meines Visums verteidigt habe: »Nein, ich bin nur ein Tourist.«

Während er aus seiner Schublade einen Stempel holt, fragt er noch, wann ich ausreisen werde, drückt den Stempel auf das Visum, reicht mir den Pass zurück und grüßt mit: »Gute Reise.«

Im Taxi zum Flughafen lege ich meine Hand auf Valis Arm und frage: »Bitte, sag mir ehrlich, wie viel hat Mister Mozzafer heute morgen von dir bekommen?«

»Nichts«, lügt er.

Etwas hilflos beginne ich erneut: »Vali, wie kann ich dir bloß danken?«

Er schaut mich an und meint, als sei es ganz selbstverständlich: »Es war mir eine Ehre, einem Freund helfen zu können.«

»Dann lade ich dich jetzt zur nächsten Photokina nach Deutschland ein.«

»Oh, da komme ich gerne.«

»Okay, in fünf Tagen werde ich mit meinem Freund Nagender zurück in Teheran sein, unsere Reise geht ihrem Ende entgegen. Pass gut auf meine Filme auf!« Gerade will ich mich von ihm abwenden, da fällt mir noch etwas ein: »Apropos, wann bist du zum letzten Mal in Isfahan gewesen?«

Vali überlegt und meint dann: »Vor zwei Wochen, warum?«

»Weißt du, ob das Röntgengerät am Flughafen richtig eingestellt ist? All meine Filme sind durchleuchtet worden.«

Vali schüttelt den Kopf: »Ich denke, du musst dir keine Sorgen machen, meine Filme waren alle in Ordnung.«

Zu Gast bei den Kashkai

Mit strahlender Miene halte ich den Pass Nagender, der vor dem Flughafen auf mich zukommt, hin: »Ich hab's!«

»Na super, aber ich habe auch etwas!«, entgegnet er stolz, »darf ich dir Morteza vorstellen.«

Erstaunt blicke ich in das Gesicht eines jungen Mannes, der freundlich lächelnd auf mich zukommt und mir seine Hand reicht. Wie es Nagenders Art ist, wenn er jemanden kennen lernt, für den er ein Faible hat, legt er freundschaftlich, ja fast innig seinen Arm um Mortezas Schulter, nimmt seine Hand und sagt, als hätte er einen Zwölfender geschossen: »Ich habe Morteza auf dem Basar kennen gelernt.« In Indien geraten Männer, die in der Öffentlichkeit Händchen halten oder Arm in Arm gehen, nicht automatisch in eine homosexuelle Stigmatisierung. Man signalisiert damit nicht mehr als seine Freundschaft zueinander. Aus Mortezas bedrängter Miene schließe ich, dass das im Iran anders ist. Er schaut mich entschuldigend an, als gleite ihm die Situation aus dem Ruder. Am liebsten würde ich ihn jetzt trösten und sagen: »Denk dir nichts dabei, das macht er mit mir auch immer, Nagender ist nun mal so.«

In einem gemütlichen Teehaus erfahre ich, dass Morteza den Kashkai-Nomaden angehört und schon mit zehn Jahren sämtliche Koran-Suren auswendig aufsagen konnte, was ihm eine staatlich geförderte Pilgerreise zu den heiligen Stätten nach Mashad und Qom sowie einen Wechsel zu weiterführenden Schulen in Isfahan einbrachte. Morteza fügt jedoch umgehend an, dass er nicht so religiös sei, wie es erscheine, es gab damals in der Nomadenschule nur dieses eine Buch.

Wenn er heute zwischen seinen Studien Zeit hat, verkauft er im Laden auf dem Basar die Teppiche seines Clans. Als könne Nagender es gar nicht erwarten, dass ich die Neuigkeit erfahre, bricht er selbst damit heraus. Er legt die Hand auf die Schulter seines neuen Freundes und meint in gewichtigem Ton: »Morteza hat uns angeboten, seine Familie bei Shahar-e Kord zu besuchen. Sie campieren direkt an einer Nebenstraße.«

»Oh, das ist aber freundlich, wir interessieren uns sehr für das Leben der Nomaden«, sage ich überrascht.

Einschränkend fügt Morteza an: »Es kann jedoch sein, dass ihr in eurem eigenen Zelt schlafen müsst, weil der Umzug zum Sommerlager im Gange ist und sie dort nur ein Zwischenquartier errichtet haben. Mein Bruder ist schon unterwegs, um euch anzukündigen. Ich komme in zwei Tagen nach.«

Schon am nächsten Morgen verlassen wir Isfahan mit wenig Ausrüstung und vielen Gastgeschenken, bestehend aus Tabak, Zucker, Salz und Kinderkleidung. Es wird eine unserer letzten Touren sein. Den ganzen Tag über führt die Straße stetig bergan, sodass eine kontinuierliche Abkühlung der Luft spürbar ist. Morteza hatte uns genau beschrieben, an welchen Kreuzungen wir in welche Richtung abbiegen müssen, um auf die Hochebene zu gelangen, auf der seine Familie lagert. LKW und Überlandbusse, die uns in den ersten Stunden unangenehme Gesellen waren, werden mit jeder Einmündung seltener, bis wir eine Straße erreicht haben, auf der uns kaum noch motorisierte Fahrzeuge begegnen. Auch Dörfer oder Ansiedlungen fehlen gänzlich. Die Einsamkeit hat uns eingeholt.

In den schattigen Bereichen und Muren der Berge, die die Ebene in großer Entfernung flankieren, verlaufen Schneefelder, die Tauwetter ankündigen. Rinnsale aus Schmelzwasser ergießen sich von dort und münden in einen kleinen Fluss, der entlang der Straße durch spärlich grünes Weideland fließt. Darauf errichten wir in den späten Abendstunden unser Zelt. Es ist die erste Nacht, in der wir unsere Schlafsäcke wirklich brauchen. Von Isfahan aus, das in 1500 Metern Höhe liegt, haben wir an diesem Tag sicherlich weitere 800 Höhenmeter erklommen, was wir nach Sonnenuntergang deutlich spüren.

Am Morgen entdecken wir auf der grünen Ebene, noch fast am Horizont, einen merkwürdigen dunklen Fleck, der gestern noch nicht dort war. Erst auf den zweiten Blick bemerken wir, dass sich der Fleck auf uns zubewegt und sich als riesige Schafherde von sicher 600 Tieren entpuppt. Wie der Zeiger einer Uhr, dessen Bewegung erst auffällt, wenn man einen Moment weggeschaut hat, so gleitet auch die Schafherde fast unmerklich über das Grasland. Als das Zelt abgebaut und alles verstaut ist, trägt der Wind einen eigentümlich zerrissenen Geräuschteppich aus dem Blöken und Schreien der Schafe und Ziegen zu uns herüber. In einen Filzmantel eingehüllt, steht der Schafhirte, dessen vom Wetter gegerbte Gesichtshaut es unmöglich macht, sein Alter einzuschätzen (wahrscheinlich ist er jünger, als wir glauben), vor uns und erläutert mit Händen und Füßen, wo wir seinen Clan finden können. Er ist keineswegs von unserem Auftreten überrascht, vermutlich wurden wir schon angekündigt.

Tatsächlich, nach der dritten Kurve stürzt eine größere Gruppe von sechs- bis zehnjährigen Kindern, begleitet von zwei kläffenden Hunden, auf uns zu, als wüssten sie genau, dass unsere Taschen voller Bonbons sind. Sofort ruft die Situation ein ambivalentes Gefühl hervor, das habe ich mir wohl durch die vielen schlechten Erfahrungen mit Kinderhorden und Hunden angewöhnt. Unwillkürlich versuche ich, aus ihrem Habitus herauszulesen, ob unter ihnen Steinewerfer sind. Doch als sie uns erreichen und wir von ihnen umzingelt sind, fallen alle Zweifel von uns ab. Sie reden auf uns ein in einer Sprache, die selbst Nagender völlig unbekannt ist. Dabei fordern sie uns mit einladenden Handbewegungen auf, ihnen zu folgen. Es sind Kinder mit triefenden Nasen, roten Wangen und rissiger, trockner Haut, denen das Leben in freier Natur buchstäblich ins Gesicht geschrieben steht.

Beim Anblick ihrer löcherigen Pullover, den dünnen Windjacken, zu kurz gewordenen Hosen und schnürsenkellosen Schuhen verflüchtigen sich meine Bedenken, nicht die richtigen Geschenke besorgt zu haben. Während sie vorauslaufen, entdecken wir hinter einer weiteren Biegung eine Ansammlung von etwa zehn weißen und schwarzen Zelten, die in auffallend großem Abstand zueinander errichtet sind. Das Schreien der Kinder und die kläffenden Hunde treiben alle Clanmitglieder aus ihren Zelten, vor denen sich jeweils ein kleines Grüppchen erfrischend bunt gekleideter Frauen und Männer sammeln, die uns fröhlich winkend begrüßen. Die Entscheidung, welche der zehn Familien zu Morteza gehört, nehmen uns die Kinder ab, die zielstrebig einem hellen quadratischen Zelt zusteuern.

Das Händeschütteln zur Begrüßung ist im Iran nicht überall Brauch, weshalb ich in Ermangelung einer besseren Idee und aus Angst, gleich am Anfang einen Fauxpas zu begehen, wie die Indianer es taten, die rechte Hand hebe und mit einem »Salâm« grüße, das vom Hindukusch bis zum Atlas-Gebirge verstanden wird.

Wir sehen uns einer bunten Mischung neugierig und freundlich dreinschauender Menschen aller Generationen gegenüber, von denen jedoch nur die Männer meinen Indianergruß erwidern. Anscheinend ist Morteza noch nicht eingetroffen, womit sich die Kommunikation zunächst auf Gestik und Mimik beschränken muss.

Während ich das Bike vom Rollstuhl trenne, stehen große Fragezeichen in den Gesichtern meiner Zuschauer, die sichtlich darunter leiden, dass ihre Neugierde kein verbales Ventil findet. Vom ältesten unter ihnen, einem ehrwürdigen Methusalem mit einer Filzkappe, einer abgetragenen Anzugjacke und einer nicht ganz dazu passenden Hose, werden wir in ihr Zelt gebeten, in dem schon alles auf unsere Ankunft vorbereitet ist. Kissenrollen und Teppiche sind um eine offene Feuerstelle arrangiert, auf der es bereits in einem Teekessel brodelt. Erst als ich meine Beine in die Hände nehme, um die Schuhe auszuziehen, und mich auf die bereiteten Kissen mehr oder weniger fallen lasse, setzt sich die Gewissheit durch, dass ich nicht laufen kann. Der alte Mann, Mortezas Großvater, wie wir erfahren, lässt sich von mir seine Vermutung bestätigen, indem er fragenden Blickes die Hände auf seine Beine legt, woraufhin ich mit einer abschlägigen Handbewegung antworte. Natürlich will man wissen, wie es dazu kam. So spule ich mein pantomimisches Motorradunfallprogramm mit einem lustigen »Brumm brumm« ab und lächle dazu schicksalsergeben, damit gar nicht erst jemand auf die Idee kommt, ich blase deshalb Trübsal.

Während sich Mortezas Brüder und ihr Vater darüber unterhalten, höre ich Worte, die mir von meiner Türkeireise mit Fritz vor mehr als 20 Jahren in Erinnerung geblieben sind. Die Kashkai-Nomaden sprechen die türkische Sprache, was mir die Möglichkeit gibt, ein paar Dinge auch verbal zu erklären. Ich lege Nagender, der mit seinem Urdu hier am Ende ist, die Hand auf die Schulter und meine stolz: »*Arkadasch.*« Unsere Freundschaft, hat natürlich niemand bezweifelt, trotzdem amüsieren sich alle über die gelungene Verständigung.

Die in den Städten so strenge Geschlechtertrennung und die nicht weniger rigide Kleiderordnung ist bei den Nomaden unpraktisch und wird daher weitgehend ignoriert. Teheran ist weit weg und von religiösen Eiferern lassen sich die freiheitsliebenden Kashkai nichts vorschreiben. Kopftücher und Kleider sollen die Frauen vor Sonne, Kälte oder Regen schützen und nicht die Männer vor sündhaften Gedanken. So ist es erfrischend mit anzusehen, wie junge Frauen in heiratsfähigem Alter ihre mit glitzernden Pailletten bestickten Kleider in leuchtendem Rot oder Azurblau zur Schau tragen, wie sie ihr dünnes Kopftuch, das nicht mehr als eine Gaze ist, gern auf die Schulter rutschen lassen und ihre Zöpfe zeigen und wie sie in diesem festlich anmutenden Aufzug am Fluss Wäsche waschen, Wolle spinnen und Schafe einfangen, um sie zu melken. Mit ihrer natürlichen Art lächeln sie uns zu und sind geschmeichelt, wenn wir sie um ein Foto bitten.

Das Zelt der Familie Panahi besitzt keinen abgetrennten

Bereich, in dem sich die Frauen vor unseren Blicken verstecken müssen. Nachdem sie zur Begrüßung Datteln und Tee serviert haben, gesellen sie sich mit ihrer Handarbeit dazu. Dem Alter entsprechend und der Hierarchie folgend, fangen wir mit dem Verteilen unserer Gastgeschenke beim Familienoberhaupt, dem Großvater, an. Wir überreichen Tabak für die Wasserpfeifen, Zucker und Salz sowie Kinderkleidung an die Mütter. Gastgeschenke werden erwartet, und daher wundert es nicht, dass alles mit Dankbarkeit, aber ohne Überschwang angenommen wird. Doch wir haben noch einen Joker im Säckel und sind ganz gespannt, ob die jungen Damen auch darauf so gelassen reagieren. Morteza hatte uns nämlich verraten, dass seine Schwestern ganz versessen auf Parfüm und Schminke seien. Als er das sagte, stutzte ich und habe einen Moment überlegt, ob das die richtigen Geschenke für Töchter von Schafhirten im iranischen Hochland sind, doch ich fragte nicht weiter nach. Jetzt, wo sie mit ihrer farbenfrohen Kleidung vor mir sitzen, kann ich das besser nachvollziehen. Ich fühle mich fast wie der Weihnachtsmann, als sich beim Anblick der drei Fläschchen ihre Augen weiten. Ganz aus dem Häuschen verschwinden sie damit kichernd aus dem Zelt. Alle Zurückgebliebenen lachen dazu herzlich.

Mortezas Großmutter, die gerade einmal vier Jahre älter ist als ich, doch mit ihrem tief durchfurchten Gesicht doppelt so alt aussieht und nur noch zwei Schneidezähne ihr eigen nennen kann, schürt unentwegt das Feuer, um glühende Kohle für ihre Wasserpfeife zu erhalten. Sie keift und zetert über den Krach eines jeden vorbeifahrenden Autos, was selten geschieht, obwohl die Straße gut 500 Meter vom Zelt entfernt vorüberführt und beileibe keine nennenswerte Störung darstellt.

Morteza, der mittlerweile auf seinem Moped eingetroffen ist, erklärt mir, dass dieser Zwischenlagerplatz ausnahmsweise so nah der Straße liegt, da sie schon morgen in weit höhere Gebiete wandern, wo auch im Sommer durch Tau und Schmelzwasser genügend Grün für die Herden vorhanden ist. Deshalb, so entschuldigt er sie, sei seine Großmutter Fahrzeugverkehr einfach nicht gewohnt. Mortezas Äußerung, morgen würden alle zum Sommercamp ziehen, bringt mich auf eine Idee.

»Nagender, was hältst du davon, wenn wir sie dorthin begleiten.«

»Das Gleiche wollte ich dich gerade fragen«, antwortet er.

Dass sich unser Denken wie bei einem alten Ehepaar mit den Monaten egalisiert hat, haben wir schon häufiger festgestellt, und es wundert uns inzwischen nicht mehr.

»Morteza, wir wollen nicht aufdringlich sein, aber könnten wir euch zum Sommercamp begleiten, Nagender würde auch helfen, wo er kann.« Dabei blicke ich meinen Freund an, als wolle ich sagen, stimmt doch, oder?

»Gerne, warum nicht, wir können in dieser Zeit jeden gebrauchen«, antwortet Morteza freudig. Einen Moment später ist die Begeisterung in seinem Gesicht nachdenklichem Grübeln gewichen: »Wir werden die Straße schon bald verlassen, kannst du über das Grasland rollen?«, fragt er mich.

»Hm«, ich schaue aus dem Zelt hinüber auf die weite Ebene und muss zugeben, dass das nicht leicht werden wird. »Vielleicht kann mich zur Not ein Esel ziehen.«

»Das ist eine Möglichkeit«, entgegnet Morteza, »auf dem Rückweg ziehe ich dich mit dem Moped«, grinst er voller Vorfreude.

Meinen Rollstuhl, der bisher eine weit gefächerte Palette von Bedingungen erfüllen musste, baue ich nun auf Geländetauglichkeit um, denn enge Türen werde ich auf absehbare Zeit nicht durchfahren müssen. Ich vergrößere den Radstand, so weit es geht, und lasse Luft von den Reifen entweichen, was mir auf unebenem und weichem Untergrund größere Stabilität gewährleistet. Die pfiffigen Kinder, die in der Zeit der Wanderschaft schulfrei haben, umzingeln mich beim Montieren und reichen Werkzeug und Schrauben an. Ihre kleinen Hände haben die Zartheit und das Seidenweiche schon lange verloren. Mit Bedauern betrachte ich ihre rissige, faltige Haut, die von der Arbeit voller Schwielen ist. Sie helfen uns auch beim Aufstellen unseres Zeltes, was selbst die Alten noch in Erstaunen versetzt, allerdings, so meint Morteza, wäre es ihnen darin viel zu eng.

Es herrscht Aufbruchstimmung und geschäftiges Treiben im Lager. Was nicht mehr gebraucht wird, liegt bereits in Decken gehüllt an den Zelteingängen. Der Hirte, der uns am Morgen den Weg hierher wies, hat am Fluss die Schafe und Ziegen zusammengetrieben, von denen nun die Muttertiere von Mortezas Brüdern zum Melken recht unsanft an den Hörnern herausgezerrt werden. Sie führen ihren Schwestern, die nebeneinander im Gras sitzen – und die jeweils eine Duftaura von Patschuli, Amber und Sandelholz umhüllt –, die Tiere mit dem Hinterteil voran zum Melken heran. Mit ihren farbenfrohen Kleidern und dem Rouge auf den Wangen geben die jungen Frauen hinter den streng riechenden Ziegen ein skurriles Bild ab.

Mit Einbruch der Dunkelheit werden die Tiere in einem notdürftig gezimmerten Gatter eingepfercht, vor dem sich die beiden wachsamen Hirtenhunde postieren. Morteza meint, es komme hin und wieder vor, dass sich Viehdiebe nachts an die Herde heranmachten.

Der Tag der Kashkai endet mit dem Sonnenuntergang. Beim künstlichen Licht einer Kerze wird ein letztes Glas Tee getrunken und die Wasserpfeife herumgereicht.

Wenn ich nicht aufpasse und mein Esel einen unverhofften Schlenker macht, kippe ich unweigerlich um. Nur gut, dass ich den Radstand vergrößert und Luft abgelassen habe. Kleine Steine überfahre ich, ohne dass der Rolli darüber hinwegholpert. Nagender, dem das Schieben seines Fahrrades auf dem steinigen und ansteigenden Boden zu mühsam geworden ist, durfte sich ebenfalls an einen Esel hängen und hat mit den gleichen Problemen zu kämpfen. Vor uns zieht ein illustrer Treck von über 20 Eseln, bepackt mit bunt gekleideten Nomadenfrauen in weiten Röcken.

Die Herde mit den Schafen und Ziegen, die von Mortezas Brüdern geführt wird, haben wir längst hinter uns gelassen. Wenn das Lager für diesen Abend errichtet, das Brot gebacken, der Tee zubereitet und das Zelt aufgestellt ist, werden auch sie eintreffen. Das Reisen im Eselsschritt ist jetzt, in den letzten Tagen, wo wir es nicht mehr eilig haben und nichts mehr erledigt werden muss, eine gute Gelegenheit zurückzublicken. Nur eine Frage ist noch unbeantwortet. Warum ziehen die Nomaden dieses harte Leben entgegen allen staatlichen Angeboten dem sesshaften Dasein vor?

Ein eisiger Wind, der uns urplötzlich eine Wolkenfront entgegenweht, veranlasst mich, darüber nachzudenken, in welcher Ecke des Gepäcks mein Regencape stecken könnte. Doch die Zeit zum Suchen bleibt mir nicht. Nur zwei Minuten später bohrt der Wind kleine, fiese Regentropfen wie Stecknadeln in unsere Haut. Morteza rettet uns mit den riesigen Filzumhängen für Schäfer, unter denen wir den Schauer trocken überstehen. Doch die Wolken und der Wind bleiben uns treu. Ich spüre, wie die feuchte Kälte in meine Beine zieht und weiß, ohne Schlafsack oder Wärme von außen, werden sie so eisig bleiben. Ungerührt und an solche Wetterkapriolen gewöhnt, sind alle anderen weitergezogen. Abends, bevor Nagender und ich in unsere Behausung kriechen, wärmen wir uns innerlich mit heißem Tee und erfahren, dass das Sommerquartier schon am kommenden Tag erreicht sein wird. Zu meiner großen Freude ist der Blick zu den Sternen ungetrübt, was sonniges Wetter verspricht.

Das Land, durch das wir nun ziehen, wird ausschließlich von den Kashkai-Nomaden beansprucht. Hier oben stehen sie nicht in Konkurrenz um den Boden der Bauern und sesshaft gewordenen Nomaden wie in den tiefer liegenden Winterlagern. Als wir am Nachmittag eine sanfte, von kurzem Gras bewachsene, baumlose Ebene erreicht haben, auf der bereits mehrere große, dunkelbraune Zelte stehen, stoppt der ganze Treck. Morteza kommt auf uns zu und meint, als sei er nach einer langen Reise zu Hause angekommen: »Wir sind da!«

Nachdem die Esel von ihrer Last befreit sind, wird zuerst ein großer Topf Tee auf einer Gasflasche zubereitet, um die wir uns nach Wärme suchend einfinden. Unverzüglich beginnt Morteza zu schwärmen: »Wisst ihr«, beginnt er melancholisch und blickt dabei auf die schneeweißen Gipfel, »diese Berge gehören zu mir wie meine Familie, sie sind die Kulisse meiner Kindheit.«

»Hast du es jemals bereut, in die Stadt gegangen zu sein?«, frage ich ihn.

Er wendet mir den Kopf zu, schaut durch mich hindurch und senkt dann den Blick auf seine Gebetskette, die er zwischen den Fingern dreht: »Ich bereue es zweimal im Jahr: wenn ich sie zum Sommerlager begleite und auf dem Weg zum Winterlager. Und jedesmal denke ich, jetzt bleibst du hier.«

»Warum hast du es nie getan?«

»Weil es für mich hier keine Zukunft gibt. Meine Brüder werden von den Tieren nicht mehr leben können«, dabei zeigt er mit dem Daumen dorthin, wo in ein paar Stunden die Herde auftauchen wird. Meine Schwestern werden heiraten und sind dann versorgt.«

»Was wird dann geschehen?«, frage ich Morteza.

»Ich muss dringend meine Ausbildung beenden und Geld verdienen, damit ich sie unterstützen kann.«

»Morteza«, beginne ich vorsichtig, wohl wissend, dass ich mit dem, was ich sagen will, schnell ein Fettnäpfchen erwischen kann, »das Leben hier oben muss gnadenlos hart sein und ich kann mir vorstellen, dass es auch eintönig ist. Du sagst, die Schafe können deine Brüder eines Tages nicht mehr ernähren und du wirst sie versorgen müssen. Warum werden sie keine Bauern und betreiben Landwirtschaft, es gibt staatliche Programme, die sie unterstützen würden.«

»Es ist die Freiheit, ganz einfach. Schau«, dabei lässt er seinen Arm einmal kreisen, »das ist unser Land! Sollen wir das für eine armselige Parzelle im Tal opfern?« Morteza redet schon so, als gäbe es kein Stadtleben für ihn. »Dies ist unsere Erde! Seit so vielen Generationen ziehen wir darüber hinweg. Es gibt hier keine Straße und kein Haus und der einzige Hinweis, dass es auf dieser Erde noch woanders Menschen gibt, sind die Kondensstreifen am Himmel!«

»Wie hältst du es ein halbes Jahr lang in deiner Isfahaner Wohnung aus?«, frage ich ihn angesichts seines Dranges nach Freiheit und Natur.

»Ich wohne bei entfernten Verwandten. Aber das ist kein Ersatz für meine Familie. Ich bin ständig unterwegs, besuche Freunde oder fahre mit dem Moped herum.«

Mir geht Mortezas Geschichte nicht mehr aus dem Kopf. Als er mit 13 Jahren zum erstenmal in seinem Leben ein festes Gebäude, den Klassenraum seiner neuen Schule in Isfahan, betrat, bekam er solche Beklemmungen, dass er sofort wieder kehrtmachte.

Das Nomadentum und das Leben unter freiem Himmel steckt ihm bis heute tief im Blut. Noch immer fühlt er sich in gemauerten Häusern unwohl und ist von einer steten, archaischen Unruhe befallen, die ihn manchmal ziellos durch die Straßen treibt. Morteza, der nie von seiner Familie getrennt war, fällt das Leben ohne seine Eltern und Geschwister in Isfahan sichtlich schwer.

Nach ein paar Stunden sind die ersten großen Zelte mit der Öffnung zur windabgewandten Seite errichtet. Der Boden wird mit selbst geknüpften Gabbeh-Teppichen und den Poshti, den runden Sitzkissen, ausgelegt. Mit dem Entfachen eines wärmenden Feuers am Eingang entsteht eine so behütete Atmosphäre, dass ich Mortezas Sehnsucht nach dem Nomadenleben gut nachfühlen kann.

Als wir uns am nächsten Tag von allen verabschiedet haben und über einen Bergkamm in ein nahe gelegenes Tal gelangen, müssen wir an der ersten Weggabelung auch von Morteza Abschied nehmen. Er fährt nach Isfahan zurück, während unsere Reise nach Norden, Richtung Teheran, geht, wo sich auch Nagenders und meine Wege trennen werden.

Wie gute Freunde es im Iran halten, umarmen wir uns mit drei angedeuteten Küssen auf die Wangen und drücken uns die Hände. Mit feuchten Augen lassen wir Morteza hinter uns und fahren los. Als wir nach ein paar Kilometern zurückblicken, steht er noch immer wie angewurzelt vor seinen schneebedeckten Bergen, als könne er sich nicht entschließen, welchen Weg er wählen soll.

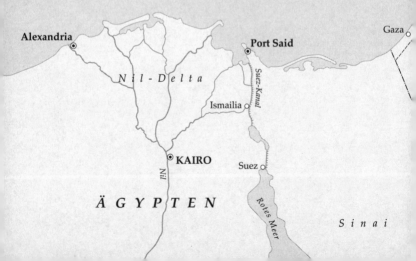

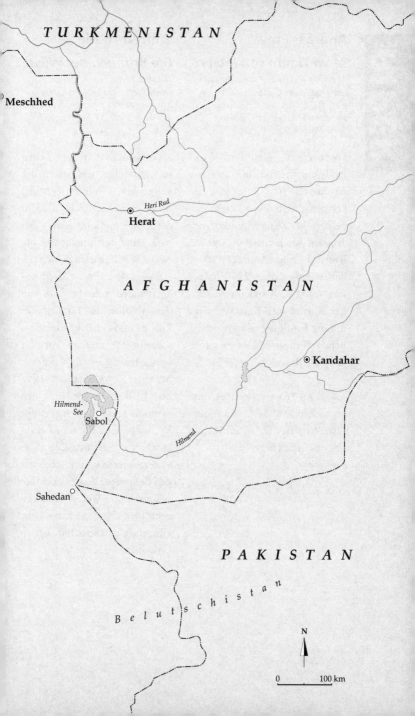

SERIE PIPER

Andreas Pröve

Mein Traum von Indien

*Mit dem Rollstuhl von Kalkutta bis
zur Quelle des Ganges. 325 Seiten
und 21 Farbfotos von Andreas
Pröve und Nagender Chhikara.
Serie Piper*

Wer bis jetzt geglaubt hat, dass
Rollstuhlfahrer keine großen
Abenteuerreisen unternehmen
können, wird eines Besseren
belehrt. Mit seinem für extreme
Touren umgerüsteten roten
Rollstuhl folgt Andreas Pröve
dem Ganges über 2700 Kilometer von Kalkutta bis zu seiner Quelle im Himalaja. Für
ihn die Erfüllung eines persön-
lichen Traums und – eine ganz
normale Reise.

»Andreas Pröve versteht es, mit
ansteckendem Witz und der
Offenheit dessen zu erzählen,
der das Leben liebt.«
Globetrotter

Wilfred Thesiger

Die Brunnen der Wüste

*Mit den Beduinen durch das
unbekannte Arabien. Aus dem
Englischen von Peter Stadelmayer.
357 Seiten mit 25 Abbildungen
und 2 Karten. Serie Piper*

»Wer heute nach dem Leben
suchen wollte, das ich in der
arabischen Wüste geführt
habe, wird es nicht finden;
denn nach mir kamen die Inge-
nieure und die Ölsucher. Heute
ist die Wüste, durch die ich reiste, von den Spuren der Last-
kraftwagen gekerbt und von
den Abfällen der Importe aus
Europa und Amerika übersät«,
schreibt Thesiger im Vorwort
seines fesselnden Expeditions-
berichts. In den Jahren 1947
bis 1950 hatte er sich den
Wunsch seines Lebens erfüllt:
Er durchquerte die Wüste Rub-
al Khali in Saudi-Arabien, das
»Leere Viertel«, und lebte mit
den Beduinen. Was er über diese unberührte Welt des Schweigens, die es heute so nicht mehr
gibt, aufgezeichnet hat, ist ein
bedeutendes Dokument.